Ⅰ
가야 연구

가야사 연구의
현황과 전망

한국고대사학회 엮음

주류성

가야사 연구의 현황과 전망

엮은이 | 한국고대사학회
펴낸이 | 최병식
펴낸날 | 2018년 10월 18일
펴낸곳 | 주류성출판사 www.juluesung.co.kr
　　　　서울특별시 서초구 강남대로 435 주류성빌딩 15층
　　　　TEL | 02-3481-1024(대표전화)·FAX | 02-3482-0656
　　　　e-mail | juluesung@daum.net

값 20,000원

잘못된 책은 교환해 드립니다.

ISBN 978-89-6246-363-7 94910
ISBN 978-89-6246-362-0 94910(세트)

차 례

책을 내면서 |

한국 고대사 분야에서 가야사 연구는 고구려, 백제, 신라에 비해 상대적으로 활발하지 못한 편이다. 전문 연구자수도 상대적으로 적다. 관련 사료가 적어 고고자료에 의존하는 비중이 큰데, 지역별·시기별로 여러 양상을 띠고 있는 고고자료를 유기적으로 엮어 해석하는 데 어려움이 많다. 또 『일본서기』에 담긴 기록들을 활용해야 하지만, 사료 자체가 안고 있는 문제들을 극복하고 활용하는 시각과 방법에도 여러 의견이 나뉜다.

통틀어 '가야'라고 묶어 부르기는 하지만, 여러 지역별로 작은 정치체들이 제각기 존재하였다. 대가야, 금관가야, 아라가야, 소가야 등이다. 이들 정치체들이 통합되지 않은 채 오래 이어졌다는 점에 대해서는 학계에 이견이 없다. 과거에는 이들을 막연히 묶어서 '연맹체'로 설명했다. 시간의 흐름에 따라 구심이 옮겨갔다고 보고 전기 연맹, 후기 연맹으로 파악하기도 했다.

최근에는 백제·신라나 왜를 대상으로, 한반도 동남부 지방의 각 정치체가 연맹이라고 할 만한 통일된 움직임을 보였는가에 회의적 견해가 많다. 오래된 가야사 이해가 새롭게 재구성되어야 할 필요성이 제기되는 상황인 것이다. 또 한국 고대사의 큰 흐름을 감안할 때, 가야의 여러 정치체들이 어느 시기에 소멸하는가 하는 점도 문제이다. 그러나 고고자료의 양상이 해당 정치체가 독자성을 유지한 흔적인지, 이미 신라의 일부로 편입된 상태임을 보여주는지, 백제의 일부로 기울어질 여지는 없는지 등에 대해 판단이 엇갈린다.

신라나 백제에 흡수되었다는 결과적 해석에 머물지 않고, 가야 각 정치체들의 역동성을 온전히 복원하는 일은 더욱 어려운 과제이다. 이 정치체들이 더 큰 규모로 통합되지 못한 배경과 조건·원인을 해명해야 하지만 미흡한 상황이다. 그 결과, 학계가 일반 시민을 대상으로 가야사를 이해하기 쉽게 설명할 수준이 되었다고는 말하기 어렵다. 많은 국민이 배우는 교과서의 가야사 서술은 수십 년 전의 내용과 별 차이가 없다. 연구는 꽤 쌓였지만 교과서에 들어갈 정도로 학계에서 공감대가 큰 내용이 확보되지 않았기 때문이다.

한국고대사학회는 문헌기록을 주로 활용하는 역사 연구자는 물론, 고고자료를 다루는 고고학 연구자를 아울러 가야사에 관한 학술회의를 꾸준히 열었다. 쟁점이 되는 문제에 공감대를 얻는 경우도 있지만, 여전히 서로 다른 판단을 하고 있음을 확인하기도 했다. 그러나 시간이 흐르고 연구가 더욱 쌓이면 일정한 이해 방향을 마련할 수 있을 것이라 믿는다. 그러기 위해서 앞으로도 학회 차원의 노력을 이어갈 생각이다. 가야사 연구는 역사학과 고고학이 힘을 합쳐 소통하면서 활발한 토론을 통해 이루어지지 않으면 반쪽의 연구가 되기 쉽기 때문이다.

한국고대사학회가 가야사 연구에 지속적 관심을 갖고 노력할 수 있는 배경에 중요한 역할을 하고 계신 분께 감사하지 않을 수 없다. 학술회의의 형식이나 내용 등에 아무런 조건없이 가야사 연구를 후원하는 분이 있기에 앞으로도 우리 학회의 가야사 연구, 단행본 출간이 이루어질 예정이다. 묵묵히 한국고대사학회를 후원하는 영원무역 성기학 회장님께 깊이 감사드린다.

상업성 없는 학술서를 기꺼이 맡아주신 도서출판 주류성의 최병식 사장님, 이준 이사님을 비롯하여 편집자들께도 고마운 마음이다.

2018년 9월
한국고대사학회 회장 하일식

가야사 연구의
새로운 진전進展을 위한
제언

· 주보돈 ·

1. 머리말

이 글은 최근 가야사 연구가 질량(質量)의 두 측면에서 활기를 잃고 부진의 늪에 빠져 있다는 사실을 전제로 해서 거기에 내재된 문제점을 간단히 짚어보고, 나아가 앞으로 어떻게 하면 이 방면 연구를 활성화할 수 있을 것인가를 함께 생각해 보려고 기초해본 것이다. 이를 위해 언뜻 떠오르는 몇몇 문제점을 설정해보려고 한다. 평소 이 방면에 깊이 전념해온 연구자는 물론 약간이라도 관심을 두고 있는 여러 연구자들과 더불어 고민해보려고 한다.

현재의 가야사 연구가 매우 부진하다고 간주하는 진단 자체가 반드시 실상과 부합하는 것이 아니라는 반론이 나올 수도 있겠다.[1] 그래서

---

1) 연구 경향을 일별하면 고고학의 입장에서 다룬 가야 관련 논고는 적지 않게 찾아지나 문헌사학의 입장에서 가야사를 다룬 논고는 매우 적다. 특히 조금이라도 주목해볼 만한 새로운 접근은 너무도 드문 편이다. 최근까지의 관련 논고의 목록에 대해서는 가야문화권 지역발전시장·군수협의회, 2014『가야문화권 실체 규명을 위한 학술연구』에 실린 부록 참조.

그런 전제 자체가 단지 지나친 편견과 거기에서 비롯한 순진한 기우에 지나지 않는다는 비판이 이어질지도 모른다. 그렇다면 정말 더할 나위 없는 다행으로 여기겠다. 하지만, 가야사 연구 현황은 그렇지가 않다고 판단되는 데에 문제의 심각성이 느껴진다. 필자와 같은 국외자(局外者)(?)의 비판이 어쩌면 아프고 따갑게 다가갈 수가 있을지 모르지만 귀담아 허심하게 받아들인다면 해악(害惡)보다 오히려 보약(補藥)이 될 소지가 훨씬 더 많을 듯싶다.

사실 필자는 평소 가야사 연구의 주변부에 어정거리면서 중앙부를 들여다보는 입장에 있다고 할 수 있으므로 일단 지나친 주관이나 선입견에 따른 편견은 상대적으로 적은 까닭에 비교적 객관성을 담보해낼 수 있다고 판단되어 감히 문제 제기를 해보려는 것이다. 그런 까닭에 약간은 바람직하며 적절한 대안까지 마련해야 할지도 모른다는 생각이다.

그것은 여하튼 여기에서는 가야사 연구의 현황이나 기왕의 이 분야 전문 연구자들이 도달한 수준을 막무가내로 비난·비평하려는 자세가 아님은 명백하게 밝혀둔다. 오히려 동병상련의 입장을 취한다고 보는 편이 옳을 듯하다. 그래서 무엇보다 침체를 면치 못하고 있는 것 같은 가야사 연구의 새로운 진전을 위해 가다듬어야 할 기본적 자세나 방향에 대해 평소 나름대로 느껴온 소회의 일단을 간단히 정리해 제시함으로써 책임을 다해 보겠다는 소박한 의도이다. 이런 시도는 조금이나마 가야사뿐 아니라 한국고대사 분야 전체를 알게 모르게 살찌우는 방편의 하나가 될 수도 있을 터이다.

2. 가야사 연구의 부진不振

최근 수년간 진행된 가야사 연구의 동향을 일별하면 매우 부진하다는 듯한 느낌을 떨치기 어렵다. 그동안 발표된 논저(論著)의 수량에서는 물론이고, 각별히 눈여겨볼 만한 참신한 문제 제기가 거의 없는 점으로 미루어 질적(質的)으로도 그러하다는 생각이 짙게 든다. 게다가 새로운 연구자의 동참도 거의 멈춰진 상태라 하여도 과언이 아니다.

1990년대 중반 이후 한때 가야사 분야가 각광을 받아 이를 다룬 석·박사학위 논문이 일시에 다량으로(?) 쏟아짐으로써 연구자가 많이 배출된 적이 있다. 비슷한 시기에 영남의 낙동강 유역권 여기저기에서는 가야의 역사와 문화를 주제로 삼은 학술행사가 마치 유행이기나 한 듯이 활발히 치러졌다.[2] 그 결과로서 다양한 형태의 적지 않은 논저들이 간행되었음은 물론이다. 이런 과정을 통해서 가야사 분야의 전반적 연구 수준은 기존에 견주어 한 단계 드높아졌음은 누구라도 인정할 만한 사실이다.

그래서 한동안은 가히 가야사 분야가 전례 드물게 큰 붐을 이루었다고 평가하여도 무방할 것 같다. 당시 분출된 열기는 가야사 분야의 연구가 마치 한국고대사 전반을 추동하며 이끌어가고 있다고 여기게 할 정도로 대단히 뜨거웠다. 작금(昨今)의 현황은 거기에 견주어보면 그야말로 격세지감으로 여겨질 정도다.

그렇다면 왜 그처럼 한때 뜨겁게 달아올랐던 연구 열기가 계속 이어지지 않고 급작스레 식어갔을까는 무척 궁금해지는 대목이다. 이는 가야사 연구의 새로운 진전을 위해서 풀어나가지 않으면 안 될 과제이기도 한 셈이다. 가야사 분야 연구의 촉진을 위해 새 기운을 불어넣으려면 우선 그렇게 된 요인은 어디에 있는 것인가부터 냉정한 시각과 입장에서 진단함이 반드시 선행해야 할 일이다. 어느 누구라도 공감할 정도로 요인이 선명하게 드러날 때 비로소 제대로 해결해볼 실마리도 마련될 터이

---

2) 대표적으로는 고령을 비롯하여 김해, 함안, 의령 등의 지역을 손꼽을 수 있다.

기 때문이다. 일단 그런 문제의식을 갖고서 가야사 연구 추세를 허심(虛心)한(?) 입장에서 다루어보고자 한다.

그동안 진행된 연구의 흐름 전반을 점검하면 가야사 분야가 그처럼 부진의 늪 속으로 빠져들게 된 요인으로서는 일단 크게 내적, 외적인 것 두 가지로 나누어서 이해해볼 필요가 있을 것 같다. 가야사 연구가 일시 호황을 누렸던 듯이 비친 점도 엄밀히 따진다면 오랜 기간에 걸쳐 착실하게 구축된 연구에 바탕해서 축적된 에너지가 밑바닥으로부터 자연스레 분출된 결과가 아니었다. 당시 사회 전반에 걸쳐 퍼져나가던 환경적 요인이 작동한 결과라는 데에 문제점을 안고 있었다.

사실 가야사 연구가 일시라도 활성화된 데에는 먼저 정치 사회적 요인이 크게 작용한 점이 지적된다. 가야사 연구를 본격적으로 추동하고 가야고고학이란 새로운 분야가 정립되도록 한 첫 계기는 1977년 진행된 고령의 지산동 44·45분 발굴이었다. 이후 고령은 물론 이어진 김해를 비롯한 가야권역 전반에 걸쳐 국가 주도로 활발히 진행된 수많은 발굴 또한 그 동력으로 작용하였다. 고고자료의 엄청난 축적이 이루어지고 이 분야 연구에 대한 지원이 뒤따랐다.

이처럼 가야사 연구가 그러한 외부로부터 행·재정적 도움과 지원을 받은 사실은 당연히 나름대로 정당한 평가를 받아야 마땅하겠지만 일정 시점과 수준에 이르자 그것이 오히려 걸림돌로 작용함으로써 문제점을 유발하는 요인으로 바뀌어 갔다. 연구자들이 자생력을 기르는 계기로 삼은 것이 아니라 그것을 무너뜨리는 결과로 이어진 것이었다. 여하튼 가야사 연구가 일시적 현상이나마 한때 큰 붐을 이룬 것은 학문 외적인 외부로부터 가해진 자극이나 도움으로부터 영향을 받은 측면이 강하였으나, 이제는 지원이 그만큼 이어지지 않음으로써 도리어 거꾸로 침체를 가져오는 요인의 하나가 된 것이었다.

그런 사정은 1990년대 중반 이후 여러 지방자치단체들이 가야사 연구를 대상으로 해서 지원한 경향과 그 결말을 잠시 더듬어보면 저절로 드러난다. 당시 지방자치제가 도입되자 지방자치단체들은 앞다투어 특정한 목적성을 내세워 가야사 방면 연구를 적극적으로 후원하였다. 당해 지역이 인근의 경쟁적인 지역과는 다르다는 점을 애써 강조함으로써 차별화·특성화시키려는 데에 상당한 노력을 기울였다. 그를 위한 근거와 명분을 가능하면 오랜 역사 속에서 찾아내어 활용하려고 하였다.

그와 같이하여 진행된 지역사(地域史) 연구 성과를 매개로 해서 자신들의 정체성의 연원이 매우 오래고 깊음을 서로 경쟁적으로 내세우려고 하였다. 전국의 각급 지방자치단체들 사이에서 자신들의 뿌리를 찾는 작업을 대대적으로 추진하는 분위기가 만연하게 된 것도 바로 그 때문이었다. 당시 낙동강 유역권 일대에서는 지역 정체성의 근원으로서 주로 가야를 관심의 대상으로 삼았다.

가야의 역사와 조금이라도 관련성을 갖고 있는 지역의 대부분은 치열하게 경쟁하다시피 이에 대해 관심을 기울였다. 지역의 역사와 문화에 대한 관심이 점점 높아지면서 지방자치단체들은 그를 다룬 다양한 학술대회나 축제와 같은 문화 행사를 앞다투어 개최하였다. 그로부터 도출된 결과를 기반으로 삼으면서 한 걸음 더 나아가 지역민의 관심을 적극적으로 불러일으키려는 목적에서 정치색이 강하게 스며든 각종 행사를 이어갔다.

그런 과정이 되풀이되면서 지역의 역사와 문화 관련 콘텐츠가 어느 정도 축적되자, 이제는 이를 근간으로 삼아 관광객을 끌어들이려는 의도에서 다양한 문화상품을 개발하고 지역을 정비하는 일에 적극적으로 나섰다. 약간이라도 지역 경제에 도움이 될 만하다 싶으면 지역사와 지역의 문화를 활용한 각종 아이디어를 다투어 창출해 내는 데에 혼신의 힘을 쏟았다.

물론 이와 같은 시도 자체를 마냥 비난할 일은 결코 아니지만 그러한 가운데 내부적으로 설정된 목표가 자칫 학문 본래의 객관성과 엄정성을 해치게 될 우려가 뒤따랐다는 데에 문제점을 안고 있었다. 가야사 분야 연구자들은 그런 분위기에 알게 모르게 편승하고 점차 길들여져 간 것이었다.

그런 지방자치단체의 행태들은 특정 지역에만 국한된 것이 아니며 전국에 걸쳐 마치 유행이라도 한 듯이 공통적으로 벌어진 현상이었다. 그 가운데 역사 속에서 지역 정체성의 뿌리를 찾아내려는 작업을 가장 활발히 추진한 지역의 하나로서 이른바 가야문화권을 손꼽을 수 있다. 가야문화권이 그와 같은 분위기의 중심 지역으로 떠오르게 된 데에는 일단 가야 정치체의 성격이나 당대의 정치적 사정과도 밀접한 상관성을 갖는 것으로 여겨진다. 사실 가야권역에 속한 여러 정치 세력들은 성립 후 각자의 주도로 통합 운동을 추진하였으나 끝내 하나의 단일한 국가를 이루어내지 못하였다. 끝내 분립된 상태를 면치 못하고 멸망에 이르게 된 사실이 그를 추동하는 밑바탕에 작용하고 있었다.

각 지역 단위의 기원을 한국사 기록 속에서 추적해내려 한다면, 익히 아는 바처럼 삼국 시기 이상으로 더 거슬러 올라가기란 현실적으로 곤란한 일이다. 그럴 때 단위 지역의 정체성을 역사적으로 찾을 만한 시원으로서 자연스럽게 떠올릴 수 있는 유력한 대상이 바로 가야였다. 특히 영남권 일원에서 가야가 하필이면 지역 정체성의 뿌리를 찾아가는 대상으로 부각된 것은, 당대가 정치적으로 분립된 상태였다는 사정과 밀접하게 연관되었다.

신라는 경주분지를 주요 거점으로 삼아 출범한 읍락국가 사로국(斯盧國)이 주변 동료국가의 병합을 통해 마침내 단일한 하나의 통합체를 일구어내는 데 성공함으로써 출현한 고대국가였다. 따라서 신라의 경우에는 오로지 경주분지만이 정치적 중심부(중앙부)로 기능한 셈이었다. 신라의 영역으로 포섭된 나머지 지역은 어디까지나 그에 복속된 주변부에 불과하였을 따름이다. 오늘날 신라사를 지역 정체성의 시원으로서 내세울 수 있는 대상은 오로지 경주분지뿐이었던 셈이다.

영남권에서는 이를 제외한 다른 어떤 지역도 정체성의 뿌리를 신라사 속에서 찾으려는 시도를 하지 않았던 것도 바로 그런 사정 때문이다. 각 지역이 신라라는 뿌리를 아무리 강조하여도 결국은 주변부에 지나지 않고 당해 지역의 문화는 어디까지나 중앙부의 아류(亞流)로 인식될 따름이다. 그런 실상에 견주어보면 가야사의 경우에는 사정이 전혀 다르다.

통합되지 못하고 분립된 상태로 시종(始終)하였던 가야사에서 여러 지역 각각은 독립성을 보유한 중심부로 인식될 수 있으므로 이로부터 자신들 정체성의 뿌리를 찾아낼 수 있다는 생각이었다. 가야사의 가장 주요한 특성으로 지적되고 있는 정치적 분립성이 아이러니하게도 오늘날의 지방자치제 시행을 통해서 되살아나는 모습이었다. 그래서 가야문화권에 속하는 현재의 각 거점 지역은 이를 증명하려는 생각에서 앞다투어 고고 발굴 작업을 추진하였고 그것이 마침내 가야사 연구를 크게 지원하고 추동시키는 결과로 이어졌다.

지방자치단체의 적극적 지원과 후원에 힘입어 가야사, 가야고고학 방면의 연구가 크게 촉진됨으로써 실제로 많은 성과를 올렸음은 결코 부정할 수 없는 사실이다. 게다가 지역 주민이 가야사 및 가야문화에 대한 관심을 갖도록 촉발한 점 또한 특기해볼 만한 현상이었다. 그를 통해 기왕에 별로 알려지지 않았던 각종 자료가 새롭게 발굴·소개되는 계기가 되었을 뿐만 아니라 그런 분위기가 널리 퍼져가면서 결국 가야사 연구는 한결 활성화되기에 이른 것이라 하겠다.

그러나 그런 과정에서 문제점도 적지 않게 배태되어 갔다. 어떤 형태로건 지방자치단체나 관련 기관으로부터 재정적 후원을 받게 되다 보니 저절로 그들의 요구에 맞추어 역사 해석을 시도하고 부응하려는 경향도 알게 모르게 생겨났다. 지역민(사실상 대부분 지역 정치인이지만)의 요구에 부응해 가야사를 당해 지역 중심의 입장과 시각에서 바라보려고 노력함으로써 실상과는 크게 어긋나는 무리한 해석을 시도하거나 외양을 과도하게 포장하려는 움직임도 없지 않았다. 단순한 해석의 수준에 머물지 않고 이를 한층 뛰어넘어 사실을 왜곡, 호도하는 일까지 벌어지기도 하였다. 그런 의도 자체가 영속적인 생명력을 갖게 될 리 만무하였거니와 마침내 거꾸로 가야사 연구의 침체를 유발하는 부메랑이 되어 돌아왔다.

지원과 관심이 점점 줄어들자 가야사 연구는 앞으로 더 나아갈 동력과 방향을 잃은 채 큰 장벽을 마주하게 되었다. 지방자치단체들은 평소 설정해왔던 특정한 목적을 어느 정도 이루게 되었음에도 더 이상 눈앞의 현실적 이득으로 이어지지 않게 되자 이 방면에 관심을 쏟을 명분이나 근거가 없다고 생각하였다. 근자에 이르러 지방자치단체가 벌이는 학술 모임이나 지원 등이 전반적으로 뜸해진 이유의 하나는 바로 이런 데서 찾을 수가 있다. 그들로서는 기존 연구에서 나아간 참신한 내용을 더 이상 얻을 만한 여지가 없어지자 가야사에 대한 관심을 기울이려 하지 않았던 것이다. 가야사 연구에서 그와 같은 정치적 의도가 깔린 지원이란 보약이면서 동시에 독소로서 작용한 셈이었다.

그런 정황 아래 최근 일부 가야 문화권에서는 정체된 현황을 돌파하기 위해 각 지역 여기저기에 흩어져 있는 고총고분을 하나로 묶어서 세계문화유산으로 등재하려는 쪽으로 관심을 돌려가고 있다. 이는 신라나 백제의 옛 왕도 지역에서 추진한 작업이 일정한 성과를 올린 데서 크게 자극을 받았던 것 같다. 그동안 축적된 연구 성과를 근간으로 한다면 가야권에서도 그와 비슷한 시도가 충분히 성사 가능하다는 판단에서이겠다.

그래서 가야권 가운데서도 큰 중심지였던 고령이나 함안·김해 지역이 문화재청의 후원을 받아 이를 겨냥한 학술회의를 몇 차례 열었다. 당

분간 그런 분위기가 이어질 터이지만, 설정한 목표가 어느 정도 달성된다면 그런 추세가 지속되리라는 보장은 어디에도 없다. 아마도 일단 설정 목표를 이룬 뒤 열기가 식을 즈음이면 그때는 더 이상 순수한 가야사, 가야문화 쪽에 관심을 두려고 하지 않으리라고 충분히 예견된다. 장차 그를 매개로 하는 문화 콘텐츠 자료의 확보나 뚜렷한 경제적 이득이란 현실성을 보장해 주는 쪽으로 방향을 틀어갈 것으로 추측된다.

그와 같은 상황에서 가야사 분야에 대한 순수한 연구 지원은 더 이상 기대하기가 어렵게 될 것이 불을 보듯 뻔한 일이다. 벌써 그런 경향성이 두드러지게 드러나고 있다. 그와 같은 분위기가 점차 더 확산되어 갈 것으로 여겨지지만 그럴 때 가야사 연구는 더욱 침체의 늪에 빠져들 것이 틀림없다. 그렇게 된다면 가야사에 대해 순수한 학술적 관심과 애정을 가진 신진 연구자가 이어질 리 만무하다. 이는 어떤 형태로든 가야사 연구에 정치성이 상당히 틈입된 결과라 하겠다.

과거 특정 정부 시절 장기적이고 체계적 전망을 하지 않은 채 가야문화권의 복원을 위한다는 명분으로 일시에 엄청난 재원을 퍼부었다가 완전히 손을 떼고 더 이상 관심을 꺼버리게 된 후과가 작지 않았음도 이 시점에서 냉정하게 되새겨보아야 하는 대목이다. 아무런 장기적 전망을 갖지 않은 채 지나치게 지방자치단체의 후원에만 기대어 가야사 연구나 관련 행사를 추진하는 일은 가능한 한 자제하면서, 자체 내부의 에너지로 활성화 방안을 새롭게 모색해 나가야만 미래를 어느 정도라도 기대하고 전망할 수 있을 것 같다.

3. 가야사 연구의 진전과 한계

이처럼 순수한 목적에서의 가야사 연구가 진행되는 가운데 지방자치단체가 현실의 정치적 입장에서 크게 관심을 기울임으로써 그것이 일시 크게 붐을 일으키는 것 같았으나 최근 한 걸음씩 뒤로 물러서면서 급작스러운 침체 상태에 빠져들기 시작하였던 것 같다. 결국 이 방면 연구자들이 거기에 지나치게 의존한 결과가 근본 요인으로 작용한 셈이었다.

사실 각 지역의 자치단체가 처음부터 정치성을 강하게 갖고서 가야사에 관심을 두기 시작한 것은 아니었다. 당초에는 선의를 갖고 있었음은 누구도 부정할 수 없는 사실이다. 하지만 학술 관련 행사가 되풀이되면서 점점 순수성은 약화되는 반면 정치성이 더욱 강하게 스며드는 길을 걸어갔다. 그리하여 때로는 가야사의 실제와는 동떨어진 모습으로 그려지기도 하고 또 연구 자체가 본래 의도한 바와는 다른 방향으로 변질되기도 하였다. 재정 지원을 맡은 각 지역의 여론을 크게 의식, 반영된 결과였다. 그런 분위기가 형성되는 데에 연구자들도 부지불식간에 큰 몫을 하였음도 부정하기 힘든 사실이다. 그런 양상은 그동안 연구의 추이를 대충이라도 점검하면 저절로 드러난다.

사실 1970년대 이후 가야사 방면의 연구가 크나큰 발전을 거듭해온 것은 틀림없다. 거기에는 전혀 예기치 못한 수준의 고고자료가 발굴을 통해서 출토되거나 기존의 문헌사료를 새롭게 읽어낼 수 있는 능력이 함양·향상된 결과였다. 이를테면 고령의 지산동고분군, 합천의 옥전고분군, 함안 말이산고분군, 김해의 대성동고분군 등 널리 알려진 이렇다 할 두드러진 몇몇 가야고분의 발굴을 통해 확인된 풍성한 유물·유적의 양상은 가야사와 가야문화를 새롭게 조명해볼 수 있는 길을 열게 하는 주요 계기로 작용하였다. 거기에 더해 활용할 수 있을 만한 가야사 관련 사료를 상당히 담고 있었음에도 불구하고 오래도록 관심 밖에 두었던 『일본서기』에 대해 주체교체론(主體交替論)이라는 탁월한 신설이 나옴으로써 사료로서 본격 활용을 길이 트인 사실이 문헌상의 주요 동력으로 작동하였다.

그런 분위기 속에서 연구자들의 꾸준한 수적인 증가 추세와 함께 역사학 분야 전반에 걸친 연구 수준의 질적인 향상 등이 그를 한층 추동하였다. 그 결과 다른 분야에 견주어 가야사, 가야문화 분야 연구는 비교적 짧은 시간에 급성장하였다고 평가해도 그리 지나치지 않을 듯싶다. 그 이전에는 아예 생각지도 못한 다양하고 참신한 신설이 적지 않게 나온 사실만으로도 그런 점은 충분히 입증된다.[3]

　　그런데 새롭게 제기된 신설과 주장을 대상으로 이 방면 연구자들이 학문적 성장과 지속적 발전을 도모해내려면 엄정한 객관성이 담보되어야 한다. 그렇게 하려면 반드시 거쳐야 할 과정의 하나로서 치밀한 검증과 함께 적정한 수준의 상호 비판과 반비판이 이어져야 마땅한 일이다. 그러나 그러한 후속적 작업이 빠졌다는 데에 큰 문제점을 안고 있었다. 가야사 연구가 침체된 또 하나의 요인은 바로 연구자들이 갖고 있는 내부 자세로부터 나온 것으로 여겨진다.

　　새로이 제기된 문제를 다루려면 당연하게도 활발한 공개 토론의 장을 마련하고 이를 통해 진행되어야 마땅한 일이었다. 그럼에도 가야사 분야에서는 유독 제기된 주제나 과제를 중심에 두고서 연구자들 사이에 치열하게 토론하는 장(場)이 별로 마련된 적이 없었던 것 같다. 대체적으로 가야사를 구명하는 연구자들은 자신들의 기존 주장에 대해서는 서로 비판 없이 은근히 받아들이고 바깥으로부터 가해지는 새로운 문제 제기에 대해서는 타당성 여하를 함께 면밀히 검토해볼 여지를 가지려 하지 않고 처음부터 무조건 외면하거나 아예 무시해버리는 경향성을 짙게 보여 왔다.

　　아래에서는 그런 대상들 가운데 특히 뒷날 가야사 연구에 크게 영향

---

3) 이런 경향 전반에 대해서는 朱甫暾, 1995 「序設-加耶史의 새로운 定立을 위하여-」『가야사연구-대가야의 정치와 문화-』, 경상북도 참조.

을 미쳤으나 여전히 검토해야 할 여지를 지니고 있는 몇몇 주요 사항을 중심으로 그와 같은 지적 사항의 적절성 여하를 구체적으로 가늠해보기로 하겠다. 먼저 오래도록 통설로 받아들여 왔던 주제에 대해서, 그다음에는 신설로 제기된 몇몇 주제를 대상으로 삼아 논의를 진행해 보기로 한다.

1) 구설舊說을 고수·집착하는 경향

어떤 국가사에 대해 전반적 흐름을 체계적으로 이해하기 위한 방편의 하나로서 정치사회의 전개를 기준으로 삼아 전체 기간을 몇 시기로 잘게 나누어보려 함이 일반적 양상이다. 이를 흔히 시기구분이라 일컫는다. 가야사의 경우도 마찬가지로 시기를 나누어 이해하는 대상이 됨은 물론이다. 근대적인 방법에 입각한 역사 연구가 본격적으로 진행되면서부터 가야사 전체를 크게 전후하는 두 시기로 구분하여 이해해 왔음은 널리 알려진 바와 같다.[4]

가야사 전반을 그처럼 두 시기로 나누는 기준으로 활용된 기본 사료는 『삼국유사』 오가야(五伽耶)조였다. 거기에 보이는 내용 분석을 근간으로 「가락국기(駕洛國記)」의 금관가야 중심 건국신화와 『신증동국여지승람』 29 고령군 건치연혁(建置沿革)조에 인용된 「석이정전(釋利貞傳)」에 실려 있는 대가야 중심의 건국신화를 적극 끌어들인 결과였다. 오가야조를 통해서는 금관국을 맹주로 한 6가야 연맹체와 대가야를 맹주로 하는 6가야 연맹체의 둘을 상정하였고, 그런 실상을 역시 다른 측면으로부터

---

4) 이에 대해서는 千寬宇, 1977 「復元 加耶史(上)」『文學과 知性』, 1977 여름 ; 1977 「復元 加耶史(中)」『文學과 知性』 1977 가을 ; 1978 「復元 加耶史(下)」『文學과 知性』 1978 봄 ; 1991 『加耶史研究』, 일조각 참조.

보증해준 것이 두 맹주를 중심으로 삼은 각각의 건국신화였다.

처음부터 두 연맹체가 맹주로서 같은 시기에 병존한 것이 아니며 각기 시차를 달리하면서 선후(先後)하였던 것이라 논단하였다. 어느 쪽이 먼저 맹주 역할을 하였고, 다른 쪽이 그를 이어갔는지에 대해서는 논자마다 일정하게 견해 차이를 보였지만, 변동이 발생한 기준 시점에 대해서는 고구려가 대동강 유역과 그 이남의 낙랑군 및 대방군을 영역으로 흡수한 313·4년으로 잡은 점에 대해서는 모두가 같은 입장이었다.

다만, 이런 주장은 신화적·설화적 내용을 주요 근거로 한 것으로서, 당시 가야권역에 소속한 정치체를 오직 6개만 설정한 점 등은 실상과 전혀 다른 모습이었으므로 근본적 문제점을 안고 있었다. 그래서 오늘날에는 오가야조의 내용을 액면 그대로 받아들이는 논자는 없다고[5] 단언하여도 무방할 듯싶다. 그럼에도 이상스럽게 그로부터 나온 전·후기가야 연맹체의 설정은 아무런 검증 없이 지금껏 그대로 통용되고 있는 것이 실상이라 하겠다.

그처럼 근거가 매우 박약한 주장이기는 하였으나 4세기 초를 하나의 변동기로 설정하였다는 사실에서는 나름의 일정한 의미가 찾아진다. 바로 이 시점이 한반도 남부 지역 전체를 살필 때 삼한에서 삼국으로 이행하는 커다란 격동기였고, 그런 분위기 속에서 곧 변한으로부터 가야사회로의 전환도 진행된 것이라 보았기 때문이다. 적어도 당시 가야사만을 따로 떼어내어 그 흐름을 다루지 않고 삼국시대사 전반의 전개 과정에서 가야 정치체의 성립과 변동을 파악하려 하였다는 점에서 일정한 정당성을 지니고 있었다.

오늘날 가야사를 다룰 때 삼국사의 흐름에 대해서는 대체로 눈을 돌리려 하지 않고 이에 대해 별로 개의하지 않으려는 경향과는 매우 대조

---

5) 金泰植, 1993 『加耶聯盟史』, 일조각 참조.

적인 측면을 보였다. 다만, 사료상(문헌과 고고자료)의 명백한 제약과 한계 때문이겠으나 가야의 내부 구조나 그것의 내재적 양상 및 전개 과정을 전혀 고려하지 못한 상태에서 전후의 두 시기로 구분하려는 접근을 시도한 점에서는 명백한 한계를 갖는 이해였다. 이런 경향성은 뒷날까지 크게 영향을 미쳐 그대로 이어졌다.

그런데 1980년대 이후에는 가야사를 역시 동일하게 전후하는 두 시기로 구분하면서도 이제는 기왕과는 다르게 400년을 주요 분기점으로 설정하는 신설이[6] 제기·확산되어 갔다. 가야에서는 전체적으로 하나의 연맹체만 존재하였는데, 그것도 전기에는 금관가야가, 정치적 변동을 거친 후기에는 대가야가 맹주로서 기능하였다는 것이다. 이런 주장이 현재 가야사 분야에서는 거의 움직이기 힘든 통설적 견해로 뿌리내리다시피한 상태이다.

그처럼 구분하는 주된 근거로서 동원된 핵심 사료는 광개토왕비문(廣開土王碑文)이었다. 거기에는 400년 고구려 광개토왕의 5만에 달하는 대병력이 백제의 사주를 받은 왜(倭)와 임나가라(任那加羅)의 공격으로 왕성(王城) 함락이라는 위기 상황에 부닥친 신라의 요청에 부응해서 남하함으로써 멸망 위기로부터 구원해 준 사실이 기록되어 있다. 광개토왕의 대병력 남정으로 금관국 중심의 이른바 전기가야 연맹체는 저절로 해체되고, 한동안 내부의 재정비라는 잠정적 경과를 거쳐 금관가야에 대신해서 대가야를 맹주로 하는 새로운 후기가야 연맹체가 결성되었다는 것이다.[7] 이를 흔히 가야사 입장에서 제기된 광개토왕의 남정론(南征論)이라고 부르고 있다.

하지만, 이런 견해의 타당성 여하를 잠시 젖혀놓고서라도 통설로 자

---

6) 金泰植, 1993 위의 책.

7) 金泰植, 1993 앞의 책.

리 잡기에 이르기까지 연구자들 사이에서 한 차례도 진지하게 이를 둘러싼 적절성 여하를 공론화해서 다룬 적이 없었다는 사실이 눈에 확 들어온다. 그렇게 주장하는 데는 사료적 근거가 과연 적절하였던가, 고구려 병력의 남정을 그렇게까지 확대해서 이해하는 것이 타당한 일인가를 면밀하게 점검해 보지 않고 그냥 기정사실화해 버리고 만 것이었다. 사실 고구려 남정으로 말미암아 가야권에 커다란 변화가 있었다고 하더라도 왜 하필 대가야가 그를 틈 타 유력세력으로 부상하게 된 것인지, 어떤 배경과 과정을 거쳐 그렇게 된 것인지, 대가야 부상(浮上)의 동력은 어디에 있었던 것인지 등등 가야사의 체계적 이해를 위해서는 반드시 다루어야 할 본질적 대상을 놓고서 세밀하고 치열하게 검토해야 마땅한 일이었다.

그런 과정은 반드시 필수적인 작업이었으나 대부분 건너뛴 채 오직 그럴듯하다는 막연한 느낌만을 갖고 다수 연구자들이 암묵적으로 동조함으로써 기정사실화 하다시피 하기에 이른 것이었다. 그와 같은 새 주장이 명실상부하게 통설로서 뿌리내리려면 적절하게 치열한 논전(論戰)의 과정을 거쳐야 마땅한 일이었다. 그럴 때 거기에 내재한 문제점이 해소되기도 하고 또 새로운 문제점이 드러나기도 하면서 점차 세련된 통설로서 뿌리내리게 될 터이다. 때로는 그런 과정을 통해 한층 큰 다른 문제가 제기됨으로써 가야사 연구는 꾸준히 이어지면서 활성화하게 되는 것이다. 그렇지 않고서 막연한 입장에서 무조건 통설로 받아들이는 자세는 학문적으로는 더할 나위 없이 허술하고 무책임하기 그지없는 태도이다. 이 방면을 전론(專論)한 연구자가 그에 대한 타당성 여하를 본격적으로 검증한 사례는 과문한 탓인지 지금껏 별로 접촉해보지 못하였다. 가야사 연구의 진전을 위해서는 그런 자세가 결코 바람직하다고 할 수가 없을 것이다. 그 점은 남정론이 나오게 된 배경과 함께 깔고 있는 목적을 살피면 저절로 드러난다.

소위 남정론은 원래 고고학적으로 논란이 되어온 신라 적석목곽분의 기원과 함께 거기에 대량으로 부장된 다양한 종류의 금공위세품(金工威勢品) 및 무구(武具)·마구류(馬具類)의 유래를 밝히기 위해 광개토왕비문을 적극 이용한 데에 그 시원을 두고 있다. 당시 조영된 고총과 같은 커다란 무덤이나 거기에서 출토된 다양한 물품들을 남정의 결과로서 신라가 고구려의 정치적 영향력 아래 들어가면서 유입된 것으로 풀이하였다. 그리하여 적석목곽분과 금공품류가 신라에 들어오게 된 상한 시점이 400년으로 낙착되기에 이른 것이었다. 그것이 곧 가야사의 이해에도 원용됨으로써 탄생한 것이 바로 가야사를 전후의 두 시기로 나누어본 남정론의 실상이었다고 할 수 있다. 달리 말하면 400년 고구려 대병력의 남하로 낙동강 유역의 신라권과 가야권에서는 동시에 정치적·사회적·문화적으로 큰 변동을 겪게 되었다는 것이다.

그런데 그러한 문제 제기 이후 신라권에서 엄청나게 많은 발굴 자료가 축적되고 이를 근간으로 삼은 고고학 분야의 연구가 상당한 수준에까지 향상됨으로써 신라사와 연루된 남정론은 이미 근거를 상실하여 더는 주장하기 곤란해진 상태에 이르렀다. 신라의 적석목곽분이나 금공품 및 무구·마구류들은 늦어도 4세기 중엽에는 유입되어 있었음이 확실하다. 그동안 많은 발굴 자료를 통해 확인되었기 때문이다. 거기에 약간의 반론이 뒤따르기는 하였으나 신라사 중심의 남정론은 더 이상 성립하기 힘든 지경에 이르렀다.[8]

그러나 그로부터 영향을 받아 약간 뒤늦게 부각되어 널리 퍼진 가야사를 전후기로 시기를 나누는 주장은 재론의 대상으로조차 삼지 않았을 정도로 강력한 힘을 갖고서 변함없이 지금껏 버티고 있다. 그것의 성립

---

8) 광개토왕 남정론이 갖는 문제점 전반에 대해서는 朱甫暾, 2006 「고구려 남진의 성격과 그 영향—광개토왕 南征의 실상과 그 의의—」『大丘史學』 82 및 宋源永, 2010 「金官加耶와 廣開土王碑 庚子年 南征記事」, 부산대석사학위논문 참조.

가능성 여부를 떠나 아예 논쟁의 도마 위에조차 올리려고 하지 않은 분위기였거니와 문제 제기가 있더라도 이를 모른 척함이 실상이라 하겠다. 심지어는 『일본서기』를 가야사 복원에 적극적으로 활용하는 추세 속에서도 그런 설정에 어긋난다고 하여 가야사 분야에서만 유독 이른바 신공기 49년(369)조를 거들떠보려고 하지 않고 외면해 버리는 경향이 강하였다. 이는 백제사 분야에서 동일한 기사에 대해 보이는 자세와는 무척이나 대조적인 모습이다.

가야사가 부진한 일차적 요인은 바로 그와 같은 자세에서 비롯된 바가 작지 않다. 근거가 박약하고 모순되며, 논리가 대단히 허술한 주장임에도 기존 연구자들은 논쟁을 거치지 않고 합세해서 마치 움직일 수 없는 정설로 묵시적 동의를 함으로써 고착시켜 버리고 만 것이었다. 그와 같은 분위기라면 여느 신진기예(新進氣銳)의 연구자라도 힘에 눌려서 감히 호기롭게 도전해 볼 엄두를 내기가 힘들 터이다. 기성 연구자들이 모두 자설(自說)을 고수하기에 급급하고 무조건 합심하여 방어하려 함으로써 문제 제기가 스며들 틈을 원천적으로 차단해버리고 만 것이 근본적 문제였다.

한편, 고구려 광개토왕의 대병력 남정 사건으로 금관가야가 쇠퇴하게 된 사실을 설정한 이후 그 향방에 대해 해괴하기 이를 데 없는 해석이 나오기도 하였다. 고구려의 남정으로 가야연맹체의 주도권을 상실한 것으로 상정된 금관가야의 잔존 세력이 이제는 바닷가로부터 낙동강 본류를 거슬러 내륙 깊숙한 곳으로 들어가 대가야나 아라가야[안라(安羅)]의 유력세력으로 재탄생하였다거나,[9] 혹은 낙동강 어귀의 바로 건너 맞은편 부산의 동래 방면으로 진출해 재건·연합하였다는 신설까지[10] 제기되

---

9) 조영제, 2007 『옥전고분군과 다라국』, 혜안.
10) 신경철, 1995 「金海 大成洞·東萊福泉洞古墳群 點描」 『釜大史學』 19.

었다. 도대체 전쟁에서 패배해 갖고 있던 기반을 모두 잃어버리고서 쫓기던 정치 세력의 핵심부가 적대세력으로부터 한결 멀리 떨어진 곳도 아닌 오히려 더 가까이에 다가갔다는 설정 자체는 아무리 이해하려고 해도 납득하기 힘든 대목이다. 그런 주장도 성립할 수 있다고 여기는 인식이 가야사나 가야고고학 연구 일각에서 버젓이 받아들여지고 있음이 엄연한 현실이다. 이들 견해는 신라를 비롯한 인근 정치 세력의 형편이나 사정은 거의 염두에 두지 않고 오로지 금관가야에만 초점을 맞춘 채 논리를 펼침으로써 나머지 대부분 지역은 마치 무인지경이었던 듯이 여기는 식의 접근이었다.

이와 같은 터무니없는 주장이 특정한 지역을 중심으로 마치 정설이라도 되는 듯이 횡행하고 있음에도 이 방면 연구자들은 전혀 알지도 못하는 척 오불관언(吾不關焉)의 자세를 견지하여 왔다. 상호 건전한 비판과 반(反)비판이 풍성해질 때 비로소 가야사 분야 연구 전반은 자연스레 활성화될 여지가 생겨나는 것이다. 그러지 않고 연구자들이 각자가 만든 좁은 우리 속에다 가두고 어설프게 아성(牙城)을 지켜내려는 마당이라면 가야사 연구가 어떻게 진전될 수 있을 것이며 어느 누가 이에 관심을 가지려 들겠는가. 허심한 발상의 전회(轉回) 자세와 입장이 절대적으로 요청되는 시점이다.

2) 신설新說 제기를 대하는 경향

기실 가야사를 전·후기하는 두 개의 시기로 나누어 이해하는 기준은 일단 그렇다 손 치더라도 그것이 실제적으로 가야 사회 자체 내부의 발전과 구조의 변화에 대해서는 아무런 고려를 시도하지 않은 채 도출된 견해라는 데에 문제의 심각성이 있다. 게다가 정치 사회의 발전에 대한 전체상이 도출된 바탕 위에 시기 구분을 시도한 것이 아니라 선험적으로 나눈 데에 근본적 문제가 내재되어 있다. 이는 역사 일반에서 시도해보는 시기 구분의 근거와는 확연히 다른 측면을 보이기 때문이다.

기실 가야사를 400년을 기준으로 해서 전·후기로 구분하려면 그 사회가 어떤 내부적 변동을 겪으면서 원래의 기본적 구조가 어떤 상태로부터 어떤 방향으로 어떻게 바뀌었기에 그처럼 이전과 이후가 성격이 다른 별개의 시기로 구별될 수 있는가를 꼼꼼히 따져보아야 마땅한 일이다. 그럼에도 그와 같은 시도는 어디에서도 찾을 수 없다. 단지 막연하게 가야연맹체의 맹주가 전·후로 바뀐다는 점만 설정하고 강조하여 왔을 따름이다.

그런 주장이 오로지 가야사에서만의 특수한 사정 때문이라고 강변할지 모르지만 인근의 신라나 백제의 동향과도 연동해서 생각해보지 않으면 안 되는 커다란 문제이다. 당시 가야만이 별개로 동떨어져 움직일 수 있는 상황이 아니었기 때문이다. 차라리 가야가 여러모로 볼 때 정치적 후발주자였으므로 주변의 한층 강력한 정치 세력과 연동했을 것임이 분명하다. 이 점은 가야사의 변화를 추적해 보려 할 때 당연히 고려해보아야 할 대상이다.

사실 가야사를 크게 전·후기로 구분할 때 제기되는 또 다른 문제는 연맹체의 본질적 성격에 대한 규명의 문제이다. 이미 가야사 연구의 출발 선상에서부터 가야 정치체의 성격에 대해서 개념은 매우 불분명하게 남겨둔 채 단순히 연맹체라고 규정한 이래 지금껏 이를 무조건 당연하게 여김이 지배적 경향이었다. 가야사를 이해하는 가장 핵심적 사항 가운데 하나임에도 과연 그런 용어가 적절한지, 연맹체가 구체적으로 어떤 성격이며, 그것이 실상과 얼마만큼 부합하는지 등의 여하 문제를 놓고 본격적인 토론의 과정을 거친 적이 거의 없다. 물론 오래전 단일연맹체의 존재 자체를 부정하거나[11] 지역연맹체란 용어가 그 대안으로서 잠시 제기되기는[12] 하였으나 외면당함으로써 찻잔 속의 태풍으로 그친 감이 든다.

여러 가야 정치세력으로 구성된 단일한 연맹체는 지금이라도 성격이나 내용이 어떤 형태로건 본격적으로 논의되어 마땅한 대상이다. 그러고서도 가야사가 체계적으로 구명·정립되었다고 말하기는 어려운 일이기 때문이다. 가야사 연구의 활력을 떨어지게 한 요인의 하나도 바로 이런 외면의 경향에서도 찾아진다.

연맹체라면 실태나 내부 구조는 어떠한지, 어떻게 이루어졌으며 구성 세력 상호 간의 관계는 어떠하였는지, 그를 대표하는 맹주가 실재하였다면 기능과 역할은 무엇인지, 맹주와 구성 세력은 구체적으로 어떤 관계에 놓여 있었는지, 각각의 의무와 권리는 어디까지였는지 등등에 대한 기본적·기초적인 문제에 대해 꾸준히 고민하면서 풀어내려는 노력을 기울여야 마땅하다. 가야가 단일한 연맹체로 존속하였다면 그것이 언제, 어떤 배경 아래 어떤 과정을 밟아 성립한 것인지, 그에 앞서 존재한 변한 연맹체와는 어떤 점에서 같고 다른지, 어떠한 변동을 거쳤으며, 무엇을 계기로 이것이 가야연맹체로 전환하게 된 것인지 등등이 뚜렷이 드러나야 한다. 그리고 가야연맹체의 맹주가 바뀌었다면 전·후기의 두 연맹체에는 성격상 어떤 차이를 갖고 있었는지, 어떤 상태로부터 어떤 상태로 이행해 갔는지 등등이 해명되어야 마땅한 일이다. 이런 여러 문제점이 조금도 구명되지 않은 상태에서 설정한 단일연맹체라면 그것은 어디까지나 상상에 지나지 않는 허구에 불과할 따름이다.

기실 6세기 중엽 강대국 백제와 신라가 가야를 놓고 대립·갈등하는 양상을 보이자 위기 상황에 직면한 가야의 여러 유력한 정치 세력들은

---

11) 이영식, 1985 「가야제국의 국가형성문제 -가야연맹설의 재검토와 전쟁기사의 분석을 중심으로-」『白山學報』 32 ; 남재우, 1995 「가야사에서의 '연맹'의 의미」『창원사학』 2.

12) 이에 대해서는 백승충, 2005 「가야의 지역연맹체론」『지역과 역사』 17 ; 백승옥, 2014 「가야제국의 존재형태와 '가야지역국가론'」『지역과 역사』 34 참조.

각자 생존 도모를 위한 자구책의 일환으로서 함께 백제를 교섭 대상으로 삼아 그 왕도인 사비(泗沘)에서 두 차례에 걸쳐 소위 임나부흥회의(任那復興會議)를[13] 열었다. 그 구체적인 운영 실태를 얼핏 들여다보면 당시 상설적인 단일의 가야연맹체가 존재하였다고 상정하기에는 약간 곤란한 측면이 엿보인다. 그와 같은 임나부흥회의는 오히려 거꾸로 상설적인 가야연맹체의 존재를 부정하는 뚜렷한 근거가 될 수 있거니와 그런 실상의 시원을 언제, 어디까지 소급시킬 수 있을지는 분명하지 않다.

개별 국가의 형성 이후 어느 시점부터 가야연맹체가 결성되었다가 뒷날 어떤 연유로 해체되면서 그처럼 임시(수시)의 회의체 형식으로 바뀐 것인지, 아니면 애초부터 연맹체는 존재하지 않고 그와 같은 방식으로 운영되었던 것이 실상인지 등등은 연맹체의 실체를 구명하기 위해 반드시 검토되어야 할 대상이다. 그런 작업을 본격적으로 시도해보지도 않은 채 무조건 단일한 가야연맹체의 존재를 상정, 그것이 줄곧 존속하였다고 고집하는 것은 바람직한 학문적 자세로 보기 어렵다.

그와 관련해 가야 가운데 여러모로 중심자적 역할을 맡은 대가야의 국가적 성격도 본격적인 재검토를 기다리고 있는 대상이다. 새 자료가 출현하면서 대가야의 정치체에 대해서 기왕과 뚜렷하게 차이가 나는 몇몇 문제 제기가 있었다. 이 또한 가야사를 발전적 입장에서 체계화시키기 위해서는 당연히 음미·검토해볼 만한 대상이지만 지금껏 거의 논외로 치부되고 있는 실정이다.

현재 충남대 박물관이 구입해서 소장하고 있는 대가야 계통 토기인 장경호(長頸壺)의 몸통과 뚜껑에 보이는 두 개의 '대왕(大王)'이란 명문과 부산대박물관이 발굴해 소장하고 있는 합천 저포리(苧浦里) 출토 단경호

---

13) 임나부흥회의에 대해서는 백승충, 1993 「임나부흥회의의 전개와 그 성격」『부대사학』17.

(短頸壺)의 아가리 부분에서 확인되는 '하부(下部)'란 명문이 그런 실상을 반영해 주고 있다. 양자는 모두 6세기 전반에 제작된 것으로 추정되고 있는데 이들 각각을 어떻게 해석하든 당시 대가야의 지배체제와 연관되어 있음은 의심할 여지가 없는 사실이다.

삼국 가운데 인근 신라의 경우는 비슷한 시기인 6세기 전반 6부를 중심으로 한 지배질서라 할 이른바 부체제로부터 국왕을 정점으로 한 새로운 강력한 지배질서인 중앙집권적 체제로 전환해간 것으로 보고, 그런 실상을 뚜렷이 반영해 주는 근거가 바로 대왕(大王, 또는 太王)과 같은 왕호의 사용으로 이해되고 있다. 이에 비추어 보면 대가야에서 '대왕'호를 사용한 사실은 예사롭게 보아 넘기기 어려운 대상이다. 그런 실상을 함께 방증해 주는 것이 곧 부(部)의 존재이다.

원래 부는 제각각 혈연성(血緣性)과 지연성(地緣性)을 함께 지닌 공동체적 성격이 강한 단위 정치체로서 상당한 수준의 독자성을 보유한 것으로 풀이되고 있다. 부를 중핵으로 해서 정치가 운영되던 지배질서를 흔히 '부체제(部體制)'라 일컫고 있는 것이다.[14] 부체제는 읍락국가(邑落國家)로부터 중앙집권적 귀족국가로 바뀌어 가는 도중에 거쳤던 하나의 과도기적인 단계였다. 그런 상태가 정치 사회의 발전에 따라 국왕을 정점으로 한 중앙집권적 지배체제로 전환하면서 부의 공동체성이나 독자성은 점점 약화되고 대신 왕도를 행정적으로 구획하는 성격으로 바뀌게 된 것이다. 최근 연구 경향에 의하면 삼국 모두가 그와 같은 부체제 단계를 공통적 과정으로 거쳤으리라 추정되고 있다.

대가야의 '하부'가 확연하게 차이가 나는 부에 대한 두 성격 가운데 어느 쪽에 해당하든지 간에 일단 부의 실재가 확인되는 마당이라면 당시

---

14) 朱甫暾, 1992 「삼국시대의 貴族과 身分制 −신라를 중심으로−」 『한국사회발전사론』, 일조각 ; 2006 「신라의 部와 部體制」 『釜大史學』 30.

도달한 대가야의 정치 사회의 수준이 단순한 읍락국가 단계를 뛰어넘어 새로운 지배체제를 겨냥해 항진하던 상태였음을 보여 주는 유력한 증거가 된다. 앞서 소개한 '대왕'호가 실재하였음도 그를 방증해 주는 사례의 하나로서 손꼽을 수 있다. 달리 말하면 하부는 대가야의 지배체제가 문헌에만 의존한 기존의 이해와는 현저하게 차이가 남을 뚜렷이 입증해주는 실례라 하겠다.

어느 시기부터 가야 가운데 가장 유력한 세력으로 부상한 대가야는 여타의 다른 경쟁 세력과는 뚜렷하게 차별화될 정도로 급성장을 거듭하였거니와 그런 양상을 입증하는 것이 고령의 지산동고분군에 산재한 대형의 고총고분 규모와 수량 등 고고자료와 함께 479년 가라국왕 하지(荷知)가 단독의 힘으로 남제(南齊)에 사신을 파견해 교섭하고 '보국장군본국왕(輔國將軍本國王)'이란 작호를 받은 사실이다. 가야의 여러 정치세력 가운데 내부적으로 대가야 지배자가 '대왕'호를 사용할 수 있게 된 명분도 바로 그런 데에서 찾아진다. 그런 정황은 5세기 전반 왜5왕이 자칭한 작호 속에 임나와 함께 대가야로 추정되는 가라(加羅)가 들어가 있다는 사실로부터도 유추된다. 그런 정황으로 미루어 대가야는 가야 제국을 주도하는 세력으로 급부상하고 마침내 내적인 자기 변신을 도모함으로써 정치적 통합 운동을 추구할 만한 에너지를 비축하기에 이른 것이라 하겠다. 그런 추정을 밑받침해 주는 것이 대가야의 영역 확장 실태이다.

5세기 이후 낙동강 유역권이 신라에 의해 장악되자 대가야는 바깥 세계와의 통교를 통해 생존을 도모하지 않으면 안 되었다. 그를 위해 기존의 낙동강 수로 대신 새로운 통로를 적극적으로 개발해야만 하였다. 오랜 노력과 거듭된 도전의 결과로서 마침내 섬진강을 통해 남해안에 이르는 통로를 안정적으로 확보하기에 이른 것 같다. 대가야가 그와 같이 힘들게 손에 넣은 섬진강 통로를 영속적으로 유지해가기 위해서는 그 연변의 다양한 정치세력을 대상으로 항시적인 영향력 행사는 필수적 전제조건이었다. 대가야는 이들과 어떤 형태로건 정치적 연결고리를 갖고 계속 유지해 가야만 하였다. 그런 실상은 이 지역에서 고고학적 발굴이나 지표조사 등을 통해서 출토되는 대가야 계통의 유적과 유구 및 유물이 입증해 주고 있다.[15]

다만, 대가야와 그들 사이의 관계를 놓고서는 연구자들 사이에 약간씩 해석상의 차이를 보인다. 대가야계 고고자료들이 확인되는 지역 전부를 동일하게 정치적 영역으로 이해하는 견해로부터, 각기 독립성을 지니고서 대가야와 정치적 동맹을 맺었다고 간주하는 견해, 직접지배와 간접지배 지역 및 정치적 동맹 관계를 맺은 지역으로 나누어 보는 견해 등으로 엇갈려 있는 실정이다. 이는 문헌이 아닌 고고자료를 주요 근거로 삼은 정치사적 해석의 어려움을 입증해 주는 일이지만, 여하튼 그 자체는 대가야의 정치적 성격이 크게 달라지고 있었음을 뜻하는 증거로서는 충분한 실례이다. 정치적 영향력의 확대와 발전을 통해서 대가야 자체 내부도 크게 변모를 겪고 있었다. '대왕'과 '부'는 바로 그런 배경 아래에서 나올 수 있는 성질의 것이었다. 대가야의 중심부는 기왕과는 전혀 다르게 이제 의젓한 왕도(王都)로서 기능하고 있었음을 보여 준다. 우륵이 작성한 12곡(曲)을 여하하게 해석하든지 간에 그 곡명(曲名) 가운데 보이는 상가라도(上加羅都)와 하가라도(下加羅都)의 존재는 그런 실태를 방증하는 또 다른 사례이다.

이상과 같은 개략적 사항들은 새로운 자료의 출현을 매개로 새롭게 제기된 과제들이다. 그것이 내재한 의미나 내용, 입론(立論)의 타당성 등을 놓고서 공개적으로 격돌하는 등 활발한 논전이 요구된다. 가야사의 새로운 체계화를 위해서 구설(舊說)은 물론 신설(新說)에 대한 허심탄회

---

15) 이에 대해서는 주보돈, 2012 「5~6세기 錦江上流 지역의 정치세력과 그 향방」 『大丘史學』 106.

한 공론화가 필요한 시점이다. 그런 논의 자체가 어떤 결론으로 귀결될 것인지를 떠나서 일단 가야사 연구 자체를 크게 활성화하는 첩경임이 분명하기 때문이다. 그럼에도 새로운 자료에 근거한 신설들은 대체로 무조건 외면당하고 있는 측면이 강하게 엿보인다. 그러고서도 가야사 연구가 활발해지리라고 기대하는 것은 연목구어(緣木求魚)적 행태에 지나지 않을 것임을 깊이 새겨야 한다.

4. 새로운 출발을 위한 모색

지금까지 두 장에 걸쳐서 근자에 가야사 연구가 부진해진 원인이 지방자치단체에 대한 지나친 의존적 자세와 함께 연구자들 사이에 필수적이라고 여겨지는 비판과 반비판을 통한 활발한 토론문화나 상호 소통이 결여된 데에 있음을 지적해 보았다. 그런 분위기를 통하여 볼 때 가야사 연구자들 간에 일종의 암묵적 카르텔이 형성되어 있는 것이 아닌가 하는 의심이 들 정도였다. 그들은 그것이 거꾸로 오래도록 소외당한 가야사를 지켜내는 정도(正道)라 여겼을지도 모르겠다. 그와 같은 분위기의 일단을 분명하게 드러내어 주는 대표적 사례로는 '사국시대론(四國時代論)'을 손꼽을 수 있다.

이른바 4국시대론은[16] 삼국시대 설정에서 어떻든 가야사가 빠져 있는 데 대한 불만으로부터 제기된 것이었다. 물론 당연하게도 가야사를 삼국과 대등하게 다루자는 주장은 제기할 수 있는 일이다. 그렇지만 그를 위해서는 내용상의 적절성, 합리성, 그리고 역사성 등 기초적 작업을 철저히 거치면서 공론화하고 논증하는 중간 과정을 반드시 거쳐야 한다.

---

16) 김태식, 2014 『사국시대의 가야사 연구』, 서경문화사.

그리고 반론이 제기되면 이를 구체적으로 다룸이 또한 마땅한 일이다. 그렇지 않고 당위론적(當爲論的) 입장에서의 주장이라면 이는 어디까지나 선언이나 외침에 지나지 않을 따름이다. 4국시대론이 일반적 인식으로서 받아들여질 수 있다면 그것은 한국고대사는 물론이고 한국사 전체를 새롭게 재정립하지 않으면 안 될 정도의 커다란 문제 제기이므로 더더욱 공론화를 거치는 노력이 절대적으로 긴요하다. 그럼에도 가야사 연구자들 사이에서 그렇게 기대에 미칠 정도의 활발한 논쟁, 논전을 거친 적은 없는 듯하다. 가야사 연구자들은 그것이 마치 당연하다는 듯이 받아들이는 분위기이기 때문이다.

사실 거슬러 올라가면 4국시대론의 원조(元祖)는 『삼국유사』 왕력편(王曆篇)에 있는 것으로 보인다. 일연은 왕력편을 작성하면서 「가락국기」에 따라 수로(首露)가 건국하였다는 서력 기원후 42년부터 삼국에 더해 그 아래에 동등하게 가락국(금관가야)의 난(欄)을 따로 한 칸 더 마련하였다. 비록 가장 아래에 배치되어 있기는 하지만 그것은 건국이 가장 늦었던 데서 비롯한 일이었을 뿐이다.

여하튼 그것은 일연의 가야사에 대한 인식의 일단을 보여 주는 조치였다. 적어도 『삼국유사』라는 책명과는 어울리지 않게 일연은 가야사를 삼국과 대등하게 다루어보려는 적극적인 인식을 갖고 있었다. 다만, 그러면서 오가야조에서는 가야사회가 정치적으로 분립되었다는 입장을 내세우고 있으므로 내용상 서로 모순되는 문제점을 안고 있었다. 그것은 『삼국사기』 신라본기의 영향을 받아 초기에는 가야사회가 분리된 상태였으나 마침내 금관가야를 중심으로 통합되기에 이르렀다는 인식 아래 정리된 것일 수도 있다. 기이편(紀異篇)의 말미에다 다시 따로 「가락국기」를 배치하고 있는 사정도 바로 그런 연장선상에서 이해된다.

현재 4국시대론은 거창한 주장이기는 하나 가야가 하나로 통합된 국가가 아니라 여러 정치세력으로 분립해 내부적으로 각축하던 상태를 벗어나지 못한 상황이 전혀 고려되지 않는 점은 근본적 문제이다. 가야의 국가적 성격이 삼국과는 현저하게 차이가 나는 점 또한 당연히 대상으로 삼아야 할 문제이다. 4국시대의 논리대로라면 고구려보다 한층 먼저 단일한 국가를 성립시켜 5세기 말까지 존속한 부여(夫餘)도 같은 범주에 당연히 넣어 함께 논의의 대상으로 삼음이 마땅하다.

사실 가야를 내세우려 시도한 일연도 책명을 『삼국유사』라 한 사실에서 유추되듯이 '삼국'이란 단어는 마치 하나의 관용어처럼 이미 굳어진 상태였으므로 그 용어를 아무런 거리낌 없이 그대로 사용하였다. 장차 4국시대론을 널리 통설로 받아들여지도록 시도하려면 무조건 선언만 해두는 태도를 지양하고, 그렇게 될 수밖에 없는 당위성과 정당한 논리 및 근거를 더 내세우는 데 한층 가열찬 노력을 기울여야 마땅할 터이다. 그동안 그렇지 못하였다는 측면에서 가야사 연구자들 사이에 지닌 인식 및 자세의 문제점도 뚜렷이 드러나고 있는 것이다.

사실 가야사 연구를 활성화하고 이를 토대로 한국고대사의 체계화에 기여하려면 아직 넘어야 할 산들이 너무도 많다. 문헌을 더욱더 치밀하게 재검토하는 일로부터 시작해 기존에 확보된 것은 물론 발굴을 통해 새로 알려지는 고고자료도 적극적으로 활용하면서 자세를 새롭게 가다듬어 나가야 한다. 그러기 위해서는 다른 분야와의 대화와 소통이 절대적으로 필요하다. 지난날 가야사 분야가 여러 측면에서 많은 피해를 입고 언제나 약세의 입장이라고 무조건 감싸고 보호하려고만 든다면 이는 과거처럼 또 다른 우(愚)를 범하는 셈이 된다. 다른 분야 연구자와도 허심탄회하게 대화하고 논쟁하며 새롭게 접근하려는 자세가 요망된다.

가야의 구성 세력은 고정불변한 것이 아니라 내부적으로는 이합집산을 거듭하였으며 이로 말미암아 그 수치도 계속 바뀌었다. 그들 사이에도 우열(優劣)의 세력 격차가 있었다. 그에 따라 최고 지배자의 호칭이 달랐던 데서 비록 각각 독립적 국명을 가졌으나 상하관계였을 가능성도 엿보인다. 때로는 그들이 개별적으로 오랜 기간에 걸쳐 점진적 과정을 밟아 신라 영역으로 편입되어 갔으므로 신라와 가야의 경역(境域)도 시기별로 다른 모습을 보였다. 따라서 매개 국가별로 고고학의 도움을 빌어 사례 연구에 매진할 필요가 있다. 그런 연구 성과들이 꾸준히 축적되어갈 때 가야사의 진면목은 저절로 드러나게 될 터이다. 그럴 때 다시 가야사의 성격론, 4국시대론 등은 충분히 재검토될 수가 있다.

이처럼 산적한 과제들을 눈앞에 두고서도 연구가 침체된 상태를 면치 못하게 된 것은 결국 이 방면 연구자들이 기존 자설을 고수하는 데에만 급급한 나머지 새로운 자료 및 새로운 문제 제기에 대해 열린 자세로 적극적인 대응을 하지 않았던 것이 결정적 요인으로 작용하였다. 앞으로 그런 상황을 과감하게 벗어나지 않는다면 가야사 연구는 영원히 침체 상태를 면하기 어려울 것 같다. 이는 스스로 피해자가 되는 길을 자초하는 모습이다. 지난날을 되새김질하면서 또 다른 형태의 잘못을 범해 차후 이어지는 연구자들에게 부담을 주어서는 안 됨을 명심해야 한다.

제1부
고고자료를 통해 본
가야사 연구

전기가야의
고고학적 연구 쟁점과
전망

· 홍보식 ·

1. 서언

문헌기록이 절대적으로 부족한 가야사 연구에 있어 고고학적인 방법론에 의한 발굴조사 및 연구 성과는 가야사 복원 및 해명의 중요한 정보로 활용되고 있다. 1980년 이전까지만 하더라도 가야 유적(유구)의 발굴조사가 제대로 이루어지지 않아 물질자료를 조작한 가야사 복원은 사실상 어려웠다.

그러나 1980년대 이후, 부산 복천동고분군, 고령 지산동고분군, 합천 옥전고분군, 김해 양동리고분군, 대성동고분군, 함안 도항리고분군, 고성 송학동고분군 등 가야지역의 중심 고분군이 조사되고, 조사 내용이 보고되면서 다양한 부문에서 연구 성과들이 쏟아져 나왔다. 이런 발굴조사 성과를 반영하고, 전문 연구자들을 채용하고, 일반인들과 공유하기 위한 박물관이 각지에 설립되어 활동하게 되었다. 90년대 이후에는 대단위 지역의 발굴조사가 이루어지면서, 많은 조사전문기관이 설립되어 유적 발굴조사를 주도하였고, 90년대 이전까지 가야 유적 조사의 주 대상이었던 고분에서 벗어나 취락·생산·제사·패총·항구시설·방어시설 등 다양한 성격의 유적(유구)가 조사되고, 보고서들이 발간되었고, 이에 자극받아 젊은 연구자들이 다양한 방면에서 가야사 복원을 위한 연구 성과들을 제출하고 있다.

지금까지 가야사 연구는 취락과 주거지·매장 시설·토기·무기·무구·마구·장신구 등의 유구와 유물을 이용해 가야사 복원을 시도하고 있지만, 연구자 사이에 시각 차이가 큰 부문도 상존한다. 연구자간의 시각 차이가 큰 것은 각자의 역사관의 차이에 기인하는 점도 작용하지만, 물질자료에 대한 철저한 비판없이 특정 연구자 또는 학맥에 따라가는 경향이 있음을 부정할 수 없다. 이러한 연구태도는 가야사 복원을 어렵게 하면서 동시에 난립하는 모순으로 비춰질 수도 있다. 이하에서는 현재 주요 논쟁이 되고 있는 내용을 중심으로 연구 내용과 논쟁점을 살펴보고자 한다.[1]

2. 연구 쟁점과 성과

1) 전기론과 전사론

물질자료로서 가야의 출발이 기원전 1세기~기원 1세기부터 시작되었다고 보는 전기론적 관점과 가야가 변한 사회를 모태로 발전하였지만, 변한과 가야사회를 구분해서 이해하는 전사론적 관점이 양립하고 있다.

---

[1] 이 글에서 다루는 시기는 3세기 후반부터 5세기 전반까지이다. 다루는 주제는 전사론과 전기론, 도질토기 등장 시기와 계통, 고식도질토기 양식론, 전기가야 정치체의 범위와 연맹론, 사회구조론, 전기가야에서 후기가야로의 전환, 연대론 등이고, 무기·무구·마구론, 군사체계와 전쟁론, 생산론, 대외관계론 등은 지면 관계상 다루지 못하였다.

전기론적 견해에 의하면, 늦어도 기원전 1세기부터 가야가 시작된 시점으로 이해하고, 기원후 3세기 후반의 물질자료와 4세기의 물질자료에서 획기를 설정할 수 있을 만큼 변화가 크지 않았다는 점을 강조하였다. 전기론은 분묘와 부장품의 구성을 통해, 큰 사회적 변화를 설정하기 어렵다는 견해와[2] 분묘군의 위계화 과정을 분석하여 변한과 가야 사회의 획기 설정이 어렵다는 견해가 제시되었다.[3]

전기론적 관점에 의하면, 분묘군의 유형 설정을 통해 분묘군 내에서 각 매장주체부의 입지, 방향, 결집도 등을 가시화하여 유형을 제시하면서, 기원 1~2세기에 일정 지역의 수장급묘가 출현하지만, 위계화는 이루어지지 않았고, 2세기 후반대에 비로서 대형묘와 소형묘로 나누어지는 분묘의 위계화가 시작되어 3세기에 들어서면서 하나의 분지 내에 분포한 소규모 정치체들이 통합되어 지배적인 집단이 출현함으로써 대형묘가 구릉 정상을 점유하는 울산 하대와 같은 분묘군과 그보다 하위의 분묘군이 분화되어 동일 정치체 내의 2등급의 분묘군으로 분화되었다. 4세기에 들어서면 지배적인 분묘군에서 소형묘들이 탈락되어 진정한 의미의 정치체 내 중심 고분군이 성립되었고, 5세기 전반까지 지속되었지만, 5세기 후반이 되면, 정치권력의 공간적 분포에 큰 변화가 나타난다고 파악하였다. 그리고 도질토기가 변·진한 시기에 이미 등장하였다고 보아 도질토기의 등장을 변한과 가야 사회를 구분하는 기준으로 설정하는 것에 대해서도 부정적이다.[4]

이 견해에 의하면, 고분군의 위계화에 근거할 때, 정치권력의 공간적

---

2) 林孝澤, 1993 『洛東江 下流域 伽耶의 土壙木棺墓 研究』, 漢陽大學校 大學院 博士學位論文.
3) 李盛周, 1993 「1~3세기 가야 정치체의 성장」 『한국고대사논총 5』, 한국고대사회연구소 편.
4) 이성주, 1993 앞의 논문.

범위가 시기에 따라 확대되지만, 분지를 초월한 규모로 발전하지 않았으나 5세기 후반 이후에는 이전 시기와는 차원이 다르게 정치권력의 범위가 분지를 초월하여 광역에 이른다고 하여 5세기 후반을 변화의 획기로 설정하였다. 5세기 후반을 변화의 기점으로 설정한 점은 가야 각지에 고총고분이 조영되고, 지역적인 특징을 갖춘 토기의 등장에 의미를 두었다고 추정된다.

전사론적 관점에 의하면, 물질자료의 다양한 부면에서의 변화가 3세기 후반에 나타난다고 보았다. 낙동강 하구지역의 목곽묘는 3세기 전반 이전의 I류, 3세기 후반 이후의 II류로 구분하였다. I류 목곽묘는 각재로 조립하였고, 상면(床面)은 별다른 시설을 하지 않았으며, 묘광의 평면형태가 거의 방형에 가까운 점 등에서 기본적으로 한대(漢代) 목곽묘, 직접적으로 한반도 서북지방 낙랑 목곽묘의 계보를 잇는 것으로 파악하였다. 이 시기의 대형 목곽묘는 앞 시기의 목관묘와 마찬가지로 대중묘와 혼재하기 때문에 고분으로서는 치명적인 결함을 지니고 있는데, 이는 『삼국지』 위서 동이전의 「한전」에 보이는 기사 "國邑雖有主帥 邑落雜居 不能善相制御"에 간취되는 삼한의 거주형태와 일치하는 것으로, 이 무렵의 수장은 정치적 성격이 강한 왕자의 위치에까지 이르지 못하였음을 나타낸다고 보아 구야국의 삼한시대 목곽묘로 규정되었다. 구야국은 대성동 구릉이 구야국의 환호취락지(도읍지)였을 가능성이 있고, 이 때에는 주로 환호(環濠) 바깥에 목곽묘군의 공동묘지가 형성되고 환호 내부는 취락지여서 결국 취락과 공동묘지가 함께 있는 형태로 사회성격은 중국적이며 주술적 성격이 짙다고 하였다.

그런데 3세기 말에 평면형태가 장방형인 묘광, 주곽과 일(日)자형을 이루는 독립된 부곽, 통나무 목곽, 사람과 말의 순장 등이 이루어진 II류 목곽묘는 북방 유목민족, 구체적으로는 부여지역의 목곽묘와 같다고 파악되었다. II류 목곽묘가 등장하는 3세기 말을 기점으로 이전 시기와는 질적으로 다른 사회가 성립된 것으로 이해하고, 이 3세기 후반의 대변혁을 정치적 신분질서체제하의 상징물로서의 왕자의 묘가 등장되었고, 그것을 곧 국가 성립의 지표로 이해하였다. Ⅱ류 목곽묘부터 고분으로 설정하고, 그 특징을 ① 입지의 우월성, ② 매장주체부의 대형화, ③ 무기의 개인 집중화, ④ 순장 등으로 파악하고, Ⅱ류 목곽묘를 삼국시대 묘, 구체적으로 말하면 금관가야 시기의 묘제로 설정하여 3세기 말을 기준으로 이전을 변한, 이후를 가야로 규정하였다.[5]

삼한묘와 삼국묘의 비교를 통해 그 차이를 파악하면서 시대구분을 설정한 견해도 제시되었다. 삼한시대를 기원전 1세기 후반에서 기원후 3세기 말로 설정하고, 삼한묘와 비교하여 삼국시대, 특히 4세기 묘의 특징을 ① 입지의 우월성, ② 무기의 개인집중화, ③ 묘광의 장대함 등에서 현저한 차이가 존재하며, 이 요소들이야 말로 삼한묘와 구별되는 삼국시대 묘가 가진 특징으로 이해되었다.[6]

이외에도 김해지역의 고고학적 양상을 근거로 구야국 시기와 금관국 시기에 질적인 차이가 전개되었다는 견해도 제기되었다. 구야국의 기반은 경제적 가치획득에 있었기 때문에 지배집단은 경제권을 장악하고 무역에 의존하는 형태였고, 전쟁 방식도 주변지역의 경제 자원을 약탈하는 수준에 머물렀지만, 3세기 후반 이후부터는 공간적 지배범위를 확장하기 위한 전쟁의 형태로 나아갔다. 그리고 대성동 세력이 부상하면서 분묘 규모의 확대와 부장품의 계획적인 배치 및 생활용기와 부장용기를 모두 포함한 토기·철기의 후장이 이루어지면서 특정인에게 권력 집중이

---

5) 申敬澈, 1992 「金海禮安里 160號墳에 對하여–古墳의 發生과 관련하여」 『伽倻考古學論叢 1』, 駕洛國史蹟開發研究所.

6) 최종규, 1995 「墓制를 통하여 본 三韓社會의 構造」 『한국고대사논총 3』, 한국고대사회연구소편(1995 『三韓考古學研究』, 서경문화사 재수록).

실현되었으며, 그것은 곧 국가의 성립을 의미하는 것으로 파악하였다. 즉 3세기 후반 이전과 이후는 정치·사회·문화적인 획기가 존재하였음도 피력되었다.[7]

삼한 및 삼국과 일본열도와의 교류 관계를 연구한 대부분의 일본인 연구자들은 삼한(변한)과 삼국(가야)시대를 구분하여 설명하였다. 이러한 구분은 한반도의 고고학적 현상이나 성과를 검토한 바탕 위에 논의된 것이 아니라 일본 열도의 야요이시대와 고분시대를 구분하는 일본열도의 시대 구분에 따른 것이었다.

고고학적인 부문에서는 변한을 가야의 전기로 이해하는 연구 시각은 많지 않고, 변한과 가야 사회를 구분해서 이해하는 시각이 우세하며, 그 시점은 3세기 후반 또는 3세기 말~4세기 초로 설정하고 있다. 이 시각은 대부분 삼한묘와 삼국시대 묘의 성격을 근거로 논의되고 있다. 시대 구분의 객관성을 높이려면, 무덤뿐만 아니라 취락의 입지와 규모 및 분화, 생산물품과 방식 및 시스템, 제사체계, 사회적 신분 표현 방식 등 다양한 성격의 자료 조작을 통한 접근이 필요하다.

2) 도질토기陶質土器 등장 시기와 계통론

전기가야 고고학에서 가장 활발한 연구가 이루어져 왔고, 연구자간에 시각 차이가 심한 부분이 도질토기의 등장과 생산 및 양식의 해석이다. 도질토기의 등장에 대해서는 자체 발생론과 중국 제도술의 모방 내지 영향설이 대립하고 있다.

도질토기 중국 자기 영향설은 80년대 후반에 제기되었다. 중국 자기들이 한강유역의 유적에 집중 분포한 사실에 주목하고 중국 월주요 자기

---

7) 홍보식, 2000 「고고학으로 본 금관가야」 『고고학을 통해 본 가야』, 한국고고학회.

의 유입지가 한강유역임을 고려하여 도질토기의 발생지를 한강유역으로
설정하고, 도질토기가 영남 전역에서 거의 동시기에 나타났다는 영남지
방 도질토기 발현에 있어서의 다원론이 제창되었다.[8] 이후 한강유역에
서 처음 도질토기가 출현했을 것이라는 이전 견해를 철회하고, 영남지역
을 도질토기의 발생지역으로 추정하였다. 즉 영남지역에 목곽묘의 등장
과 함께 돌연히 나타난 직구호·노형토기·양이부구형동호 등은 3세기
후엽에 중국 서진의 월주요 자기의 요소인 직구(直口), 암문풍의 사격자
문, 어깨의 兩耳(양이) 등과 고월주요 자기(古越州窯 磁器)의 요법인 등
요의 수용에 의해 3세기 말에서 4세기 초에 낙동강 하구지역에서 도질토
기가 발현하고, 4세기 후반에 다른 영남지역으로 확산되었다고 파악하
였다. 도질토기 문화는 한반도 남부에 있어서 특정집단의 성장을 상정할
수 있는 바로미터로 평가하고, 가야양식과 신라양식으로 양식분화가 나
타나기 전 시기의 도질토기를 고식도질토기(古式陶質土器)로 명명되었
다.[9]

위의 견해와 달리 도질토기의 등장은 중국 전국(戰國) 도기(陶器)의
영향을 받아 기원전 3세기 말~2세기 초에 한반도 서북지방에 등장하였
고, 중부지방에는 기원전 100년 이전에, 곧이어 남부지방에도 등장하였
다고 보아 도질토기 중국 전국계론(戰國系論)을 제기하였다. 중부지방이
나 영남지방에서 원삼국 초기의 경질토기는 주거지와 같은 생활유적에
서만 출토하며, 중부지방에서 가장 빠른 회청색경질토기로 춘천 중도 1
호 주거지 출토품을 들고, 그 시기를 기원전 100년 이전으로 설정하여
원삼국 초기에 이미 중국의 인문경도(印文硬陶)와 같은 고화도 소성토기

---

8) 申敬澈, 1988「三韓·三國時代의 釜山」『부산의 자연환경과 역사』, 부산라이프사.

9) 申敬澈, 1989「三韓·三國·統一新羅時代의 釜山—考古學的 考察」『釜山市史 1』,
釜山直轄市史編纂委員會.

인 타날문 회청색 경질토기를 생산하였다고 하였다. 조양동 38호묘와 거창 대야리 16호 주거지 출토품을 영남지역에서 초현기의 타날문회청색 경질토기로 보고, 원삼국시대 영남지방의 타날문토기는 직접적으로 중부지방으로부터 내려온 타날문토기 생산체제의 도달에 의해 성립되었고, 기원전 1세기 후반에는 이미 시작되었다고 보았다.[10]

도질토기 중국 자기 영향설에 대한 반론과 함께 늦어도 2세기 말에는 한반도 중남부 지역에서 자체적으로 생산되기 시작했다는 주장도 제기되었다. 삼국시대 회청색경질토기는 원삼국 토기에서 점진적으로 발전되어 온 독자적인 토기로서 중국의 인문경도와 유사한 것으로 이해하고, 회청색경질토기와 도질토기를 다른 질의 토기로 보았다. 뒤이어 태토의 화학조성, 요의 구조, 소성시 승온온도(昇溫溫度)와 지속 기간 등은 우발적인 것이 아닌 기술적인 행위와 관련된 것으로 이해하고, 창원 도계동(동) 6호묘와 포항 옥성리 15호묘 출토 조합식우각형파수부호, 진천 송두리 1호묘 출토 조합식우각형파수부호·양뉴부옹 등을 도질토기로 이해하면서 고온 소성과 관련된 기술적인 문제는 해결되었지만, 태토 선정이나 노동력과 생산분배체계의 조직 등과 관련된 기술적·사회적인 문제 때문에 도질토기를 본격적으로 생산하지 못한 것으로 보았다.[11] 도질토기는 3세기 전반에 생산되기 시작하였고, 대량 생산과 분묘 부장품 목록이 된 것은 3세기 말 내지 4세기 초로 설정하였다.[12]

중국 월주요 영향설, 중국 전국계설, 자체 발전설 등의 문제점을 지적하고, 영남지역의 도질토기는 중국 서진(西晉) 이후의 회유도기(灰釉陶器)의 영향을 받아 생산되었다는 주장이 제시되었다. 진천 송두리 1호

---

10) 최병현, 1992『新羅古墳研究』, 一志社.
11) 李盛周, 1993 앞의 논문.
12) 李盛周, 1988「삼국시대 전기토기의 연구」『한국상고사학보』1, 한국상고사학회.

묘에서 출토한 조합식우각형파수부호의 소결도(燒結度)가 도질토기에 가까운 예로 볼 때, 평요에서 섭씨 1,200도 내외의 고온을 낼 수 있음에도 불구하고, 그것이 본격적이고 의식적으로 생산한 도질토기로 보기는 회의적이고, 소결된 상태의 경(硬)·연(軟)이 아니라 형식(型式)이어야 함이 강조되었다. 영남지역에서 확인된 초기의 도질토기는 출토량이 소량이고, 기종도 다양하지 않고, 형태가 와질토기와 닮지 않고, 평저가 있는 점, 기벽이 매우 두터운 점, 점적인 존재에서 점차 와질토기의 고유 기종까지도 도질로 소성케 하는 점 등을 근거로 외부로부터의 이입 내지 영향이 있었는데, 그것은 단발적이 아니라 연속적이었다고 파악하였다.

영남지역의 도질토기는 중국 한대 회유도기의 제 기법 중에서 부분 선택되어 조립된 것으로 이해하였다. 선택된 요소로서 자연유, 울산 하대 32호묘 출토 조형뉴(鳥形鈕)가 붙은 유개대부직구호[13]가 중국의 종(鍾)과 방(鈁)의 특징으로서 이 대부직구호의 제작에서 중국과의 관계는 뗄래야 뗄 수 없다. 또 예안리 77·138호묘 출토품에 보이는 콤파스 점원문이 중국 회유도에 보이고, 파상문·즐치문도 중국의 도기에 보인다고 한다. 중국 회도가 한반도에 영향을 미친 시기는 중국 위진대(魏晉代)로 추정되며, 점진적이면서 지속적으로 이입되었고, 북중국→한국 서북지방→중부지방→남부지방의 경로가 설정되었다.[14]

도질토기가 기원후 2세기에 이미 자체 발전하였다거나 진천 삼룡리·산수리 출토 토기가 기원전 100년 이전으로 올라간다는 주장에 대한 비판이 제기되었다. 창원 도계동 6호묘, 포항 옥성리 15호묘, 진천 송두리 1호묘 출토의 조합우각형파수부호와 양뉴부장동옹(兩鈕附長胴甕)은 이

---

13) 최종규는 이 조형뉴유개대부직구호를 도질토기로 이해하였지만, 표면이 회백색이고, 자연유가 생성되지 않는 와질이다.
14) 최종규, 1994 「陶質土器의 起源」『고고학지』 6, 한국고고미술연구소.

후에 지속적으로 출토하지 않는 점, 기형이 비교적 다양하면서도 등장기 도질토기와 형태적으로 연결되지 않는 점, 타날기법으로서 물손질정면이 되지 않은 점 등에 의해 우발적으로 만들어진 의사도질토기로 규정하고, 우연한 소산물로서 진정한 도질토기가 아니므로 도질토기 연대를 2세기로 소급할 수 없음이 명백하다고 하였다. 그리고 진천 삼룡리·산수리요와 군곡리요는 모두 도질토기가 소비된 4세기 이후의 등요로 파악되었다.[15]

1990년대 전반 이후 김해 대성동고분군의 발굴조사를 통해 새로운 도질토기 계통론이 제기되었다. 영남지역에서 가장 빠른 도질토기의 2자로서 양이부원저단경호와 소형원저단경호를 지적하고, 그 특징을 ① 양이부, ② 소문, ③ 어깨가 강조된 역삼각형동을 들고, 이 요소들은 앞 시기의 와질토기에는 전혀 찾아볼 수 없고, 중국 북방의 이계유도관(二系釉陶罐)과 양이부자기호의 영향으로 등장하였다고 한다. 가장 빠른 도질토기인 양이부단경호와 소문단경호는 낙동강 하류 지역으로 이주한 주민들이 지참한 북방의 유도가 모델이 되었고, 여기에 원저와 외반 구경, 기고가 높은 점 등의 와질토기 요소가 혼합되어 재지의 도공이 제작하였다고 추정하였다. 따라서 도질토기는 재래의 와질토기와 중국 북방의 자기문화—요법·제법·기형 등—가 결합하여 만들어진 고대 낙동강 하류역에서 생성된 특유의 도기로 규정하였다. 도질토기의 출현 시기에 대해서는 『진서』 동이전의 대서진(對西晉) 교섭기사를 근거로 280년을 전후한 것으로 보았다. 도질토기가 출현하는 시점과 동시에 낙동강 하구 지역에 북방유목민족의 문화와 함께 앞 시기의 목곽묘를 파괴하고 조영되는 Ⅱ류 목곽묘의 출현과도 궤를 같이 하기 때문에, 도질토기의 등장

---

15) 신경철, 1995(b) 「瓦質土器文化論—그 성과와 과제—」『韓國考古學會發表要旨』, 韓國考古學會.

은 단순한 토기문화 상의 혁명이 아니라 사회전반에 걸친 대변혁의 결과로 해석되었다.[16]

　등장기의 도질토기는 두께가 두터운 주판알 형태의 방추차와 공반된 사례가 많은 현상에 주목하여 영남지역의 도질토기가 중국 남방의 도자기 제작기술의 영향에 의해 등장하였을 가능성이 제기되었다. 즉 영남지역의 분묘에 도질토기와 공반된 주판알 형태의 방추차는 중국 서진대(西晉代) 방추차의 영향으로 등장하였고, 이와 함께 도자기의 제작기술을 수용하여 도질토기가 생산되었을 것으로 추정되었다.[17]

　도질토기의 출현 시기와 계통을 논함에 있어 와질토기와 도질토기의 개념 정립과 특징에 대한 정확한 이해가 필요하다. 형태는 동일하지만, 소결도가 높기 때문에 도질토기로 규정한다든지, 몸통 표면에 타날이 되었기 때문에 도질토기(또는 경질토기)로 이해하는 것은 실제와 부합하지 않는 부분이 많다. 전기 와질토기의 형태를 지닌 몇몇 사례들은 이후의 도질토기와 형식적으로 연결되지 않고, 3세기의 공백기가 존재하므로 도질토기로 이해하기 어렵다. 그리고 중국 전국계 도기의 영향에 의해 생산된 가장 빠른 도질토기 사례로 제시한 진천 삼룡리·산수리 토기요지 출토품과 거창 대야리 주거지 출토품은 그 시기가 4세기 이후인 점에서 성립하기 어렵다.

　그리고 외부 영향설을 논할 때, 아가리·손잡이·문양 등 특정 요소 또는 요법(窯法)이 수용되었다는 견해를 피력하였지만, 수용 동기와 양상 등에 대해서는 제대로 해명되었다고 하기에는 부족한 부분이 많다. 중국 서진대 회유도기의 영향을 받아 영남지역에서 도질토기가 생산되었다면, 당시 영남지역에 중국 회유도기에 대한 정보를 어떻게 입수하였

---

16) 신경철, 1992 앞의 논문.
17) 定森秀夫, 2002 「陶質土器の起源に關する考察」『韓半島考古學論叢』, 西谷正 編.

는지와 함께 형태 전체를 모방하지 않고, 특정 요소만을 모방하였는지에 대한 설명이 부자연스럽다. 또 부여족이 지참하고 온 북방유도의 실체가 무엇이며, 도질토기와의 유사 사례로 제시한 도기의 실 연대가 영남지역에서 도질토기가 등장하는 시기와 어느 정도 부합하는지 등에 대한 검토와 함께 재지의 생산품, 예를 들면 목기나 칠기 등에는 도질토기의 선행 형태가 존재할 가능성이 없는지 등에 대한 면밀한 검토가 필요하다.

그리고 지금까지의 다양한 논쟁은 앞 시기의 와질토기와 새로 등장한 도질토기가 어떤 요 구조에서 생산되었는지를 구명할 수 있는 토기요의 구조와 특징에 대한 정보가 전무한 상황에서 논의가 진행되어 왔다. 영남지역에서는 아직 와질토기를 생산한 생산유적 특히 가마는 확인된 바 없으며, 도질토기가 등장하는 3세기 후반과 4세기 전반의 도질토기 생산유적도 또한 조사된 바 없다. 도질토기 생산 개시기의 양상을 보다 적확하게 이해하기 위해서는 도질토기 등장기의 토기요는 물론 와질토기와 도질토기를 소성한 토기요에 대한 정확한 정보를 얻기 위한 노력이 필요하다. 향후 이 시점의 가마는 물론 생산유적의 자료가 확보되면, 와질토기와 도질토기의 가마 구조는 물론, 공인의 생산기술을 포함한 생산체계 전반에 대한 검토에 의해서 새롭게 접근할 필요가 있다.[18]

3) 공통양식 토기·함안양식 토기

4세기 영남지역의 도질토기 기종은 고배·소문(素文)원저단경호·승석문단경호·양이부(소문·승석문)단경호·노형토기 등이 알려져 있고, 이 기종들 중 통형고배·승석문단경호·양이부(소문·승석문)단경호 등은

---

18) 조성원, 2016 「도질토기론의 전개와 학사적 평가」 『考古學旅程 半世紀』, 休堂 申敬澈敎授 停年記念集編輯會.

지역을 초월해서 유사한 특징을 지니지만, 반면 고배와 노형토기는 특정 형식이 지역을 달리해서 분포한다. 이 시기의 고배는 전체적인 형태가 '공(工)'형인 통형고배와 외절구연고배(外折口緣高杯)로 형식이 구분되고, 노형토기도 무파수노형토기와 파수부노형토기로 구분되는데, 후자는 김해-부산지역, 즉 금관가야권역에 분포하고, 전자는 전 영남지역에 분포한다. 이와 같은 4세기의 도질토기를 고식도질토기로 명명하고, 이 고식도질토기는 김해-부산식과 이외의 영남지역을 아우르는 공통양식 또는 김해-부산양식, 경주양식, 함안양식으로 구분되고 있다.

김해-부산지역을 제외한 영남지역의 토기를 함안양식의 범주에 포함하여 4세기의 영남지역 사회를 해석하는 견해와 김해-부산지역, 경주지역, 함안지역으로 구분되지만, 김해-부산지역과 경주지역을 제외한 전영남지역의 도질토기는 유사한데, 이 유사성은 함안양식과 무관하게 적어도 다양한 복수의 지역에서 생산 소비되었다는 견해가 양립하고 있다.

김해-부산지역을 제외한 지역의 고식도질토기를 함안양식으로 파악한 견해에 의하면, 공자형고배와 무파수의 노형토기, 양이부승석문단경호 등은 최초 함안지역에서 성립된 함안식 토기로서 이후 광범위한 지역으로 확산되었는데, 그 주체가 아라가야라한다.[19] 그리고 고식도질토기의 몇몇 기종, 예를 들면 소형원저단경호와 승석문단경호 등이 함안지역에서 생산되고, 이것이 광범위한 지역에 분배되었다는 견해도 제시되었다.[20] 4세기의 함안지역 도질토기 생산기술은 다른 영남지역보다 선진

---

19) 박승규, 2000 「4~5세기 加耶土器의 變動과 系統에 관한 研究」『인문연구논집』 4, 동의대학교 인문과학연구소.

20) 이성주, 2002 「伽耶土器 生産·分配體系」『가야 고고학의 새로운 조명』, 부산대학교 한국민족문화연구소 편.

적이어서 함안 이외 지역으로 공급되었다고 이해하고, 부산 복천동고분군의 38·54호묘에도 수점의 함안산 승석문단경호가 부장되었다거나[21] 김해지역의 고분군에도 수점의 함안산 승석문단경호가 부장되었다는 구체적인 사례가 제시되기도 하였다.[22] 여기서 더 나아가 영남지역을 대상으로 함안산 승석문양이부단경호와 통형고배의 사례를 적출하고, 함안산 토기의 유통권(망)이 설정되기도 하였다.[23]

그리고 통형고배의 중심지역은 (1) 이러한 고배들이 출토되는 4세기대의 고분군이 다른 지역에 비해 함안 및 그 주변지역에 밀집 분포하고 있는 점, (2) 함안지역에 묘사리·우거리 가마에서 보듯, 이 시기의 도질토기 가마군이 존재하고 있는 점, (3) 고식도질토기 이후의 전개로 보아 함안지역이었을 것으로 추정되었다. 이에 근거하여 4세기대에 함안지역에는 낙동강하류역과 같은 강력한 가야는 아니었지만, 어떻게든 정치체-아라가야-가 존재하였음은 틀림없고, 낙동강 하류역은 함안지역을 토기생산 거점으로 특히 중시하였던 것으로 추측된다는 견해로까지 발전되었다.[24]

상기 견해의 공통점은 통형고배와 승석문양이부단경호·승(석)문단경호를 함안양식으로 설정하고, 이 토기들이 3세기 후반 또는 4세기 전반 함안지역에서 성립하여 이후 영남 각 지역으로 파급된 것으로 이해하고, 그 파급 방식은 함안지역에서 생산한 제품이 반출되었거나 함안지역

---

21) 이현주, 2001「Ⅳ. 고찰」『동래복천동고분군-52·54호』, 복천박물관.

22) 정주희, 2009「咸安樣式 古式陶質土器의 分布定型과 意味」『한국고고학보』73, 한국고고학회 ; 하승철, 2008「진주 안간리 출토 고식도질토기에 대한 일고찰」『晉州 安間里遺蹟』, 慶南發展研究院 歷史文化센터.

23) 정주희, 2016「고식도질토기의 지역 분화와 의미」『신라와 가야의 분화와 비교』(영남고고학회 제24회 정기학술발표회).

24) 신경철, 2007「가야스케치」『고고광장』창간호, 부산고고학연구회.

에서 성립한 기종과 형태 및 제도술이 다른 지역으로 이식(도공의 파견에 의한 직접적 이식과 모방하는 간접적 이식 모두 포함)된 것으로 이해되었다.

함안 양식토기 광역 분포권에 대한 반론도 제기되었다. 안야국의 존재를 증명해주는 후기 와질토기 문화는 그 존재 자체가 의심스러울 정도로 확인되지 않고, 4세기대의 유구는 규모도 작을 뿐만 아니라 부장 유물의 양과 질에서도 너무나 보잘것없는 것들이기 때문에 강력한 힘을 기진 정치체의 존재와 이 정치체를 중심으로 자료가 확산되었을 것으로 인식하는 함안식 토기라는 용어는 철회되어야 한다고 한다.[25]

그리고 통형고배는 4세기 후엽에 초현하고, 분포 범위가 전 서부경남뿐만 아니라 김해·부산지역, 경주지역에서도 발견되기 때문에 함안지역의 특징적인 것이 아니라, 여러 지역에서 동시 다발적으로 생산되었을 가능성이 높은 것으로 고식도질토기의 토기 양식은 영남지역 각 지역간에 배타성 혹은 차별성 보다는 오히려 개방성과 공통점을 더 많이 갖고있는 것으로, 즉 유사한 특징을 지니는 토기가 동시기에 여러 지역에서 생산되고, 생산된 지역을 중심으로 그 주변지역에 분배되었다고 보았다.[26]

그동안 면밀한 분석없이 형태적 유사에 근거하여 함안양식 토기로 일괄해 온 김해·부산지역과 함안지역에서 출토된 승석문양이부단경호와 승(석)문양이부단경호의 귀와 구경 및 구연단 형태를 분석하여 양 지역에서 출토된 단경호에 차이가 있음을 도출하고, 승석문양이부단경호

25) 조영제, 2003 「加耶土器의 地域色과 政治體」『가야고고학의 새로운 조명』, 부산대학교 한국민족문화연구소 편 ; 2006『西部慶南 加耶諸國의 成立에 대한 考古學的 研究』, 부산대학교 대학원 박사학위 논문 ; 2008 「'형식난립기'의 가야토기에 대하여」『고고광장』2, 부산고고학연구회.
26) 禹枝南, 2000 「咸安地域 出土 陶質土器」『道項里·末山里 遺蹟』.

는 김해지역에서 먼저 출현하여 함안지역에 영향을 주었고, 함안지역에서 승석문양이부단경호는 4세기 3/4분기 이후에 유행한 것으로 파악하여 낙동강 하구 지역의 도질토기 형태와 제도술이 함안지역에 영향을 주었다는 견해가 제시되었다.

그리고 같은 시기 김해-부산지역의 고분에는 다양한 종류의 도질토기들이 다량 소비되었지만, 함안지역 고분에는 많아야 10여점 내외 소비되어 생산량과 소비량 모두에서 비교가 되지 않는다고 하여 생산량과 소비량에 있어서도 낙동강 하구 지역이 월등히 우월한 사실이 확인되었다. 뿐만 아니라 4세기 김해-부산지역에는 대형의 노형기대와 통형기대, 대호 등을 생산 소비하였지만, 함안지역에는 대형 토기의 생산과 소비가 이루어지지 않았음도 확인되었다.

이와 같이 4세기 함안지역의 문화 수준, 예를 들면, 대형묘, 유물의 다량 부장, 순장, 마구·갑주, 외래계 유물의 부재 등은 김해-부산지역과 경주지역을 제외한 다른 영남지역의 양상과 유사하거나 또는 열세이므로 토기 생산을 주도하였거나 광역에 걸쳐 보급하였다는 것은 증명되지 않는 가설에 불과함이 피력되었다.[27]

김해-부산지역에는 3세기 말부터 소문의 양이부단경호·평저단경호·소문단경호 등의 도질토기가 생산되었고, 4세기 초에 앞의 기종에 더해 파수부노형토기와 격자타날문단경호의 도질화가 이루어졌고, 3/4분기에는 외절구연고배를 위시해 유개고배·통형기대 등 다양한 기종의 도질토기가 생산되었다. 4세기의 김해-부산지역은 여타 영남지역과 비교했을 때, 그 어떤 다른 지역보다 도질토기의 기종이 다양하고, 수량이 많은데, 왜 승석문양이부단경호와 승석문단경호는 생산하지 못하고 함

---

27) 홍보식, 2012(a) 「4세기의 금관가야와 아라가야」 『고고학을 통해본 아라가야와 주변제국』, 경남발전연구원 역사문화센터.

안지역으로부터 공급받았을까? 왜 함안산 토기만 상품으로서 유통된 특수성이 무엇인지에 대한 답이 필요하다.

4세기의 함안양식 토기가 함안 및 그 일대를 초월하여 전 영남지역으로 파급 확산되었다는 가설이 성립되기 위해서는 여러 가지 조건들에 대한 구체적인 사실 해명이 전제되어야만 설득력을 얻을 수 있다. 함안지역의 제도술이 다른 지역의 제도술과 비교했을 때, 어떤 선진성이 있었는지? 제도술의 이식과 도공의 파견, 유물의 반출에 의한 모방 등에는 단순히 제도술의 선진성만이 존재해서는 다른 지역에 큰 영향을 미치기 어렵고, 그 배후에는 정치·문화적인 우월성도 동시에 확보되어야만 가능하다. 그리고 유물의 반출에 의한 광범위한 지역에서 공통된 양식이 성립하기 위해서는 당시의 교통망과 정보 전달체계와 연계한 검토도 이루어져야 한다. 함안지역은 후기 와질토기 단계까지만 해도 낙동강 이동지역에 비해 제도술과 기종조성에서 열세에 있었는데, 갑자기 김해-부산지역을 제외한 전영남지역까지 영향을 미치는 토기문화를 성립할 수 있었던 객관적 요인과 배경이 제시되지 않았다.[28]

그리고 4세기에 함안지역의 소비지에 소비된 도질토기의 수량은 김해·부산지역에 비해 현저하게 적고, 다른 지역과 비교했을 때도 월등히 우월하지도 않다. 함안지역이 4세기에 도질토기 모델·생산 기술·수량 등에서 중심지역이라면, 당연 함안지역에서 다량 소비된 객관적인 근거가 존재해야만 한다. 그러나 현실은 그렇지 않다. 함안 묘사리와 우거리 요지군에서 나온 다량의 폐기품을 통해 함안지역에서 도질토기의 생산량이 많았음을 논증하는 자료로 보려는 시각도 있다. 그런데 폐기품이 많다는 것은 생산량이 많았음을 직접 나타내기보다 실패품이 많았음을 보여주는 자료이다. 실패품이 많은 것은 소성기술, 즉 생산기술 수준이

---

28) 홍보식, 2012(a) 앞의 논문.

낮았음을 나타낸다. 이는 함안지역의 4세기 소비유적에서 도질토기의 소비량이 많지 않음과 밀접한 관계를 가진다.

4) 전기가야 정치체의 범위와 연맹론

전기가야의 구조와 정치체의 범위 및 연맹론에 대해서는 활발한 연구가 이루어지지 않았지만, 전기가야의 중심 세력이라 할 수 있는 금관가야의 공간적 범위에 대한 논의와 여타 가야와의 관계에 대한 논의는 일부 이루어지고 있다.

중심 분묘군의 분포와 위계 분석에 근거하여 1~2세기대 낙동강 하류지역의 정치단위는 하천 분지를 중심으로 반경 5km 이내의 범위로서 창원분지와 진영평야에는 다호리분묘군이 유일한 최고 위계 분묘군이었으나 정치권력의 영역은 진영평야의 범위를 넘지 않았을 것이고, 고김해만에는 양동리분묘군을 최고 위계 분묘군으로 설정하여 고김해만과 진영평야의 정치세력을 구분하였다.

3세기에 이르러서도 진영평야에 지배적인 대형묘의 존재가 없지만, 김해 대성동 세력의 영향이 미치는 것은 4세기대 이후이기 때문에 창원분지와 진영평야 내에서 3세기대에 해당하는 대형묘가 발견될 가능성은 충분히 있다고 전제하여 3세기까지도 고김해만과 진영분지에는 각각의 정치체가 존재하였다고 추정되었다.

4세기에 들어와 금관가야 지배세력의 권력이 미치는 범위는 고김해만을 포함하여 진영분지까지 확대되었고, 그 거리는 반경 20여km에 이르렀다고 보았다.[29]

그런데 낙동강 동안의 부산지역 최고위계의 분묘로서 복천동 38호묘

---

29) 李盛周, 1993 앞의 논문.

를 언급한 점을 고려하면 별도의 정치체로 이해하였다고 보여진다. 별도의 정치체가 김해와 부산에 각각 존속하다가 5세기 후반에 연산동고분군이 낙동강 하구지역의 중심 고분군이 되었고, 6세기 전반에는 양산 북정리고분군으로 옮겨간 것으로 이해되었다.

이와 달리 대성동고분군 축조 중단 이후 일본에서 출토된 한반도로부터 반입된 도질토기[오사카 쿠메다고훈(大阪 久米田古墳) 고분군 출토품]와 일본열도의 초기 스에키에는 낙동강 하류역과 서부경남뿐만 아니라 영산강유역 등 한반도 남부지역의 광범위한 계통의 도질토기 요소가 반영되었다. 일본열도의 초기 스에키의 다양성을 경자년 고구려군의 남정으로 대성동고분군의 몰락에 연동하여 일본열도로 건너간 이주민들이 서로 공동운명체였음을 시사하는 적극적인 증거로서 당시의 영산강유역도 금관가야를 정점으로 정치연합에 가담하였거나 통상 금관가야를 중추로 하는 전기가야연맹과 공동운명체에 가까울 정도로 정치적으로 밀접한 관계, 즉 금관가야를 맹주로 하는 '정치연합'을 맺고 있었을 것으로 유추되었다. 4세기대 금관가야를 정점으로 하는 정치연합의 범위 내지 영향권을 영산강유역까지 포괄하는 보다 광역권이 설정되었다.[30]

김해·진영·부산지역의 고분과 생활유적에서 출토된 유물의 조성 및 양식을 분석하여 낙동강 하구지역의 집단관계와 정치제의 범위를 추정한 견해도 제시되었다. 낙동강 하구지역의 물질자료 변화를 통해 2세기 전반까지 단위 집단의 영향력이 분지를 초월하지 못한 단계에 머물렀고, 2세기 후반부터 구야국은 해반천·조만천수계를 벗어나 진례천과 사촌천수계까지 영향력을 확대하여 이 지역을 하나의 단위로 묶는 권역이 성립되었다. 4세기 전반에 김해와 부산지역의 분묘에 독립된 부곽이 설치

---

30) 신경철, 2000(a) 「고대의 낙동강, 영산강, 그리고 왜」『한국의 전방후원분』, 충남대학교 출판부.

되고, 고배의 일시적 부재, 노형토기의 기대화가 공통적으로 나타나고, 4세기 후반에는 외절구연고배가 동으로는 부산 기장군 철마-해운대, 북으로는 낙동강, 서로는 창원 가음정동-도계동-진해 웅천으로 연결되는 지역에 분포하는 점을 근거로 이 외절구연고배의 분포 범위를 금관가야의 최대 권역으로 설정되었다.[31]

이에 대해 4세기에 낙동강 하류지역은 외절구연고배권과 낙동강 하류역을 제외한 전영남지역에 분포하는 비외절구연고배권-통형고배-로 구분하고, 전기가야연맹을 외절구연고배권으로 국한한다면, 전기가야연맹은 낙동강 하류역의 지극히 협소한 지역이 되어버리고, 그 밖의 지역, 예를 들면 낙동강 서안은 가야권이 아니거나 제2가야연맹체가 될 수밖에 없다는 비판이 제기되었다. 가야연맹의 맹주적 위치에 있었던 금관가야의 직할지는 '외절구연고배'를, 영향권 하에 있었던 그 밖의 지역에는 '통형고배'를 쓰도록 하여 연맹의 중추부와 주변부를 구분하였다고 추론하였다.[32]

그런데 위의 비판은 금관가야 권역을 곧 전기가야연맹권으로 오해하는데서 초래되었다. 금관가야권역이 곧 전기가야연맹권이었다면, 굳이 금관가야란 표현을 사용하는 것이 이상할 뿐만 아니라 아라가야권역의 상정은 불가능하다. 외절구연고배 분포범위를 금관가야권역으로 표현했지, 전기가야연맹의 범위를 외절구연고배 분포권으로 설명하거나 규정하지 않았다. 금관가야 권역이란 금관가야와 동질적인 문화를 공유하는, 예를 들면, 외절구연고배 · 파수부노형기대 등을 공유하는 범위를 지칭한 의미로 사용하였다.

---

31) 홍보식, 2000 앞의 논문.
32) 신경철, 2007 앞의 논문.

5) 사회구조론

낙동강 하구지역은 비교적 일찍부터 고분 조사가 이루어졌고, 다양한 유물이 출토되었다. 고분군의 입지와 규모 및 배치, 그리고 출토 유물의 수량과 질 등을 분석하여 당시의 사회 구조를 구명하려는 연구가 시도되었고, 분묘가 주요한 검토 자료로 활용되었다.

삼국시대 영남지역 사회구조의 특징을 모색하기 위한 작업은 삼한사회와의 비교를 통해 우선 이루어졌다. 분묘의 규모와 부장품의 구성을 분석하여 영남지역의 삼한사회 구조를 A형(유력개인묘가 단독으로 존재, 영천 어은동)·B형(유력개인묘와 유력집단묘가 복합, 진영 다호리군집묘군)·C형(유력개인묘와 일반집단묘가 복합, 경주 조양동 군집묘군과 김해 양동 A·B지구)·D형(일반집단묘, 합천 저포리 A지구, 부산 노포동)으로 설정하고, 이 각 유형은 A형〉B형〉C형〉D형이란 피라밋 형태를 이루고 있었을 것으로 추정하였다. 삼한사회의 구조와 대비하기 위한 차원에서 합천댐 수몰지구의 삼국묘를 대상으로 저포형(반농반전적으로 당시 사회의 기층민)·반계제형(수장과 기층민으로 구성)·옥전형(수장과 근친자 또는 근시로 구성)으로 구분한 후, 옥전형〉반계제형〉저포형으로 서열을 설정하고, 이 서열이 삼국시대 합천지역의 사회구조를 나타낸다고 이해하였다. 이 구조를 삼국시대 경상도로 확대해서 함안·고령〉옥전〉반계제대형묘〉저포라는 피라밋 형태의 사회구조일 것으로 추정되었다.[33]

인골이 양호하게 잔존한 김해 예안리고분군을 대상으로 계층구조를 검토한 성과도 제시되었다. 예안리고분군에서 무덤 길이가 190~350cm 사이인 성인무덤은 규모와 부장품의 전형적인 조합을 근거로 크게 A·B

---

33) 최종규, 1995 앞의 논문.

2개의 군으로 나누었다. A군은 도자 1점, 촉 2~3점, 소형 단조철부 1점, 철겸 1점을 기본적인 철기 조합으로 하면서, 수점에서 십수점의 토기를 발치에 매납하고, 6세기 전반 이후에는 이식도 첨가되는 일군의 묘로서 대상 고분은 목곽, 석곽의 길이가 190~280㎝의 범위에 있는 것이 많다고 한다. 이 A군의 피장자는 사회의 기층민인 농민의 묘로 설정하였다. B군은 목곽·석곽 길이가 300㎝를 넘고, A군에는 보이지 않는 기종인 모·도·대도·마구·철정이 더해지고, 도자와 철촉 또는 토기의 점수도 많지만, 마구와 철정 등은 B군에서도 극히 일부만 부장되었다고 한다. 이 B군의 피장자를 기층민의 상층부로 상정하였다. A군과 B군의 차이는 성별과 연령을 초월해서 매장의 장에 있어서의 신분적인 계층차를 나타내는 것으로 추정되었다.[34]

90년대에 대성동–구지로 고분군과 봉황동유적의 조사 성과를 근거로 구야국 단계부터 대성동–봉황동유적이 최고 정점에 위치하고, 그 아래에 양동리고분군이 위치한다는 견해가 제시되었다. 대성동 29호분과 양동리 235호분을 분묘의 크기와 부장유물의 질양 등을 상호 비교해 보면, 양동리 235호분이 현저한 열세에 있으므로 결코 양동리 235호분을 근거로 구야국 중심집단의 공동묘지가 양동리 유적이라는 의견은 성립될 수 없다. 그리고 대성동고분군 축조 집단은 4세기 전반에 낙동강 동안의 복천동고분군 축조세력과 연합하여 금관가야 지배체제의 2대축을 이루었지만, 대성동고분군이 복천동고분군의 상위에 위치하여 종적인 질서관계를 유지하였을 것으로 추정되었다.

그렇지만 복천동고분군이 대성동고분군과의 정치연합관계에서 보다 하위의 위치에 있었으나 대성동고분군에 대한 철저한 종속적인 위치에

---

34) 武末純一, 1992「韓國 禮安里古墳群の階層構造」『古文化談叢』 28, 九州古文化研究會.

놓인 것은 아니며, 앞 시대의 독로국에서 이어지는 기득권-수장권-은 어느 정도 인정된 것으로 추정된다고 한다. 복천동고분군은 대성동고분 군과 정치연합을 이루었다 하더라도 독로국 때와 마찬가지로 동래를 중 심으로 한 낙동강 하류지역의 동안을 관할한 지배자집단이었다고 하였 다.[35]

    낙동강 하구지역의 분묘 구조와 규모, 갑주·마구·통형동기·철정· 유자이기 등의 유물 부장 양과 순장의 수와 유무 등을 근거로 4세기의 금관가야 사회구조를 다섯 등급으로 구분한 견해도 제시되었다. 1등급 (독립된 부곽을 포함하여 묘의 길이가 10m 이상, 1인 이상의 순장, 투구 +판갑+찰갑을 모두 갖추고 20매 이상의 대형 철정, 재갈과 환두대도 등 이 부장된 고분인 대성동 3·2·1호묘와 복천동 38·60호묘), 2등급(독립 된 부곽, 1인 순장, 1~3벌의 투구와 판갑, 20매 내외의 대형 철정, 재갈 과 환두대도 등이 부장된 고분인 대성동 7·39호묘와 복천동 57·71·73· 69호묘), 3등급(1벌의 투구와 판갑, 20매 이하의 철정, 재갈 등이 부장된 고분인 대성동 13·14·18·23호묘, 복천동 64·43·44호묘와 양동리고분 군의 일부 고분), 4등급(투구 1벌과 10점 내외의 철촉, 1~2점의 철모가 부장된 고분인 예안리 150호묘, 칠산동 28호묘), 5등급(부·겸·도자 등 단순한 철기류와 토기류만 부장된 고분인 구지로·칠산동·예안리·윗덕 정·화정 2지구·가달·화명동·내성 등의 고분군)으로 구분하였다. 이 다 섯 등급 중 5등급이 최하위에 위치하면서 금관가야 권역의 소하천과 해 안변에 분포하는 것으로 추정되었다.[36]

    금관가야 내부의 사회구조, 특히 집단의 위계화가 어느 정도 분화되

---

35) 신경철, 1995(a) 「金海 大成洞·東萊 福泉洞古墳群 點描-金官加耶 理解의 一 端-」『釜大史學』19, 부산대학교 사학과.

36) 홍보식, 2000 앞의 논문.

었음은 고분의 규모와 부장품의 부장 수량과 질 등을 통하여 확인 가능하지만, 절대적인 기준을 설정할 수 없으므로 연구자가 설정한 기준에 따라 위계의 정도와 내용에 차이가 있음을 알 수 있다.

그리고 전기가야 내에서 각 개별 정치체를 대상으로 한 연구는 어느 정도 이루어졌지만, 정치체 간의 관계에 대한 비교 연구는 거의 이루어지지 않았다. 4세기 함안지역의 물질자료의 빈약 양상으로 볼 때, 강력한 힘을 기진 정치체의 존재가 의심스럽다는 견해가 제시되기도 하였고,[37] 4세기의 유적 발굴조사가 어느 정도 진척된 낙동강 하구지역과 함안분지의 물질자료의 비교를 통해 지역 차이가 설명되기도 하였다.[38]

4세기의 낙동강 하구지역과 함안 일대의 물질자료는 비교 자체가 어려울 만큼 함안지역이 열세임은 그동안의 발굴조사에서 확인되었다. 4세기 함안지역의 물질자료 양상은 낙동강 하구지역을 제외한 서부경남지역과 유사할 가능성이 있다. 향후 4세기의 서부 경남 지역에 존재한 정치체의 존재와 규모 및 구조 등에 대한 연구가 이루어질 필요가 있다.

6) 전기가야에서 후기가야로의 전환 동인動因

지금까지 삼국시대 영남지역의 물질자료가 크게 변화하는 시점, 즉 전기가야에서 후기가야로의 전환에 대해서는 4세기 후반에서 5세기 전반의 어느 시점에 구하는 경향이 있지만, 그 전환 양상에 대해서는 연구자간에 의견 차이가 심하다. 지금까지 4세기의 공통양식에서 5세기 후반 이후 몇 개의 지역으로 구분되는 지역적 특색을 지닌 토기 양식의 성립을 전기가야에서 후기가야로의 전환의 지표로 논의되어 왔다. 이 전환의

---

37) 조영제, 2006 앞의 논문.
38) 홍보식, 2012(a) 앞의 논문.

동인에 대해서 지역 간의 교류, 집단 이동을 포함한 문화 이식 등의 견해가 제시되었다.

집단 이동을 통한 문화 이식의 입장에서 토기 양식의 분화를 설명한 견해에 의하면, 400년 고구려군의 남정과 그 이후 영남지역의 문화변동에 주목하여 왔다. 400년 고구려군의 남정으로 타격을 받은 금관가야의 후예 일부가 대가야 본거지인 고령과 다라—합천 옥전고분군—의 중심부로 이주하면서 전개되었다고 한다. 즉 다라와 고령에서 대규모 고분군이 본격적으로 형성하기 시작할 때의 도질토기들이 대성동고분군 축조 중단 무렵의 그것과 흡사하다는 점과 합천 옥전과 고령에서 이러한 대규모의 고분군 축조 집단의 전신으로 여길만한 고분군이 전혀 확인되지 않고 있다는 사실에서 합천 옥전고분군과 고령 지산동고분군의 집단이 대성동고분군의 후예일 가능성이 매우 크다고 한다.[39]

5세기 초~전반기 함안 도항리·말산리고분군, 고령 쾌빈동 1호분, 지산동 35호분, 합천 옥전고분군 등 서부경남 지역에서 발견된 투창고배와 무개식장경호, 발형기대는 한 유구 또는 같은 시기의 유구에서 발견된 자료들일지라도 형식분류가 불가능할 정도로 다양한 양상을 「형식 난립기」로 규정하고, 이 제 기종들의 원류가 김해·부산지역에 있다고 한다. 400년 고구려군 남정에 의해 김해·부산지역의 가야제국이 커다란 충격을 받아서 동요하게 되고, 이 일대의 사람들이 사방으로 흩어진 결과, 서부경남 지역에 이 유물들이 유입·생산되었고, 이 형식 난립기를 거치면서 후기가야의 지역적인 특색을 갖춘 토기로 발전하였다. 5세기 초~전반경에 서부경남 지역에는 토기뿐만 아니라 갑주와 마구 등의 유물을 비롯하여 묘제까지도 김해·부산지역의 특징이 나타나는 점을 중시

---

39) 신경철, 2000(b) 「金官伽倻 土器의 編年—洛東江下流域 前期陶質土器의 編年」 『伽倻考古學論叢 3』, 駕洛國史蹟開發研究所.

하고, 김해·부산지역의 가야문화를 소유한 사람들의 이동에 의하여 서부경남 지역에 후기가야제국이 성립된 것으로 파악되었다.[40]

관상(棺床)과 목관 결구용 금구, 고총고분과 금공품의 등장, 지금까지 신라 양식 토기로 규정해 온 상하엇갈림투창 고배를 정밀하게 분석한 결과, 함안지역은 5세기 초에 고유의 전통을 고수한 채 토착세력이 중심이 되어 김해지역의 문화를 수용하였고, 다라국은 무구와 마구 등 강력한 무장을 갖춘 신흥세력이 토착세력을 누르고, 소국을 세웠다고 파악한 견해가 제시되었다. 이 견해에 의하면, 옥전 67-A·B호·23·8호묘 등에서 처음으로 통나무 목관을 사용한 관상과 꺾쇠가 사용되었는데, 이런 형태의 통나무관과 관상 및 꺾쇠 사용은 부산 복천동 계열로 보았다. 가라국은 최초의 수장묘인 73호분에서 평상(平床)에 정형화한 꺾쇠와 관정을 함께 사용하여 만든 상자형 목관을 사용하였는데, 이는 김해 대성동형 계열의 출계로 추정되었다.[41]

위 견해들의 특징은 400년 고구려군의 남정에 의해 금관가야가 와해 내지 몰락하면서, 그 구성원을 포함한 금관가야 문화가 서부 경남 각지로 확산한 결과, 서부 경남 각지의 토기가 유사하면서도 매우 다양성을 가지다가 5세기 3/4분기에 각 지역의 특색을 지닌 토기 양식이 성립되었다고 하여 5세기 전반이 전기가야에서 후기가야로의 전환기로 이해하여 전기가야에서 후기가야로의 전환 동인을 고구려군에 의한 금관가야의 쇠퇴에서 구한 점이다.

이와 달리 고구려군 남정 이전에 이미 유사한 토기 형식이 각지에 성립되었다고 보기도 한다. 가야와 신라 토기로의 양식분화와 가야 토기

---

40) 조영제, 2008 앞의 논문.
41) 김두철, 2013 「가야 전환기의 묘제와 계승관계」 『고고광장』 13, 부산고고학연구회 ; 2016 「고총고분시대의 연산동 고분군」 『고고광장』 19, 부산고고학연구회.

내에서의 지역 양식의 분화는 4세기 4/4분기에 이루어진 일련의 지역간 교류관계에 의한 상호 영향을 받아 형식의 복합이 이루어짐으로써 전개되었다고 한다. 김해-부산권과 함안권 등이 유지하고 있던 전기가야연맹의 결속이 더욱 강해지고 광역적인 교류체계를 유지함으로써, 4세기 후엽 이후 전기가야연맹의 정치·사회적 변화를 반영하는 상징적인 자료로서 동일 형식의 이단투창고배와 발형기대들이 제작되어 여러 지역에 교류되었지만, 400년 고구려군의 남정이란 정세변동에 의해 와해되고, 5세기 2/4분기에 후기가야 토기의 3대 지역양식으로 분립되면서 후기가야로 전환하였다고 추정되었다.[42]

이상과 같이 4세기 말에서 5세기 초 사이 서부 경남 각지에 이전 시기에는 보이지 않던 기종 또는 기형이 새롭게 등장하고, 새로운 문양이 시문되는 양상이 뚜렷한데, 이 새로운 요소들은 영남의 대부분 지역의 토기에 공통으로 나타나지만, 이 양상의 의미와 배경에 대해서는 연구자마다 시각 차이가 있다. 지금까지 제기된 견해를 전체적으로 볼 때, 지역 양식 성립의 동인으로서 주민의 이주에 의해 형성되었다는 외부성립설과 교류에 의한 내재적인 성립설로 구분되고, 성립 시기에 있어서도 4세기 말~5세기 초와 5세기 전반이란 인식의 차이가 있다.

5세기 전반에 변화가 나타났음을 주장하는 연구자에게 있어 공통적인 배경으로 400년 고구려군의 남정에 의해 대성동 세력이 타격을 받아 와해되고, 금관가야의 지배 세력과 그 문화가 각지로 확산하면서 새로운 토기문화가 전개되었고, 뒤이어 함안·옥전·고령 등지에서 정치세력이 결집하면서 후기가야가 성립되었다고 보는 견해이다.

이와는 달리 4세기 말에 이미 지역 간의 토기생산 정보의 유통을 통

---

42) 박승규, 2000 앞의 논문 ; 2010 『加耶土器 樣式 硏究』, 동의대학교 박사 학위 논문.

해 공통적인 요소를 공유하면서 나타난 현상이거나 이 공유 양상이 400년 고구려군의 남정에 의한 대성동 세력의 해체 여파로 와해되면서 함안·고령·남강수계 등을 중심으로 하는 3개의 후기가야 양식의 토기가 성립되었다고 보는 견해이다.

현재까지의 자료로 볼 때, 후기가야 토기의 성립기에 유행하는 발형기대·유개식 2단일렬투창고배·유개직구호·광구소호 등의 기종은 이미 4세기에 김해·부산지역의 유구에서 모두 공반되고, 발형기대와 유개고배는 기고가 증가하는데, 특히 통부와 대각이 장각으로 되는 특징이 두드러진다. 고배와 발형기대의 장각 현상도 일시에 나타나는 것이 아니라, 이미 그 이전 단계부터 진행되어 왔고, 후기가야 토기 성립기에 현저한 특징을 나타내고, 동시에 새로운 기종이 추가되는 과정을 밟아 왔다.

따라서 후기가야 토기 성립기의 변혁은 아니고, 앞 시기로부터의 변화과정 선상에서 진행된 일련의 변화로 평가할 수 있다.

이와 같은 일련의 변화는 부산–김해지역에서 거의 동시에 진행되고, 뒤이어 함안·합천·고령 등지에서도 진행된 전 영남지역에 걸친 토기문화의 변화였다. 특히 후기가야 토기 성립기부터 현저하게 나타나는 변화는 같은 시기 안에 위치하는 고분 출토품간에도 차이가 나타나 각각 토기마다 형식차이가 날만큼 변화가 현저하다. 현재의 정황으로 보았을 때, 고식도질토기에서 신식도질토기로의 변화의 전조는 김해–부산지역이었고, 김해–부산지역에서 전개된 일련의 변화는 함안·합천·고령 등지로 파급되었을 가능성이 있다. 따라서 전기가야에서 후기가야로의 물질문화 변동의 역사적 동인 및 배경과 수용의 모습 등에 대해서는 다각적인 검토가 필요하다.

7) 연대론

고고자료의 시간축 설정의 기준자료로서 토기가 보편적으로 활용된다. 그것은 토기가 지닌 가치, 즉 가장 보편적이고, 다양하고 변화가 풍부하기 때문이다. 삼국시대 물질자료의 시간축 설정에도 토기가 보편적으로 활용되어 왔다. 특히 토기가 다량 부장된 신라·가야 고분의 편년 설정에 토기가 유용하게 활용되어 왔다. 토기와 고분의 편년 연구는 많이 이루어졌는데, 상대서열은 어느 정도 견해가 공통하지만 역연대는 견해 차이가 심하다. 역연대는 사회 발전의 빠르고 늦음을 설정하는 시간 척도 내지 기준이 된다. 역연대를 어떻게 설정하느냐에 따라 해당 사회의 변화관은 물론 가야와 신라의 관계와 권역의 설정 문제 등 가야사와 신라사는 물론 삼국시대사의 해석에도 영향을 미치므로 지금까지 연구자간에 치열한 논쟁이 있어왔다.

90년대 이전 삼국시대 영남지역의 토기와 고분 편년 기준은『삼국사기』신라본기의 신라 왕조 교체 기사, 고구려군 광개토왕의 남정(400년), 『삼국사기』눌지마립간의 수즙역대원릉 기사(435), 중국 조양 원태자벽화묘와 칠성산 96호분 출토 등자, 후연 풍소불묘(415) 출토 등자와 복천동 21-22호묘 출토 등자 등의 비교를 통해 역연대를 추정하여 왔다. 그 결과 신라양식 토기와 가야 양식 토기의 성립 시기를 4세기 전반으로 설정하거나[43] 400년 이후로 설정하여[44] 동일한 물질자료의 역연대를 100년 정도 시기 차이가 나는 편년안이 대립되었다.

---

43) 崔秉鉉, 1981「고신라적석목곽분의 변천과 편년」『한국고고학보』10·11, 한국 고고학회 ; 1993「신라 고분 편년의 제문제」『한국고고학보』30, 한국고고학회.
44) 신경철, 1985「古式鐙子考」『釜大史學』9, 부산대학교 사학회 ; 2000(b) 앞의 논 문.

90년대 이후, 이 극단적인 양 편년관의 중간적 입장을 통해 50년 정도 하향 및 상향할 것을 제시한 편년관이 제시되었는데, 그 기준 자료로서 황남대총 남분의 피장자를 402년에 몰한 내물마립간으로 설정한 것이었다. 황남대총 남분의 피장자를 내물마립간으로 설정한 근거는 월성로 가13호분에서 출토한 경판비가 피장자를 소수림왕으로 설정한 태왕릉에서 출토한 재갈과 유사한 점 등을 제시하고, 이보다 늦은 황남대총 남분은 5세기 초에 해당하며, 이 시기에 몰한 왕이 내물마립간이란 점을 고려한 것이었다. 이 편년안은 신라양식 토기의 성립을 4세기 후반으로 종전보다 50년 정도 하향하였다.[45] 이에 영향을 받아 신라양식 토기의 성립 시기를 4세기 전반보다 다소 하향한 4세기 중엽설이 제창되기도 하였다.[46]

이후 일본에서 주목받기 시작한 연륜연대를 수용하여 영남지역의 토기 및 이와 공반한 물질자료의 편년을 설정하였는데, 신라 양식 토기와 가야 양식 토기의 성립 시기를 4세기 후반이란 안을 제시하였다.[47] 이 편년관은 황남대총 남분의 시기를 5세기 초로 설정하고, 이를 기준으로 전후의 물질자료 편년관을 설정한 견해와 역연대에 있어서는 매우 유사하지만, 황남대총 남분의 피장자를 458년에 몰한 눌지마립간으로 본 점은 다르다.

금관가야와 아라가야권역의 편년은 다른 지역에 비해 상당히 많은

---

45) 이희준, 1995 「경주 황남대총의 연대」 『영남고고학』 17, 영남고고학회 ; 1997 「토기에 의한 신라 고분의 분기와 편년」 『한국고고학보』 36, 한국고고학회.

46) 최병현, 2000 「영남지방 고고학자료의 편년-4세기대를 중심으로-」 『한국고대사논총 10』, 한국고대사회연구소 편.

47) 박천수, 2003 「地域間 並行關係로 본 加耶古墳의 編年」 『가야고고학의 새로운 조명』, 혜안 ; 2006 「신라·가야고분의 편년-일본열도 고분과의 병행관계를 중심으로-」 『한일고분시대의 연대관』, 역사민속박물관.

연구가 이루어졌다. 금관가야 양식 토기와 아라가야 양식 토기의 연대관은 2가지 범주로 구분할 수 있다. 첫째는 도질토기의 등장을 3세기 4/4분기로 설정하고, 김해-부산지역의 목곽묘에서 외절구연고배의 등장 시기를 4세기 2/4분기, 파수부노형토기의 소멸 시기를 4세기 4/4분기로 설정한 견해이다.[48] 둘째는 도질토기의 등장을 3세기 전반 또는 후반의 빠른 시기로 설정하고, 금관가야의 성립을 3세기 후반 초로 인식한 견해이다.[49] 전자의 연대관 근거는 양동리 162호묘 출토 한경, 구야국에서 금관가야로의 전환 시기, 고구려군 남정에 의한 금관가야 쇠퇴에 수반한 금관가야 양식 토기의 소멸 등이다. 후자의 연대관은 근년 일본열도의 유적에서 출토된 목재의 연륜연대 산정치에 근거한 열도의 스에키 편년과 영남지역에서 출토된 토기의 교차편년에 근거하고 있다.

금관가야와 아라가야, 가야 토기와 신라 토기, 일본열도의 초기 스에키의 병행관계 자료로 언급되는 3~4세기의 자료로는 대성동 29·59·3·2호묘, 예안리 160·74·90호묘, 복천동 38·60·57호묘, 함안 도항리 2·35·33호묘, 황사리 1·32·35호묘 등이다. 상기의 고분에서 출토된 토기의 선후 관계에 대해서는 연구자 간에 견해 차이가 있다. 4세기 후반에서 5세기 전반 영남지역의 토기 편년에서 논의되는 중요 자료로는 복천동 31-32·21-22·39호묘, 김해 대성동 2·3·1호묘, 함안 도항리 48·13(경)·10호묘, 합천 옥전 23호묘, 고령 쾌빈동 1호묘 등이다. 경주 황남

---

48) 신경철, 2013 「대성동 88, 91호분의 무렵과 의의」『고고광장』 13, 부산고고학연구회 ; 심재용, 2016 「금관가야의 외래계위세품 수용과 의미」『영남고고학』 74, 영남고고학회 ; 홍보식, 2012(b) 「신라·가야토기와 須惠器 편년-교차편년과 역연대-」『原三國·三國時代 歷年代論』, (재)세종문화재연구원편 ; 2014 「신라·가야 고분 교차 편년」『영남고고학』 70, 영남고고학회.

49) 박천수, 2010 「新羅 加耶古墳의 曆年代」『한국상고사학보』 69, 한국상고사학회 ; 정주희, 2009 앞의 논문.

동 109호 3-4곽과 동래 복천동 21-22호묘 출토 토기의 시기를 동일하게 보는 시각은 연구자의 공통된 인식이다. 최근에는 이 양 고분을 포함해 합천 옥전 23호묘 출토품과 일본 오바데라 TG232호 요지에서 출토된 발형기대의 문양 구성이 동일하다고 파악하여 동일 시기로 편년한 견해도 제시되었다.[50]

그러나 합천 옥전 23호 출토품과 오바데라 TG232호 요지 출토품을 앞의 두 고분의 조영 시기보다 한 단계 늦은 시기로 편년한 견해도 다수 존재한다.[51]

4세기의 물질자료에서 명확한 역연대를 나타내는 기년명 자료가 없었지만, 대성동 7차 조사의 88·91호묘에서 출토된 선비계 유물은 4세기 낙동강 하구지역의 물질자료의 역연대 설정뿐만 아니라 전 영남지역 나아가서는 일본열도의 물질자료의 역연대 설정에도 주요한 자료적 가치가 있다.

김해 대성동 91호묘에서 파수부노형기대·삼각투창고배·외절구연고배·원저단경호 등의 토기류와 금동제보요부식금구(金銅製步搖付飾金具)·금동제십금구(金銅製辻金具)·원모구형령(圓帽球形鈴)·동대잡(銅帶卡)·마령·녹각표비 등의 마구류와 함께 동반이 출토되었다. 88호묘에는 유개단경호와 파형동기·통형동기·철촉 등의 유물과 금동제투조대금구가 출토되었다. 91호묘에서 출토된 금동제보요부식금구·금동제십금구·마령 등의 마구류와 동반 등은 중국 요녕성 조양 일대의 삼연묘에서 출토된 것과 유사하다. 금동제보요부식금구의 예로는 조양 원태자(袁台子) 벽화묘와 서구촌(西溝村) 채집품을 들 수 있고, 금동제십금구는 라마동

---

50) 박천수, 2006 앞의 논문.
51) 신경철, 2006 앞의 논문 ; 김두철, 2006 앞의 논문 ; 홍보식, 2012(b)·2014 앞의 논문.

(喇嘛洞) I M21호묘 출토품을 들 수 있다. 동반과 유사한 예로는 조양 원태자벽화묘와 라마동 I M9호묘 출토품을 들 수 있다. 88호묘에서 출토된 금동제투조대금구와 유사한 예로는 라마동 II M275호묘 출토품을 들 수 있다.

상기의 조양 일대에서 출토된 유물들은 대개 전연(前燕) 시기의 선비묘 부장품이라는데 공통된 견해이다. 전연은 모용선비가 349년에 세운 왕조로서 4세기 중엽의 짧은 기간 동안 존속되었다. 중국 조양 일대의 전연묘 출토품과의 역연대를 비교해 보면, 대성동 91호묘와 88호묘에서 출토된 선비계 유물의 시기는 빠르면 4세기 2/4분기이고, 대체로 3/4분기로 설정되는 자료이다. 91호묘에서 출토된 녹각제 표비와 동일한 형식의 표비가 부산 복천동 38호묘에서 출토되었다. 대성동 91호묘에서 출토된 파수부노형기대의 형식과 복천동 38호묘에서 출토한 파수부노형기대도 같은 형식이다. 복천동 38호묘의 시기는 3세기 말 또는 4세기 초, 4세기 2/4분기 등 다양한데, 대성동 91·88호묘 출토품과 비교하면, 4세기 2/4분기일 가능성이 있다. 복천동 38호묘에서 출토된 마노제 촉형 석제품과 동일한 형태의 것이 일본 오사카부 야오의 오다케이시유적에서 출토되었다. 오다케이식유적에서 출토된 촉형 석제품을 후루식 신단계와 후루3식으로의 이행기인 4세기 3/4분기로 편년한 견해와도 어느 정도 부합한다.[52]

---

52) 柳本照男, 2012 「양동리고분군 출토 왜계유물로 본 한일교섭—삼국시대 전반기를 중심으로—」 『김해 양동리고분군과 고대 동아시아』, 인제대학교 가야문화연구소.

3. 전망과 과제

지금까지 물질자료를 이용하여 가야사 복원을 위해 다양한 부면에서 연구가 이루어져 왔다. 지금까지 이루어진 발굴조사 대상 유적의 대부분이 분묘였다. 또 분묘는 많은 유물의 동시 폐기라는 양호한 조건을 구비하였기 때문에 연구자들의 관심을 받아왔고, 집중적인 연구가 이루어졌다. 지금까지 이루어진 가야사 연구는 대부분 분묘 자료를 이용하여 당시의 정치·군사적인 부문이 중심을 이루었고, 대상 자료는 유구와 유물 위주였다.

이에 비해 주거지나 취락, 그리고 그것과 관련된 제반 유적(유구) 조사는 미진하였고, 출토 유물의 완전성이 상대적으로 약할 뿐만 아니라 동시기성 구명의 어려움 등이 복합적으로 작용하여 생활사 복원 연구는 진전되지 않았다. 그러나 2000년대 이후 고김해만 해안변에 산재한 생활유적 조사와 함께 취락 유적 조사가 증가하면서 분묘자료에서는 논의할 수 없는 다양한 주제를 검토할 수 있는 정보들이 획득되고 있다.

예를 들면, 봉황동유적의 주거지와 항구시설, 토성, 관동리유적의 접안시설, 신문리 등의 취락, 청강 대라리유적, 동백리유적, 고촌유적, 가동유적, 부산 미음 분절패총과 분절고분군, 김해 여래리와 본산리유적, 창원 신방리 저습지유적, 가음정동유적, 거제 아주동유적, 하동 횡천리유적, 산청 하촌리유적, 함양 화산리유적, 진주 안간리·평거동유적 등 많은 생활유적들이 조사되었고, 다양한 실생활 유물들이 출토되었다. 이 가운데 기장 청강리―대라리유적, 동백리유적, 가동유적 등은 동 시기의 취락·제사유적·고분 등이 조사되어 단위 집단의 제반 문제를 검토할 수 있게 되었지만, 이 부문을 본격적으로 검토한 연구 성과는 제출되지 않고 있다.

그리고 기장 고촌리유적은 수영천의 지류인 소하천 상류에 위치하는

데, 이곳에서 굴립주 창고군과 하천변의 목책시설, 칠기 생산시설 등의 유구와 함께 각종 칠제품과 목제품, 곡물류, 골각기류, 수골 등이 출토되었다. 하천변에는 칠을 만든 야외노지가 다수 확인되었고, 다양한 칠제품이 출토되어 칠을 전문적으로 생산하였음을 나타낸다. 이 고촌리유적은 수영강수계의 최고 지배층 고분군인 복천동고분군과 동래패총 및 낙민동유적에서 동북쪽으로 4km 정도 떨어진 곳에 위치하여 복천동고분군 축조 세력의 지배하에 있으면서 칠기를 생산하여 공급한 하위집단으로 추정된다. 그리고 수영강 중류역에 280동 이상의 주거지로 이루어진 대규모 취락인 두구동유적이 조사되었는데, 복천동고분군에서 출토된 같은 형식의 토기들이 다수 출토되어 복천동고분군이 조영된 시기에 존속한 취락임이 확인되었고, 복천동고분군의 하위 취락으로 추정된다.

기장과 수영강 일대에서 이와 같은 취락·제사·생산·분묘 등이 동시에 조사된 사례들은 향후 부산지역뿐만 아니라 김해·진영·함안·산청·하동 등지에서도 이루어질 가능성은 매우 높다. 기왕에 조사가 이루어진 대상지역을 단위로 한 생활·생산·제사·매장 등을 복합적으로 검토한 연구가 이루어진다면, 향후 이러한 조건을 갖춘 복합유적의 조사와 해석에도 상당한 도움을 줄 것으로 기대된다. 따라서 지역 단위의 복합 연구를 통한 지역상 구명, 특히 분묘 연구 위주에서 마을을 둘러싼 생활양식 연구로의 연구 전환이 이루어질 필요가 있다.

그리고 물질자료의 편년과 계통 등의 구명도 고고학의 연구에서 매우 중요한 주제의 하나이지만, 이 문제의 해명에 치중하면, 지금까지 확보한 물질자료의 정보를 다양하게 이용하는 기회를 스스로 놓치게 될 수 있다. 유물·유구·유적에 대한 기본적인 이해를 바탕으로 시대를 관통한 주제고고학으로의 도전이 필요하다. 음식·마을·제사(또는 종교)·정치·교통·군사·생산·환경, 자연 개발 등 다양한 주제가 연구 대상이 될 수 있다.[53]

그리고 기술이 발전함에 따라 다양한 방식의 자연개발이 수반되면서 인간의 생활은 보다 진전된 방향으로 전개되었다. 그러나 기술 개발의 주체는 인간이지만, 인간이 항상 자연환경을 극복해 온 것만은 아니었다. 집단의 전통과 기술, 그리고 해당지역의 자연환경과 자원 등을 적절하게 융합하거나 적응하여 왔음을 고려할 필요가 있다. 모든 인공물을 인간의 기술개발이란 관점만을 고집할 것이 아니라 해당지역에 분포한 자연자원을 어떻게 활용하는지와 함께 해당 지역 자연조건의 특징을 고려한 연구도 이루어질 필요가 있다.

끝으로 삼국시대 영남지역의 정치·사회의 성격 및 귀속 논쟁에서 두드러진 현상의 하나는 어떤 프레임을 설정한 후, 그 프레임 속에서만 논의하려는 경향이 강한 점이다. 예를 들면, 영남지역의 제집단들을 신라 아니면 가야라는 프레임을 설정한 후, 해당 지역과 집단들의 존재 모습을 평가해 왔다. 이 접근 방식은 중앙(또는 중심)권력을 배후에 두고 지역을 논하는 이분법적인 역사인식론이다. 이분법적 역사관이 한국 고대사와 역사고고학의 필요불가결하거나 지고지순한 해석틀은 절대 아니다. 이분법적인 역사인식은 해당 지역의 문화 다양성과 지역성의 논의를 차단해버리고 중앙집권적인 논리틀 속으로 몰아버리는 폐해가 있었다. 삼국시대 영남지역의 지역 또는 집단들을 신라 아니면 가야에 포함시켜 이해하려는 이분법적인 역사관은 지양되어야 한다.

삼국시대 신라와 가야의 접경지역에 위치한 지역의 집단과 문화의 귀속을 둘러싸고 신라 아니면 가야라는 이분법적인 역사관의 전쟁터가 되어왔고, 지금도 진행 중이다. 그런데 이 지역이야말로 지역의 정체성과 문화의 다양성이 존재하고 그 가치를 구명할 수 있는 아주 좋은 대상이다. 양 지역의 문화가 공존하는 지역은 문화의 다양성이 해당 지역이

---

53) 홍보식, 2010 「역사고고학의 연구동향과 전망」『역사학보』 207, 역사학회.

지니고 있는 역사적 가치이다. 이 역사적 가치를 제대로 이해하기 위해서는 해당지역의 관점에서 검토하고 해석되어야 한다. 이러한 가치를 배제하고 신라 아니면 가야라는 이분법적인 프레임 속에 넣어버리면, 지역의 개성, 문화의 다양성이란 역사의 중요 부분을 망각하는 우를 우리는 범하고 있는지도 모른다.

21세기는 문화의 다양성과 지역의 정체성이 강조되는 역사 해석이 매우 중요한 과제로 부각하고 있다. 지방자치제의 확대와 더불어 지역의 개성이 강조되는 역사문화 축제나 상품개발, 지역의 정체성 확립 모두 지역의 역사와 문화 다양성을 토대로 논의되고, 발전하는 방향으로 전개되고 있다. 뿐만 아니라 단일민족이란 틀이 와해되고, 다민족 사회와 국가로 변화해 가는 미래지향적인 사회의 방향을 제시해 주는 역사 해석론으로서도 주목된다. 따라서 삼국시대 신라와 가야의 경계지역에 위치한 어떤 지역(집단) 또는 문화를 신라 아니면 가야라는 프레임 속에 매몰시키는 역사관은 지역의 정체성과 문화의 다양성을 막아 버리는 중앙집권적인 역사관임을 직시해야 한다.

참고문헌

김두철, 2013「가야 전환기의 묘제와 계승관계」『고고광장』 13, 부산고고학연구회

김두철, 2016「고총고분시대의 연산동 고분군」『고고광장』 19, 부산고고학연구회

박승규, 2000「4~5세기 加耶土器의 變動과 系統에 관한 硏究」『인문연구논집』 4, 동
　　　의대학교 인문과학연구소

박승규, 2006「加耶土器의 轉換期 變動과 樣式構造」『가야문화』 19, 재)가야문화연
　　　구원

박승규, 2010『加耶土器 樣式 硏究』, 동의대학교 박사 학위 논문

박천수, 2003「地域間 並行關係로 본 加耶古墳의 編年」『가야고고학의 새로운 조
　　　명』, 혜안

박천수, 2006「신라·가야고분의 편년-일본열도 고분과의 병행관계를 중심으로-」
　　　『한일고분시대의 연대관』, 역사민속박물관

박천수, 2010「新羅 加耶古墳의 曆年代」『한국상고사학보』 69, 한국상고사학회

申敬澈, 1985「古式鐙子考」『釜大史學』 9, 부산대학교 사학회

申敬澈, 1988「三韓·三國時代의 釜山」『부산의 자연환경과 역사』, 부산라이프사

申敬澈, 1989「三韓·三國·統一新羅時代의 釜山-考古學的 考察」『釜山市史 1』, 釜
　　　山直轄市史編纂委員會

申敬澈, 1992「金海禮安里 160號墳에 對하여-古墳의 發生과 관련하여」『伽倻考古
　　　學論叢 1』, 駕洛國史蹟開發研究所

申敬澈, 1995(a)「金海 大成洞·東萊 福泉洞古墳群 點描-金官加耶 理解의 一端-」
　　　『釜大史學』 19, 부산대학교 사학과

申敬澈, 1995(b)「瓦質土器文化論-그 성과와 과제-」『韓國考古學會發表要旨』, 韓
　　　國考古學會

申敬澈, 2000(a)「고대의 낙동강, 영산강, 그리고 왜」『한국의 전방후원분』, 충남대
　　　학교 출판부

申敬澈, 2000(b)「金官伽倻 土器의 編年-洛東江下流域 前期陶質土器의 編年」『伽倻
　　　考古學論叢 3』, 駕洛國史蹟開發研究所

申敬澈, 2007「가야스케치」『고고광장』 창간호

申敬澈, 2013「대성동 88, 91호분의 무렵과 의의」『고고광장』 13, 부산고고학연구회

심재용, 2016「금관가야의 외래계위세품 수용과 의미」『영남고고학』 74, 영남고고학회

禹枝南, 2000 「咸安地域 出土 陶質土器」『道項里·末山里 遺蹟』

李盛周, 1993 「1~3세기 가야 정치체의 성장」『한국고대사논총 5』, 한국고대사회연
구소 편

李盛周, 1988 「삼국시대 전기토기의 연구」『한국상고사학보』1, 한국상고사학회

李盛周, 2002 「伽耶土器 生産·分配體系」『가야 고고학의 새로운 조명』, 부산대학교
한국민족문화연구소 편.

이현주, 2001 「Ⅳ. 고찰」『동래복천동고분군-52·54호』, 복천박물관

이희준, 1995 「경주 황남대총의 연대」『영남고고학』17, 영남고고학회

이희준, 1997 「토기에 의한 신라 고분의 분기와 편년」『한국고고학보』36, 한국고고
학회

林孝澤, 1993 『洛東江 下流域 伽耶의 土壙木棺墓 研究』, 漢陽大學校 大學院 博士學
位論文

조성원, 2016 「도질토기론의 전개와 학사적 평가」『考古學旅程 半世紀』, 休堂 申敬
澈敎授 停年記念集 編輯會

趙榮齊, 2003 「加耶土器의 地域色과 政治體」『가야고고학의 새로운 조명』, 부산대학
교 한국민족문화연구소 편

趙榮齊, 2006 『西部慶南 加耶諸國의 成立에 대한 考古學的 研究』, 부산대학교 대학
원 박사학위 논문

趙榮齊, 2008 「'형식난립기'의 가야토기에 대하여」『고고광장』2, 부산고고학연구회

정주희, 2009 「咸安樣式 古式陶質土器의 分布定型과 意味」『한국고고학보』73, 한국
고고학회

정주희, 2016 「고식도질토기의 지역 분화와 의미」『신라와 가야의 분화와 비교』(영
남고고학회 제24회 정기학술발표회)

崔秉鉉, 1981 「고신라적석목곽분의 변천과 편년」『한국고고학보』10·11, 한국고고
학회

崔秉鉉, 1992 『新羅古墳研究』, 一志社

崔秉鉉, 1993 「신라 고분 편년의 제문제」『한국고고학보』30, 한국고고학회

崔秉鉉, 2000 「영남지방 고고학자료의 편년-4세기대를 중심으로-」『한국고대사논
총 10』, 한국고대사회연구소 편

최종규, 1994 「陶質土器의 起源」『고고학지』6

최종규, 1995 「墓制를 통하여 본 三韓社會의 構造」『한국고대사논총 3』, 한국고대사

회연구소 편

최종규, 1995 『삼한고고학연구』, 서경문화사

하승철, 2008 「진주 안간리 출토 고식도질토기에 대한 일고찰」『晋州安間里遺蹟』,
　　　　慶南發展研究院 歷史文化센터

홍보식, 2000 「고고학으로 본 금관가야」『고고학을 통해 본 가야』, 한국고고학회

홍보식, 2010 「역사고고학의 연구동향과 전망」『역사학보』 207, 역사학회

홍보식, 2012(a) 「4세기의 금관가야와 아라가야」『고고학을 통해본 아라 가야와 주
　　　　변제국』, 경남발전연구원 역사문화센터

홍보식, 2012(b) 「신라·가야토기와 須惠器 편년－교차편년과 역연대－」『原三國·三
　　　　國時代 歷年代論』, (재)세종문화재연구원 편

홍보식, 2014 「신라·가야 고분 교차 편년」『영남고고학』 70, 영남고고학회

武末純一, 1992 「韓國 禮安里古墳群の階層構造」『古文化談叢』 28, 九州 古文化研究
　　　　會

定森秀夫, 2002 「陶質土器の起源に關する考察」『韓半島考古學論叢』, 西谷正 編

柳本照男, 2012 「양동리고분군 출토 왜계 유물로 본 한일교섭 －삼한시대 전반기를
　　　　중심으로－」『김해 양동리고분군과 동아시아』, 인제대학교 가야문화
　　　　연구소

후기가야 고고학 연구의 성과와 과제

· 이동희 ·

1. 머리말

지금까지 고고학 분야에서 가야 연구사가 체계적으로 정리된 바가
없었다. 가야에 대한 연구는 문헌자료의 빈약으로 고구려·백제·신라에
비해 고고자료에 대한 의존도가 높은 편이다. 앞으로도 가야와 관련된
새로운 발굴자료가 나올 것이므로 고고학 분야에서의 연구가 기대된다.
본 연구는 고고학 분야에서 후기가야 연구현황에 대한 중간 점검 차원으
로 보면 될 것이다.

일반적으로 기원후 400년 고구려 광개토왕의 대(對) 가야 군사작전을
획기로 전기가야와 후기가야로 구분 짓고 있다.[1] 따라서 본고에서 다루
는 주된 시간적 범위는 5세기부터 가야 멸망기까지이다.

먼저, 유적에 있어서는 묘제를 중심으로, 도성과 성곽·봉수 등의 발
굴조사 성과 및 연구현황을 정리하고자 한다. 세부적으로 보면, 후기가

---

1) 김태식, 2000 「가야연맹체의 성격 재론」 『한국고대사논총 10』 ; 신경철, 2007 「가
야스케치」 『고고광장』 창간호, 부산고고학연구회.

야의 대표적인 대가야·아라가야·소가야의 묘제와 순장의 지역성, 고분의 편년, 횡혈식 석실의 도입과 발전, 왜계 고분, 도성과 성곽, 봉수 등에 대한 기존 연구성과와 논점을 검토한다.

둘째, 유물에 있어서는 후기가야 토기 양식, 갑주, 장신구, 장식대도, 대가야양식 이식의 분포와 의미, 유자이기 등을 중심으로 연구성과를 살펴본다. 특히, 각 유물의 지역성과 교류관계 등을 주목하며 살펴볼 것이다.

셋째, 후기가야 제국과 사회의 변동에 대해 거시적으로 살펴본다. 즉, 후기가야의 사회발전단계와 대가야의 고대국가론, 금관가야의 쇠퇴와 내륙 이주설, 5세기 이후의 금관가야 중심지 논쟁, 임나사현과 기문·대사 문제, 5세기 말엽의 가야의 국경선, 포상팔국에 대한 고고학적 검토, 가야 멸망 이후의 재지세력의 향방 등에 관한 연구성과를 정리해 본다.

마지막으로, 이러한 후기가야 고고학 연구 성과를 바탕으로 향후 연구 과제를 살펴볼 것이다.

2. 후기가야 고고학 연구 성과

1) 유적

① 가야 후기 고분의 지역성

토기 양식권의 분포권과 고총군의 분포, 고분 축조 방법이나 묘곽의 배치 상태 등을 고려할 때 가야의 권역 내에 5~6세기 동안 크게 보아 3개의 유력 세력이 있었다는 사실이 밝혀졌다. 곧, 함안을 중심으로 하는 세력(아라가야), 고성·산청 남부를 중심으로 하는 세력(소가야), 그리고

고령을 중심으로 하는 세력(대가야)이다. 이외에도 고총군의 분포를 볼때 이런 세력들 사이에 국명을 알 수 없는 군소 가야 세력이 여럿 있었음도 추정할 수 있다.[2]

② 가야의 순장과 지역성

가야의 순장은 기록에는 없으나 각 지역의 수장층 고분에서 보편적으로 나타나고, 고구려·백제·신라보다도 더 늦은 시기까지 지속되었다.[3]

순장의 판단 기준은 다음과 같다. 첫째, 2명 이상 매장된 고분이 동시에 축조되어야 한다. 둘째, 강제성이 있어야 한다. 셋째, 주인공에 대한 순장자의 종속성이 인정되어야 한다.[4]

가야의 순장은 순장자의 매장 위치에 따라 3유형으로 나누어 볼 수있다. 즉, 김해를 중심으로 금관가야 지역의 주부곽순장, 함안을 중심으로 한 아라가야 지역의 주곽 순장, 고령을 중심으로 한 대가야지역의 순장곽순장이다.[5]

2) 이성주, 2000 「소가야지역의 고분과 출토유물」『묘제와 출토유물로 본 소가야』, 국립창원문화재연구소 ; 박천수, 2010 「가야」『한국고고학강의』, 한국고고학회 ; 이희준, 2014 「고고학으로 본 가야」『가야문화권 실체규명을 위한 학술연구』, 가야문화권 지역발전 시장·군수협의회.

3) 김세기, 2014 「낙동강 중상류지역의 가야문화」『가야문화권 실체규명을 위한 학술연구』, 가야문화권 지역발전 시장·군수협의회.

4) 주용립, 1988 「한국 고대의 순장연구」『손보기박사 정년기념한국사학논총』 ; 권오영, 1992 「고대 영남지방의 순장」『한국고대사논총 4』, (재)가락국사적개발연구원 ; 김세기, 2003 『고분자료로 본 대가야 연구』, 학연문화사 ; 김수환, 2005 「금관가야 순장묘 연구」, 부산대학교 대학원 석사학위논문.

5) 김세기, 1996 「가야의 순장과 왕권」『가야제국의 왕권』, 인제대학교 가야문화연구소편, 신서원 ; 2003 앞의 논문 ; 2014 앞의 논문.

③ 가야의 횡혈식 석실분[6]

가야 횡혈식 석실과 관련된 주요 연구를 살펴보면 크게 가야 횡혈식 석실의 유형 분류와 편년을 주제로 한 연구, 가야 지역 왜계석실의 도입 배경과 피장자의 성격을 주제로 한 연구로 나눌 수 있다. 가야 횡혈식석실의 유형 분류와 편년을 시도한 연구자는 조영현,[7] 야마모토 타카후미(山本孝文),[8] 홍보식,[9] 하승철[10] 등이다.

기존 연구자들의 연구 경향을 살펴보면 가야 횡혈식석실의 출현 배경을 크게 2가지 경로로 나누었는데 하나는 왜(倭), 나머지 하나는 백제에서 찾았다. 먼저 5세기 이래로 줄곧 사용된 세장방형 수혈식석곽의 단벽 중앙에 연도를 부착한 형태가 바로 전형적인 가야 횡혈식석실이고, 이것을 송학동유형(중동리유형 혹은 수정봉유형)으로 설정하였다. 송학동 유형의 중심연대는 6세기 전엽이며, 연도의 부착은 왜의 영향으로 보고 있다. 그리고 이것과 구별하여 장방형 평면 형태에 편재형 연도를 부착한 궁륭형(터널형) 천장의 석실을 고아동벽화고분유형으로 분류하였다. 고령 고아동벽화고분은 웅진기 백제 공주지역 횡혈식석실을 직접 수용한 것으로, 6세기 중엽을 중심연대로 보고 있다.[11]

가야에서 확인된 왜계 고분은 모두 횡혈식 석실이며, 그 요소와 원류

---

6) 가야 횡혈식 석실분의 연구사에 대해서는 김준식(2013 「가야 횡혈식석실의 성립과 전개」, 경북대학교 대학원 석사학위논문)과 박상언(2010 「가야지역 왜계고분의 연구현황」『경남의 가야고분과 동아시아』(제2회 한·중·일 국제학술대회), 경남발전연구원 역사문화센터)의 글을 참고하였음을 밝혀둔다.

7) 조영현, 1990 「삼국시대 횡혈식석실분의 계보와 편년연구-한강 이남지역을 중심으로-」, 충남대학교 대학원 석사학위논문.

8) 山本孝文, 2001 「가야지역 횡혈식석실의 출현배경」『백제연구』34집.

9) 홍보식, 2003 『신라 후기 고분문화 연구』, 춘추각.

10) 하승철, 2005 「가야지역 석실의 수용과 전개」『가야문화』18.

11) 김준식, 2013 앞의 논문.

〈표 1〉 가야지역 왜계고분의 피장자 출자에 대한 제견해[12]

	하승철 (2005)	柳澤一男 (2006)	박천수 (2006b)	홍보식 (2006)	조영제 (2004)	조영현 (2004)
고성 송학동 1B-1호분	고성지역 수장층	재지 수장층	대가야에서 파견하였으며, 구주지역에 출자를 가진 왜인	구주 각지에 기반을 둔 교류 목적의 왜인	교류 목적의 구주(서부)계 왜인	재지 수장층이 왜계 고분의 축조요소를 수용한 결과
의령 경산리 1호분	재지 수장층	정주한 왜인				
의령 운곡리 1호분	재지 수장층	정주한 왜인				
거제 장목고분	교역활동에 종사한 왜인	북부 구주계 왜인				
사천 선진리석실	재지인	재지 수장층				

는 일본 구주지방에서 찾을 수 있으므로 구주계 횡혈식 석실로 이해된다. 가야지역에서 왜계 고분이 분포하는 남해안과 남강수계, 낙동강중류는 모두 수로를 통한 교류를 우선시하였던 것으로 추정된다. 왜계 요소를 보이고 있지만, 영산강유역과 달리 전방후원분이 확인되지 않으며 석실의 구조 또한 동일한 형태와 양상을 보이지 않는다.[13]

④ 대가야 고분의 편년

대가야토기문화가 후기가야 권역에 가장 광범위하게 퍼져 있는데, 관련 편년에 대한 제견해는 〈표 2〉와 같이 적지 않은 차이점을 보이고 있다. 특히, 그 기준이 되는 고령 지산동 고분의 상대편년은 어느 정도 일치하고 있지만 절대편년에 있어서는 일정한 차이를 보인다.

12) 박상언, 2010 앞의 논문.
13) 박상언, 2010 앞의 논문.

<표 2> 대가야권역 주요 고분 편년에 대한 제견해

	우지남 (1987)	定森秀夫 (1987)	이희준 (1995)	박천수 (1998)	김두철 (2001)	박승규 (2010)
5세기 1/4	지산35		지산35	지산35		
5세기 2/4			지산32-34	지산30 지산32-34	옥전23	지산35 지산30
5세기 3/4	지산32 연결석곽 지산34	지산32-35			지산35	지산32 지산34
5세기 4/4		지산44	지산44	지산44	지산32 월산M1-A	지산44
6세기 1/4	지산 44 지산 45	지산45	지산45	지산45	지산44	지산45
6세기 2/4					지산45	

⑤ 가야의 도성

삼국시대 가야의 궁성지나 도성에 대한 연구는 주로 김해(금관가야), 함안(아라가야), 고령(대가야)지역을 대상으로 하고 있다. 역사적 기록, 고분군이나 토성과 인접한 지리적 특성, 일부 고고학적 성과 등을 근거로 추정되고 있지만, 대부분 훼손되거나 정확한 위치를 알지 못하여 고고학적 조사를 통해서도 그 실체에 접근하기가 어려운 실정이다. 다만, 최근에 다라국의 지배층 묘역인 옥전고분군과 세트관계에 있는 성산토성은 그 위치나 잔존상태가 양호하여 다라국사 뿐만 아니라 가야사 연구에 있어 그 중요성이 부각되고 있다.[14]

---

14) 박상욱, 2016「합천 성산토성(다라국성)의 구조와 특징−발굴조사 성과를 중심

합천 성산토성[15]

다라국의 도성으로 추정되는 성산토성은 황강과 접하는 구릉 위에 자리한다. 성의 형태는 북쪽과 동쪽은 구릉의 정상부를 따라 토성벽이, 서쪽은 절벽부를 따라 단순 성토가, 남쪽의 구릉사면과 개방면은 석벽으로 축조되어 있는 혼축식 구조이다. 5~6세기 유물이 주를 이루고 있어 옥전고분에서 보이는 다라국 정치체의 존속시기와 일치한다. 성산토성 내에서 백제에서 주로 확인되는 대벽건물지가 발굴되어, 성산토성이 백제의 영향하에 축조되었을 가능성도 있다.

고령 대가야 궁성지

대가야 궁성지는 주산성과 지산동고분군을 배경으로 고령읍을 내려다볼 수 있는 설상대지(舌狀臺地)에 입지하고 있다. 562년 대가야 멸망 기사에 따르면, 대가야의 궁성에는 방어시설인 성곽이 존재했고 또 성문에는 해자를 건너 통행하기 위한 교량이 마련되었던 것으로 보인다. 궁성의 형태는 경주 반월성과 같은 토성 혹은 토석혼축이었을 가능성이 높다.[16]

대가야 궁성지는 시굴조사를 통해, 대벽(大壁)건물지 등 왕궁의 부속 건물로 여겨지는 유구들이 확인되었고, 토기를 비롯한 다수의 기와·벽돌 등이 출토되었다.[17]

으로-」『삼국시대의 토성과 목책성』(한국성곽학회 2016년도 춘계학술대회).

15) 박상욱, 2016 앞의 논문.

16) 정동락, 2013 「고령지역 산성의 분포현황」『대가야의 고분과 산성』(제9회 대가야사 학술회의).

17) 경북대학교박물관, 2006 『傳 大伽耶宮城址』.

⑥ 가야의 산성과 방어체계

가야 산성에 대한 연구는 고분 연구에 비해 상당히 부진하다. 최근에 대가야권역을 중심으로 학술조사가 진행되고 있다.

대가야 왕궁의 배후성인 고령 주산성과 아라가야 왕궁의 배후성인 함안 봉성산성은 외성과 내성을 갖춘 이중성이나, 대부분의 가야 성곽은 소형의 테뫼식 산성이다. 대가야의 산성은 낙동강 서안의 방어선을 따라 낙동강 동안의 신라산성과 대치하며 고령에서 의령까지 서로 조망하는 위치에 조밀하게 연계되어 축조되었다. 또한 내륙에도 서로 조망할 수 있는 위치에 성곽이 조영되어 이중의 방어체계를 형성하고 있다.[18]

종래 가야지역에서는 삼국과 같이 정연하게 쌓아 올린 산성은 없을 것이라는 소위 '가야지역 석축산성 부재론'이 널리 인정되어 왔다. 하지만, 최근에 발굴조사된 고령 주산성은 지금까지의 선입견과 달리 가야시대에 축조된 산성으로 밝혀졌다.[19] 주산성은 삼국의 다른 국가들의 산성과 비교해서 손색이 없을 만큼 완성도를 지닌 '대가야의 석축산성'이다.[20]

⑦ 봉수

2014년에 전북 장수군에서 2개소의 봉수유적에 대한 시·발굴조사 결과가 주목된다. 당시의 봉수 관련 유구는 많이 훼손되었지만, 고령 양식 토기편을 비롯한 유물들이 출토됨으로써 가야시대에 이 2곳이 동시에 봉수로 쓰였을 가능성이 제기된 바 있다.[21] 이에 대한 해석은 2가지로

---

18) 박천수, 2010「가야」『한국고고학강의』, 한국고고학회.
19) 대동문화재연구원, 2012「고령 주산성 현장설명회 자료」.
20) 정동락, 2013 앞의 논문.
21) 군산대박물관, 2014「장수군 관내 봉수 2개소 시·발굴조사 현장설명회자료」.

나뉘어진다.

먼저, 대가야 국가론을 뒷받침하는 중요한 발굴성과로 판단하는 견해[22]인데, 이희준은 이러한 봉수유적이 『일본서기』 계체(繼體) 8년(514년)에 나오는 대가야가 성을 쌓고 봉후(烽堠), 저각(邸閣)을 두어 일본(실은 백제)에 대비하였다는 기사를 실증하는 자료로 보고 있다.

한편, 발굴조사자는 장수권의 가야세력('장수가야')의 독자성을 강조하는 고고자료로서 봉수자료를 적극 활용하고 있다.[23]

2) 유물

① 가야 토기 양식[24]

가야토기의 양식 연구는 신라·가야토기의 양식이 낙동강을 경계로 구분된다는 논의로부터 시작되었으며, 일반적으로 신라토기에 대비되는 양식으로서 인식되어 왔다. 1980년대 이후에 김해·부산권과 고령권을 중심으로 가야고분의 발굴조사가 활발하게 이루어짐으로써 여기서 출토된 토기의 형태적 특징과 지역적 특성 등을 분석하는 과정에서 토기 양식이 논의되기 시작하였다. 당시까지만 해도 가야토기의 양식 연구는 기종구성의 차이와 특정 기종의 형태적 특징을 통해서 신라토기 양식과 가야토기 양식이라는 큰 양식군이 설정되는 수준에 머물렀다.

---

22) 이희준, 2014 앞의 논문.

23) 조명일, 2012 「금강 상류지역 산성 및 봉수의 분포양상과 성격」 『호남고고학보』 41, 호남고고학회 ; 곽장근, 2014 「전북 동부지역 가야문화」 『가야문화권 실체 규명을 위한 학술연구』, 가야문화권 지역발전 시장·군수협의회.

24) 이와 관련해서는 박승규(2010 『가야토기 양식 연구』, 동의대학교대학원 박사학위논문)의 글을 주로 참고하였음을 밝혀둔다.

후기가야토기의 지역양식 연구는 특정한 단위 지역의 연구[25]가 이루
어진 바 있으며, 1990년 이후 대가야토기의 고령양식, 아라가야토기의
함안양식, 소가야토기의 진주·고성양식의 3개 지역양식이 분립하고 있
는 것으로 밝혀진[26] 이래로 여러 연구자에 의해 보편적으로 받아들여지
고 있다. 또한 후기가야토기의 지역양식 연구에서 보여주는 고령양식,
함안양식, 진주·고성양식의 분립구조가 당시의 후기가야가 보여주는 사
회구조와 어떠한 연관성을 가지는가 하는 점에 대해서는 고고학 연구자
뿐 아니라 문헌 연구자도 주목하고 있다.[27]

1990년대 이후 토기 양식의 구분과 분포범위 설정은 정치체의 존재
와 그 세력범위를 파악하는 근거자료로 활용되기에 이르렀으며,[28] 이에
대해 토기의 분포를 정치적 영역으로 해석하는 접근방식에 대한 비판과
함께 생산·분배체계의 분석을 통한 토기 양식 연구의 필요성을 강조하
는 견해도 제시되었다.[29]

---

25) 박승규, 1993 「경남 서남부지역 도질토기에 대한 연구」『경상사학』9 ; 김정완,
    1994 「함안권역 도질토기의 편년과 분포 변화」, 경북대학교대학원석사학위논
    문 ; 이희준, 1995 「토기로 본 대가야의 권역과 그 변천」『가야사연구―대가야의
    정치와 문화』, 경상북도.
26) 박승규, 1998 「가야토기의 지역상에 관한 연구」『가야문화』11, 가야문화연구원.
27) 박승규, 2010 앞의 논문.
28) 이희준, 1995 앞의 논문 ; 박천수, 1996 「대가야의 고대국가형성」『석오 윤용진
    교수 정년퇴임기념논총』 ; 박승규, 1998 앞의 논문.
29) 이성주, 2003a 「가야토기 생산·분배체계」『가야 고고학의 새로운 조명』, 부산
    대학교 한국민족문화연구소 편, 혜안 ; 이성주, 2003b 「양식과 사회: 삼국시대
    토기양식에 대한 해석의 문제」『강원고고학보』2.

아라가야토기 연구사

〈표 3〉 아라가야토기의 주요 연구사

연구자	주요 연구 내용
竹谷俊夫 (1984)	화염형투공토기를 통해 초기 스에키의 계보를 추적하면서 그 원류를 함안지역으로 파악.
김정완 (1994)	함안권역의 도질토기를 Ⅰ~Ⅸ단계로 나누고, Ⅰ~Ⅳ단계는 공통양식의 고식도질토기에 속하고 Ⅴ~Ⅷ단계가 함안식토기가 구체화되는 것으로 인식
박승규 (1998)	후기 가야토기의 지역상을 논하면서 함안권역의 아라가야토기는 화염형투창고배, 이단장방형투창고배, 발형기대, 파수부배 등의 기종의 정형을 보여줌으로써 대가야토기, 소가야토기와 더불어 후기 가야토기의 3대 지역양식의 하나였음을 밝힘.
우지남 (2000)	함안지역에서 5세기 2/4분기부터 6세기 중엽까지 일정한 토기조합상을 이루면서 나름대로 형식변화를 나타내는 일군의 토기를 아라가야토기로 명명. 5세기 2/4분기 이전의 함안권역 토기는 영남 각 지역에서 출토되고 있어 고식도질토기의 공통양식으로 설명.
조수현 (2006)	화염형투창토기를 함안양식을 대표하는 토기로 인식하고 편년과 기능 및 중심지에 대한 연구 진행.

이와 같이 함안권역의 5세기 이후에 해당되는 토기에 대해서는 모든 연구자가 하나의 지역양식으로 '함안양식(=아라가야토기)'을 인식하고 있음이 파악되나, 그 이전의 4세기에도 지역양식을 설정할 수 있는가 하는 문제에 대해서는 논자에 따라 견해를 달리하고 있다.[30]

대가야토기 연구사

고령 지산동고분군 44, 45호분 및 32~35호분의 발굴조사를 통해 본격적인 편년 연구가 시도되었다. 1980년대 이후 함양 백천리, 남원 월산

---

30) 박승규, 2010 앞의 논문.

〈표 4〉 대가야토기의 주요 연구사

연구자	주요 연구 내용
우지남(1986)	대가야고분의 편년을 검토하는 과정에 대가야토기의 편년체계 수립
이희준(1994), 박천수(1998), 김두철(2001), 박승규(2010)	대가야토기의 세밀한 편년작업
이희준(1995)	대가야토기의 분포를 바탕으로, 고령세력이 5세기 중후엽에는 황강 상류역 일대를 직접지배권역하에 두고 남원 아영분지와 함양지역을 간접지배권으로 둔 것으로 파악.
박천수 (1995, 2004, 2010b)	대가야양식토기가 남강상류역에 집중적으로 출토되는 것에 주목하여, 대가야가 먼저 남강수계에 진출한 목적은 섬진강로를 통한 왜와의 교역로를 확보하기 위한 것으로 파악. 대가야 권역을 황강수계와 남강 상류역, 호남동부권에 걸친 것으로 봄
이희준(1995, 2014) 박천수(1996, 1997) 김세기(2000, 2006, 2014)	대가야 고분·토기문화를 통해 대가야의 발전단계를 고대국가로 봄
김세기(1998)	5세기 전반 성립한 고령양식토기는 대가야세력이 서남방진출을 시도하는 가운데 토기의 확산이 시작되고, 6세기가 되면 진주와 고성지역도 대가야권역에 포함된다고 봄
박승규(2003b)	대가야토기의 확산경로와 확산유형의 분석을 통해 직접지배 및 간접지배권과 연맹권, 교류권으로 나눔.
이동희(2005, 2014)	대가야양식토기가 부장된 순천 운평리고분군과 문헌사료를 근거로 섬진강수계를 대가야권역으로 봄

리, 합천댐수몰지구, 합천 옥전고분군 등에 대한 계속된 발굴조사는 대가야토기의 분포영역이 가야 북부권의 여러 지역에 널리 확산되고 있음을 보여준다.[31] 최근에는 호남동부권에까지 대가야토기가 광범위하게 분포하고 있음이 확인된다.

---

31) 박승규, 2010 앞의 논문.

소가야토기 연구사

고고학적인 조사의 부족으로 김해와 고령 등 다른 가야권에 비해 다소 뒤떨어져 있지만, 진주와 고성지역으로 대표되는 서남부가야권에 고령의 대가야와 함안의 아라가야에 대비되는 새로운 토기문화권이 존재하고 있음을 밝혀낸 것은 주목되는 연구성과이다.[32]

고총군의 축조 개시 시점은 불확실한 점이 있기는 하나 5세기 초를 전후하여 고유한 양식의 토기를 가진 고성·진주·산청 남부(단성) 지역들에서는 공통적으로 소가야 양식 토기가 분포한다. 다만, 중심지역이 분명하게 어디인지 알 수 없어 토기 양식 혹은 토기의 명칭도 사천·고성식에서 시작해 진주식, 진주·고성식, 서부경남식이라 하거나 아예 소가야토기라고도 지칭하는 등 아주 다양하다.[33]

〈표 5〉 소가야토기의 주요 연구사

연구자	주요 연구 내용
定森秀夫(1983)	사천·고성지역에서 출토되는 고배, 광구호, 컵형토기, 개 등에 근거하여 '사천·고성식'이라는 토기형식 설정
조영제 (1985, 1986, 1990, 2001)	서부경남 후기 가야토기의 일양상으로서 수평구연호와 삼각투창고배에 대한 검토. 사천·고성식토기의 분포권이 진주지역까지 포함되는 것으로 봄
박승규 (1993, 2000, 2003a)	경남서남부지역의 토기문화를 진주·고성양식으로 인식하고 형성배경과 전개양상에 대해 검토
윤정희(1997)	서남부지역의 토기들을 '소가야토기'로 명명. 토기의 형식을 형성기(5세기 초·중엽), 발전기(5세기 말–6세기 초엽), 소멸기(6세기 중엽 이후) 등 3단계로 구분
하승철(2001)	5–6세기 가야서남부지역에서 확인되는 독특한 토기문화와 묘제를 공유했던 집단들을 소가야연맹체로 이해

---

32) 박승규, 1993 앞의 논문.

② 화염형투창토기

함안양식토기의 하나로 잘 알려져 있는 화염형투창토기는 고배, 기대, 유대호 등의 기종을 중심으로 대각에 불꽃모양의 투창이 뚫려져 있는 일군의 토기를 말하며, 5세기 전반에서 6세기 전반까지 함안을 중심으로 한 고분유적에서 집중적으로 출토되는 지역성을 가진다는 점에서 함안지역의 도질토기를 대상을 연구하는 학자들의 주목을 받아왔다.[34]

〈표 6〉 화염형투창토기 연구사

연구자	주요 내용
박경원 (1974)	화염형투창토기를 백제 무녕왕릉의 감실에 들어 있던 청자등잔과 같은 기능으로, 조명용토기라고 주장
竹谷俊夫 (1984)	일본 천리시 후루유적에서 화염형투창이 표현된 고배대각이 발견되어 일본 스에키 생산초기단계에 가야토기와의 깊은 관련성을 지적. 화염형투창토기의 기원을 함안으로 봄
추연식 (1987)	화염형투창토기는 조명용의 기능보다는 토기 대각에 설치된 단순 장식. 경주와 김해·부산 등지에서도 출토되므로 함안의 특징적인 토기로 보는 것은 재고되어야 한다고 주장.
김정완 (1994)	화염형투창고배를 함안을 대표하는 함안식토기로 파악하고 3개 형식으로 구분. 경주 월성로 출토 화염형투창토기가 가장 이른 형식으로 5세기 초에 해당하며, 함안권에서도 이른 단계의 화염형투창토기가 출토될 가능성 제시.
이주헌 (2000)	화염형투창토기의 분포와 편년, 기능, 출현배경 등에 대한 종합적 검토. 화염형투창을 연꽃 봉오리로 인식하여 불교의 영향으로 파악. 불교의 전래 계기는 고구려의 남정과 관련된다고 봄.
조수현 (2006)	함안권, 한반도 동남해안권, 일본지역 등에서 출토된 화염형투창토기를 형식분류하고 5단계로 구분. 화염형투창토기의 출현기는 함안지역을 비롯하여 경주, 부산, 김해지역에서 모두 확인되고 있지만, 이 토기의 발생지이자 중심지는 함안으로 봄. 화염형투창토기의 기능에 대한 기존 설(조명용토기설, 투공장식기법설, 불교관련설)을 비판적으로 검토.

---

33) 김규운, 2009 「고고자료로 본 5~6세기 소가야의 변천」, 경북대학교 대학원 석사학위논문 ; 이희준, 2014 앞의 논문.

③ 유자이기有刺利器

3세기 후엽 신라권에서 처음으로 등장한 유자이기는 점차 가야지역으로 확산되어 6세기까지 영남지방 대형 분묘들의 중요 부장품이 되었다. 가야권의 경우는 부산(복천동고분군)과 함안(도항리고분군), 합천(옥전고분군) 등지에서 주로 확인된다.[35]

함안과 합천지역의 유자이기

5세기 이후 함안과 합천지역의 대형분에서는 기존의 유자이기와 구별되는 독특한 모양의 유자이기들이 부장된다. 즉, 이 지역들의 유자이기는 얇은 철판에 새모양 조형물을 부착한 것을 가장 큰 특징으로 하는데, 함안의 예가 더욱 장식적이다. 화려한 장식과 함께 부착된 새장식은 내세와 관련된 새의 의미를 표현한 것으로 추측된다. 부장고분이 대부분 대형분이라는 점에서 양 고분군 수장 간의 긴밀한 교섭 관계를 시사한다.[36]

유자이기의 기능

종래 유자이기를 무기로 보는 견해도 있었지만, 근래에는 의기(儀器)로 보는 견해가 주류를 이루고 있다.

---

34) 이주헌, 2011 「함안지역 도질토기의 연구와 토기문화」『고대 함안의 사회와 문화』(2011년 아라가야 역사 학술대토론회), 함안박물관·함안문화원.

35) 김영민, 2007 「가야지역 유자이기의 성격과 의미」『가야의 정신세계』(제13회가야사학술회의), 김해시.

36) 이주헌, 2000 「화염형투창토기의 신시각」『한국 고대사와 고고학』, 학산김정학박사 송수기념논총간행위원회 ; 류창환, 2002 「마구를 통해 본 아라가야」『고대함안의 사회와 문화』(국립창원문화재연구소 2002년도 학술대회) ; 김영민, 2007 앞의 논문.

〈표 7〉 유자이기의 기능에 대한 제 견해

기능	참고문헌
기마병을 말에서 끌어내리는 용도로 파악하여 무기로 분류	김기웅(1976)
신라귀족의 매장의례에 사용되는 유물	東潮(1978)
대형분일수록 장식 의장이 풍부하고, 부장품도 많다는 점에서 피장자의 신분을 상징하는 의기	조영제(1988)
경제적 부와 군사적 상징물	이현주(1990) 서영남·이현주(1997)
등장기의 유자이기는 특정집단의 정신적 상징물, 즉 타집단과 구별되는 배타적인 심볼의 기능을 지닌 유물	김영민(1997)
군사용 깃발의 깃봉	송계현(2001)
지배층의 장송의례와 관련	김영민(2007)
장송의례 또는 신앙과 관련된 의기이자 피장자의 신분 상징	류창환(2011)

④ 대금식판갑帶金式板甲

가야와 신라에서는 4세기경 지배자의 방어구로서 종장판갑이 유행하였다. 5세기가 되면 종장판갑이 점차 쇠퇴하고 찰갑(札甲)이 지배자의 방어구로서 자리잡는다. 그런데 찰갑이 대형분묘를 중심으로 부장되는 가운데 왜제(倭製)로 판단되는 대금식판갑(帶金式板甲)이 한반도에 유입되기 시작한다. 5세기경부터 유입된 대금식판갑은 한반도와 일본열도간의 상호작용속에서 반입되기 시작하였다. 가야지역에서 확인된 대금식판갑은 모두 14령이다.[37]

대금식판갑은 일본 고대의 고분문화를 대표하는 유물로 알려져 있다. 현재 일본 학계에서는 이 유물의 성격을 위세품으로 보고 일본 고분

---

37) 김영민, 2014 「일본 출토 대금식 판갑의 제문제」『무기·무구와 농공구·어구』 (제2회 공동연구회), 한일교섭의 고고학연구회.

시대 고대 중앙정권이 일원화된 생산체계를 가지고 지방에 분여된 물품으로 보고 있다. 국내는 이와 다르게 왜정권과 교류의 상징으로 이해할 수 있지만 어떤 이유로 이 유물이 입수되었는지는 다양한 배경이 거론되고 있다.[38)

대금식갑주류의 제작지가 일본이라고 한다면, 가야를 포함한 한반도에 출현한 원인은 무엇인가?

5세기대에 우리나라는 찰갑을 착용한 중장기병을 중심으로 한 전투 편대로 전환한 이후에도, 일본은 여전히 판갑을 착용한 보병중심의 편대라고 할 수 있다. 우리나라 출토 대금식판갑은 실용성이 아닌 매장의례용일 가능성이 높다. 매장의례에서 군사적인 과시를 필요로 하는 계층에서 최첨단의 장비를 대신할 수 있는 대금식판갑을 입수하여 이를 부장했을 가능성이 크다는 것이다.[39)

이에 비해, 무덤의 크기(계층)에 따라 용도를 달리했을 것이라는 견해도 있다. 즉, 중·소형분에서 출토되는 대금식갑주의 경우 피장자가 실제 사용했을 가능성이 높고, 대형분의 경우에는 피장자가 소유한 재화로서의 성격이 강한 것으로 보는 것이다.[40)

⑤ 장신구

가야의 위세품은 귀금속으로 만든 장신구, 장식대도, 장식마구 등이 대표적인 사례이다. 가야 위세품에 대한 연구는 현재 진행중이지만, 삼국시대 다른 나라의 경우와 비교하면 아직도 초보적 단계에 머물러 있

---

38) 국립김해박물관, 2015 『갑주, 전사의 상징』.
39) 이현주, 2010 「한국 고대갑주연구의 현황과 과제」『한국의 고대갑주』, 복천박물관.
40) 김영민, 2014 앞의 논문.

다. 1990년 이전 연구의 큰 특징은 낙동강 이동지역 출토 이식을 가야 이식으로 분류하였다는 점이다. 1990년대 중반 이후 이런 시각에서 벗어나 신라와 가야의 고고자료를 분명히 구분하고 대가야 귀금속 장신구의 분포권을 낙동강 이서지역으로 보는 연구자가 많아졌다. 1990년대 중반부터 대가야 위세품 연구가 진전된 것은 고령과 합천 등 대가야권역에서 고고자료의 발굴성과가 급격히 축적되었기 때문이다. 1990년대 중반 이후 국내에서 가야 장신구에 대한 연구성과가 크게 늘었는데, 그 계기를 몇 가지로 나누어 볼 수 있다. 먼저, 합천 옥전고분군이 발굴되고 그 출토유물이 공개된 점을 들 수 있다. 둘째, 낙동강 이동지역에서 출토된 금

〈표 8〉 가야의 장신구에 대한 연구사

연구자	주요 내용
이한상(1995)	고령, 합천, 함양, 진주, 고성, 장수지역에서 출토된 장신구가 양식적 특징을 공유하는 점에 주목하여 이를 대가야 이식으로 파악.
박보현(1997)	가야지역에서 확인된 관 자료를 속성 분석하고 편년 시도.
함순섭 (1997, 2002)	신라와 가야의 관을 분류하고, 오구라 수집 금관을 6세기 중엽 대가야 관으로 추정
이경자(1999)	대가야권역의 素環耳飾 및 수하부이식 전체를 분석하여 이식 출토 무덤의 계층성 논함. 대가야 이식은 정치적 목적하에 제공된 것으로 이해.
이한상(1999)	고구려, 백제, 신라, 대가야의 이식 및 대금구의 특징 정리.
이한상(2000)	대가야권 장신구의 분포와 편년에 대한 종합적 정리.
권향아(2000)	고령 지산동 30호분과 32호분 금동관의 彫金技法 검토
함순섭(2001)	삼국시대 관 전체를 대상으로 帽冠, 帶冠, 笠冠으로 대별하고 형태에 따라 세분. 신라와 가야의 관을 구분
이한상(2006a)	일본 출토 가야계 이식을 집성하고 제작기법 검토. 일본열도에서는 일부 수입품도 있지만 대개 이주 공인들이 지배층의 요구에 맞추어 제작하였을 것으로 봄.
이은영(2011)	합천 옥전고분군 출토 이식을 각 시기별 제작기법·양식적 특징을 찾아보려 시도. 이식에 반영되어 있는 백제·신라·왜와의 교류양상 검토

속 장신구를 경주의 신라 왕실이 제작, 분배한 것으로 파악한 논문[41]이 주목받게 된 것이다. 자연히 가야 금속 장신구는 고령과 합천 등 낙동강 이서지역 출토품에 한정하는 경향이 생겨났다. 셋째, 금속공예품의 제작 기법에 관심을 가지는 연구자들 소모임의 활성화를 들 수 있다.[42]

가야의 유적에서 출토되는 이식의 대부분은 고령을 중심으로 하는 대가야 이식이다. 그 외에 함안의 도항리 11호 석곽묘(경남고고학연구소 발굴)나 도항리 4-가호묘(창원문화재연구소 발굴)에서 출토된 이식은 대가야 이식과는 제작기법이 달라 이를 안라(安羅)적인 이식으로 규정할 수 있을 것 같다.[43]

⑥ 장식대도

환두에 용이나 봉황문을 베푼 대도(大刀)는 백제와 가야, 신라, 왜의 대형분에서 공통적으로 출토된다. 이 가운데 가장 정교한 문양과 빼어난 제작기법을 보이는 것이 무령왕의 대도이다. 가야 장식대도 연구도 무령 왕 대도와 밀접한 관련성을 가진다.[44]

가야의 장식대도는 신라 다음으로 출토수량이 많으며 특히 합천 옥 전고분 출토품이 다수를 점하고 있다. 신라보다는 백제의 영향을 많이 받은 것으로 보이며 대가야권에 집중적으로 분포되어 있다. 가야대도 가 운데 금은 등으로 장식한 것은 합천 옥전 67-A호분, 함안 마갑총 출토

---

41) 최종규, 1993 「중기고분의 성격에 대한 약간의 고찰」 『부대사학』 7, 부산대사학 회.

42) 이한상, 2012 「대가야 위세품에 대한 연구현황과 과제」 『대가야사 연구의 현황 과 과제』, 고령군 대가야박물관·계명대학교 한국학연구원.

43) 이한상, 2009 「금공품으로 본 가야의 왕권」 『가야의 수장들』(제15회 가야사학술 회의), 김해시.

44) 이한상, 2012 앞의 논문.

〈표 9〉 가야 장식대도 연구사

연구자	주요 내용
穴澤和光·馬目順一(1976)	한일 양국 용봉문대도 자료 집성. 5세기 말 용봉문대도가 한반도에 출현한 것으로 보았고 그 계기를 중국 남북조문화의 파급과 관련지어 해석
전영래(1983)	남원 월산리고분군 M1-A석실 출토 상감대도는 백제에서 제작되어 반입되었을 가능성 상정. 지산동고분군과의 관련성도 배제할 수 없다고 봄
조영제(1992)	합천 옥전고분군, 특히 M3호분 출토 용봉문 대도의 제작지를 고구려로 비정.
穴澤和光·馬目順一(1993)	옥전고분군 출토 용봉문대도의 제작지에 대해, 백제의 높은 공예기술수준과 5세기 말-6세기 초의 정세를 고려하여 백제를 유력 후보지로 추정
町田章(1997)	옥전고분군 출토 대도의 일부는 백제왕이 多羅國王에게 하사한 것이고, 다수는 웅진 천도 초반 백제의 어려운 정세를 감안하면 고령의 대가야가 자체적으로 제작하여 옥전고분군 피장자에게 전해준 것이라 추정
이한상(2004b)	가야의 장식대도 자료를 집성하고 분포 및 부장방식을 검토. 5세기를 전후하여 백제 영향을 받아 장식대도의 제작이 시작되었고 5세기 중엽 이후 분포가 확산됨. 대가야 왕실을 환두대도 제작 및 사여의 주체로 봄.
이승신(2008)	가야 환두대도의 제작에 투여된 금공기술에 대하여 검토
이한상(2010)	옥전 35호분 대도의 제작기법이 한성시기 백제 대도와 유사함을 지적. 대가야권에서 출토된 장식대도는 대가야 지배층이 공유한 위세품이었으며, 신라권에 속하는 경주·창녕으로는 완제품이 전해졌고 일본열도로는 제작기술이 전해진 것으로 파악.

품이 있다. 이러한 제작기법의 기원은 백제에서 찾는 것이 가장 합리적일 것이다. 옥전 M3호분을 지표로 하는 5세기 후반이 되면 대가야에서 자체적으로 제작한 용봉문대도의 수량이 늘어나고 그 소유가 합천, 함양까지 확산된다.[45]

가야의 장식대도에 대한 연구는 많이 이루어지지 않았다. 그것은 장식대도에 관한 정보가 아직 제대로 공개되어 있지 않음에 기인한다.[46]

---

45) 이한상, 2009 앞의 논문.

⑦ 대가야양식 이식의 분포와 의미

대가야권의 지방 고총에서는 신라만큼 잘 갖추어진 복식 체계는 아니더라도 대가야 양식 귀걸이의 분포가 대가야 토기 양식 분포권과 겹치는 현상을 보이므로,[47] 초보적 사여체계가 있었을 것으로 추정할 수 있다.[48]

대가야형 이식의 가장 큰 특징은 사슬형 연결금구와 공구체형 중간식을 조합한 금제(金製)라는 점이다. 대가야산 이식은 고령 지산동, 합천 옥전, 합천 반계제A호분, 함양 백천리 1호분, 진주 중안동, 고성 율대리 2호분-3호석곽, 창원 다호리 B-15호석곽에서 출토되었다.[49] 그 외에 장수 봉서리, 곡성 방송리 고분군 출토품이 있다.[50] 최근에는 순천 운평리, 남원 월산리 고분군에서도 출토된 바 있다.

고령에서 제작된 수식부이식은 가야 전역뿐만 아니라 일본열도 전역에 걸쳐 분포하고 있다. 대가야산 이식은 5세기 후반에는 황강수계와 남강상류역·금강상류역·섬진강수계에 분포하다가, 6세기 전반에는 소가야권의 진주·고성 그리고 금관가야권역의 창원 진영분지까지 확산된다. 이와 같이 대가야산 위세품의 분포와 대가야양식의 토기의 분포가 궤를 같이하는 점에서 양자는 대가야의 권역의 확대와 영향력 증대를 반영하는 것으로 볼 수 있다.[51]

---

46) 이한상, 2012 앞의 논문.
47) 이한상, 2004 「대가야의 장신구」 『대가야의 유적과 유물』, 대가야박물관.
48) 이희준, 2014 앞의 논문.
49) 이한상, 2004 앞의 논문.
50) 박천수, 2006a 「대가야권의 성립과정과 형성배경」 『토기로 보는 대가야』, 대가야박물관.
51) 박천수, 2006a 앞의 논문.

3) 가야 제국諸國과 사회 변동

① 가야의 사회발전단계와 대가야의 고대국가론

대가야의 정치적 성격에 대한 연구는 후기가야 연맹 혹은 대가야연맹으로 대표되는 연맹체설과 부체제국가, 혹은 영역국가 내지 고대국가로 대표되는 고대국가설로 대별되는데, 다음과 같이 요약해볼 수 있다.

> "오랜 전통을 가진 연맹체설은 주로 문헌자료에 입각하여 대가야의 내부구조를 부체제 단계까지 간 것으로 보면서도 대가야의 국가성격에서는 연맹체로 부르거나 지역연맹체로 규정하고 있다. 이는 여러 사료와 고고자료들로 볼 때 대가야는 부체제가 실시되어 연맹체를 초월하는 것으로 보이지만, 『일본서기』에 멸망할 당시 10국의 독립된 나라 명칭이 나타나는 것을 염두에 둔 고뇌적 표현이라 하겠다. 그러나 이에 대한 반론도 만만치 않은데 가야지역 정치체의 상호관계에 보이는 고분의 위계와 정치체의 위상으로 볼 때 대가야는 고대국가단계까지 발전하였다고 주장하기도 하고, 부체제의 실시와 중앙·지방의 개념이 존재한 것으로 보아, 연맹왕국을 넘어 고대국가 단계로 발전한 것으로 보기도 한다."[52]

대가야를 중심으로 한 후기가야의 사회발전단계에 대한 기존 연구성과는 다음과 같이 정리해 볼 수 있다.

---

52) 김세기, 2006 「대가야연맹에서 대가야국으로」 『5~6세기 동아시아의 국제정세와 대가야』(제5회 대가야사 국제학술대회).

〈표 10〉 가야(후기)의 사회발전단계에 대한 제설

연구자	사회발전단계	비고
김태식(1990)	5-6세기대, 고령·함안집단은 최고수준의 군장사회	
김태식(2000)	5세기 중반-멸망기, 대가야 중심의 후기 가야연맹	
이영식 (1985, 2000)	금관가야는 복합군장사회, 대가야와 아라가야는 도시국가단계	연맹의 형성은 이루어지지 않았다고 봄
田中俊明(1992)	대가야연맹의 권역은 남강 이북에 한정.	단일연맹체론 부정
이희준 (1995, 2014)	대가야는 고대국가단계	고령양식 토기의 분포양상에 근거
박천수 (1996, 1997)	대가야는 고대국가단계	군사조직과 같은 권력기구의 성립, 노동력의 동원능력, 지배영역의 확보
남재우(1998)	안라와 대가야가 대등한 발전수준. 연맹보다는 영역국가 단계	
김세기(2000, 2006, 2014)	대가야는 고대국가단계	영역확대, 대왕 칭호와 금관, 지배조직, 예악과 신화 정비
백승옥(2001)	대가야와 아라가야는 고대국가 단계	지배층의 분화와 구조, 대외교섭 중시
권학수(2003)	대가야는 고대국가단계	
신경철(2007)	대가야는 지산동고분군을 정점으로 한 종적연맹체	

위와 같이, 후기가야 가운데 가장 선진적이었던 대가야의 사회발전단계에 논의가 활발히 진행되었다. 특히, 최근 고고자료에 근거하여 대가야가 고대국가 단계에 진입하였다고 보는 견해가 활발히 개진되고 있다. 대표적인 견해를 살펴보면 다음과 같다.

이희준[53]은 대가야권을 무대로 고령토기가 확산되는 과정을 추적하여 5세기 3/4분기에 연맹단계에서 간접지배로의 변화가 이루어지고 5세기 4/4분기에는 권역 내 대부분이 가라의 간접지배하에 들게 되는데, 이는 곧 대가야가 영역국가화한 증거이며 6세기에는 인접지역에 직접지배를 실시했다고 주장하였다.[54]

박천수[55]는 영토관념과 관인조직이라는 권력기구를 갖추고 정치체가 일정 틀을 넘어선 지연적, 제도적 원리에 기초하였기 때문에 고대국가단계에 진입하였다고 보았다.

김세기[56]는 고령 지산동의 고분 자료와 문헌자료를 종합해 볼 때 대가야의 국가 위상은 대체로 5세기 중후반에는 고대국가 체제를 이룩한 것으로 보았다. 즉, 왕권의 세습이 안정되고, 부체제를 통한 지방조직의 성립, 수위제(首位制)에 보이는 중앙관제, 낙동강 이서에서 지리산과 섬진강·남강 이북에 이르는 영역의 확보, 신라와 백제에 군사를 파견할 정도의 군사력 보유, 당시 국제사회에서의 확실한 지위인 남제로부터의 작위수여 등의 사실과 고고자료에 보이는 금관의 사용, 대왕(大王)명 토기, 하부사리리(下部思利利)명 토기 등으로 볼 때 비록 50여 년의 짧은 기간이지만 고대국가 단계에 진입하였다고 보는 것이다.

한편, 신경철[57]은 대가야가 고령 지산동고분군을 정점으로 한 피라밋구조의 종적연맹체로서, 후기가야의 일지역연맹체에 지나지 않는 것으로 보고 있다. 지산동고분군과 옥전고분군의 관계를 보더라도 대가야가 고대국가라는 견해에 대해 동의할 수 없다는 견해를 피력하였다.

---

53) 이희준, 1995 「토기로 본 대가야의 권역과 그 변천」 『가야사연구―대가야의 정치와 문화』, 경상북도.
54) 이희준, 2014 앞의 논문.
55) 박천수, 1997 「大加耶の國家形成」 『東アジアの古代文化』 90.
56) 김세기, 2006 앞의 논문 ; 2014 「낙동강 중상류지역의 가야문화」 『가야문화권 실체규명을 위한 학술연구』, 가야문화권 지역발전 시장·군수협의회.
57) 신경철, 2007 앞의 논문.

② 금관가야 쇠퇴에 따른 내륙 이주설에 대한 제견해

광개토왕의 남정 이후, 금관가야 세력의 일부가 고령과 합천 옥전 등의 내륙으로 이주하였다는 견해와 그에 대한 반론이 제시된 바 있다.

즉, 고령 지산동 고분군 집단과 대가야연맹체내의 유력 집단인 합천 옥전고분군 집단은 대성동고분군 축조중단사태로 말미암아, 금관가야 주력의 일부가 이곳으로 이주하여 형성한 것으로 보는 견해가 있다. 예컨대, 고령식토기의 표지적 기종인 고배와 장경호의 조형이 낙동강하류역의 그것에서 구해지는 것은 고령 지산동 고분군의 계보가 낙동강 하류역에 있음을 의미한다고 보는 것이다.[58]

이에 대해 옥전고분군의 4세기대 고분의 지속적 발전과정이나 역사적 정황으로 보아 수긍하기 어렵다는 주장[59]이 있다. 또한, 다라국 등의 실질적 성립을 5세기 이후로 보면 4세기 동안 전기가야연맹이라는 것에 속한 나라는 김해의 금관국 밖에 없는 셈이고, 『일본서기』에 따르면 다라국은 4세기 후반에 이미 유력 가야국이었다는 반론이 있다.[60]

③ 5세기 이후의 금관가야 중심지(왕묘)의 위치 논쟁

400년 광개토왕의 남정으로 금관가야가 쇠락하였다는 점에는 이견이 없다. 그런데, 400년 이후부터 532년 멸망시까지 금관가야의 중심지와 왕묘가 어디인지에 대해서는 논란이 되고 있다.

먼저, 금관가야 이동설을 주장한 신경철은 금관가야의 중심이 5세기

---

58) 신경철, 1991 「김해 대성동 고분군의 발굴성과」『가야문화』 4 ; 2007 앞의 논문 ; 조영제, 2000 「다라국의 성립에 대한 연구」『가야각국사의 재구성』, 부산대학교한국민족문화연구소 ; 2006 『서부경남 가야제국의 성립에 대한 고고학적 연구』, 부산대학교 박사학위논문.

59) 김세기, 2014 앞의 논문.

60) 이희준, 2014 앞의 논문.

이후로 연산동고분군에 고총이 조영되는 부산쪽으로 옮겨갔다는 것이다. 이 견해는 5세기 이후로 금관가야 왕묘로 볼 수 있는 뚜렷한 고총고분이 김해에서 보이지 않는 점에 기인한다.[61]

이에 비해, 김해지역 고총군 부재현상을 있는 그대로 받아들여, 당시에 금관가야가 실질적으로 약체였다는 점을 감안할 필요가 있다는 견해가 있다.[62] 만약 금관가야 중심이동설을 따르면 우선 경주에서 더 멀고 지리적으로 낙동강이라는 장애가 있는 낙동강 서안의 김해세력은 고구려 남정을 계기로 쇠망한 반면, 동안의 부산세력은 건재했다고 보아야 하는데 이는 상식적으로 납득하기 어렵다는 것이다. 금관가야 중심 이동설의 약점과 그에 대한 비판은 문헌사학자에 의해서도 제기된 바 있다.[63]

한편, 홍보식은 400년 이후 금관가야는 쇠퇴하였지만, 김해에 잔존하였음을 고고학적 자료로 다음과 같이 설명한다. 즉, "금관가야의 지배세력 집단이 거주한 곳으로 추정되는 김해 봉황동유적은 5세기 이후에도 사라지지 않고 6세기 전반까지 지속한다. 그리고 금관가야 왕묘군인 대성동고분군에서도 고분이 조영되는 등의 모습을 볼 수 있다."[64]

④ 포상팔국浦上八國에 대한 고고학적 해석
포상팔국전쟁에 대해서는 주로 문헌사학자들에 의해 연구가 진행되

61) 신경철, 1995 「김해 대성동·동래 복천동고분군 점묘—금관가야 이해의 일단—」 『부대사학』 19.
62) 이희준, 2014 앞의 논문.
63) 주보돈, 2006 「고구려 남진의 성격과 그 영향—광개토왕 남정의 실상과 그 의의—」 『대구사학』 82.
64) 홍보식, 2014 「낙동강 하구지역 가야문화」 『가야문화권 실체규명을 위한 학술연구』, 가야문화권 지역발전 시장·군수협의회.

어 왔으며, 전쟁의 시기, 원인, 대상국 등에 대한 견해차가 크다. 문헌사
학자들은 전쟁의 시기에 대해서 3세기 전반부터 6세기 중엽까지 다양하
다. 포상팔국전쟁은 경남 서부해안에 위치한 소국들이 성장하면서 가락
국 주도의 해상교역권에 반발하면서 일어났다는 것이 대체적인 견해이
다. 그러나 전쟁시기를 3-4세기로 보았을 때 변한시기의 소국들의 실체
가 거의 확인되지 않는다는 것이 문제이다.[65]

이러한 점에서, 고고학적 측면에서는 포상팔국전쟁을 최대한 늦추어
보고 있다. 즉, 3-4세기대에 고성을 중심으로 하는 연맹체가 남해안 일
대에 형성되었다는 것을 고고학적으로 근거를 찾기 어렵다는 것이다. 그
래서 소가야연맹체를 포상팔국과 관련짓고, 포상팔국난이 일어난 시기
는 소가야를 중심으로 한 연맹체가 형성되는 5세기대로 추정한다.[66]

⑤ 임나사현任那四縣 및 기문己汶, 대사帶沙

『일본서기』 계체기(繼體紀)에 보이는 임나사현·기문·대사는 후기가
야사 연구에서 중요한 부분을 차지해 왔다. 특히, 일제강점기부터 일본
학자들은 임나일본부(任那日本府)의 존재를 입증하기 위해 임나사현의
위치에 많은 관심을 보여 왔다.[67]

---

65) 하승철, 2013 「고고자료를 통해 본 포상팔국전쟁」 『2013년 가야고분 조사 연구
   발표자료집』, 국립가야문화재연구소.
66) 신경철, 2007 앞의 논문 ; 하승철, 2013 앞의 논문 ; 박천수, 2014 「출토유물로
   본 삼국시대 남원지역의 정치적 향방」 『가야와 백제, 그 조우의 땅 '남원'』(남원
   시·호남고고학회 학술대회).
67) 박천수, 2006b 「임나사현과 기문,대사를 둘러싼 백제와 대가야」 『가야, 낙동강
   에서 영산강으로』(제12회 가야사국제학술회의) ; 이동희, 2014 「전남동부지역
   가야문화」 『가야문화권 실체규명을 위한 학술연구』, 가야문화권 지역발전 시
   장·군수협의회.

〈표 11〉 任那四縣, 己汶, 帶沙의 위치 비정에 대한 제설[68]

연구자	任那四縣				己汶, 帶沙		출전
	上哆唎	下哆唎	娑陀	牟婁	己汶	帶沙	
今西龍	진주	웅천	하동?	고성, 사천	남원	하동	今西龍(1937)
末松保和	영산강 東岸 (광주–영암)		구례	영광, 함평, 고창, 무안	섬진강유역	하동	末松保和(1949)
김정학	함양·산청				하동군 일대		김정학(1977)
정중환	경남의 서남 방면				남원	하동	정중환(1978)
천관우	의성 다인		칠곡 인동	예천	금릉 개령	달성 다사·하빈	천관우(1991)
전영래	여수 반도	여수 돌산도	순천	광양	남원	하동	전영래(1985)
田中俊明					장수번암 (상기문) 남원(하기문)	하동	田中俊明 (1992)
	영산강동안 (광주, 영암 등)		함평, 고창 무장	영산강서안 (영광, 무안 등)			田中俊明 (2008)
김태식					남원, 임실	하동	김태식(1993)
	여수	여수 돌산도	순천	광양	장수번암, 임실(상기문) 남원(하기문)	하동	김태식(2002)
이근우	전남 장흥		순천	광양 또는 보성	남원	하동	이근우 (1997, 2003)
곽장근	섬진강 중상류지역(진안 남부, 임실, 순창)				남강수계상류 ~ 남원동부, 운봉고원 (상기문)	남원 대강 ~곡성읍	곽장근(1999)
	여수		순천	광양	운봉고원	곡성 대사리	곽장근(2013)
백승충	하동(다리=대사)		남원?		남원	하동	백승충(2000)
이동희	여수지역		순천	광양	남원	하동	이동희(2004)
김병남	돌산도	여수	곡성, 구례, 순천	광양	남원, 임실	하동	김병남(2006)
박천수	여수지역		순천	광양	금강상류역, 섬진강 중상류역	하동	박천수 (2006b)
김영심	여수, 순천, 광양				남원, 임실	하동	김영심(2008)

최근 발굴조사를 통하여 임나사현과 대사의 위치는 어느 정도 정해
졌다고 볼 수 있지만, 기문의 위치에 대해서는 고고학적으로 논란이 되
고 있다.

임나사현

2006년 순천 운평리 고분군의 발굴은 전영래[69]의 임나사현 비정지가
옳다는 것을 고고학적으로 뒷받침하였다.[70] 즉, 임나사현 중 '사타'의 지
배층의 무덤으로 비정되는 운평리고분군에서는 대가야계 묘제와 대가야
계 금제이식·통형기대·마구류 등의 위세품 외에 다량의 대가야양식 토
기들이 출토되었다. 중심연대는 5세기 말-6세기 초엽이다. 순천 운평리
유적의 발굴조사 이후, 순천·여수·광양 등 전남동남부권을 임나사현으
로 비정하는 것이 주류를 이루고 있다. 하지만, 일각에서는 전남동남부
권에 대해 대가야의 정치적인 영향력보다는 교류적인 측면을 강조하는
견해도 남아 있다.[71]

한편, 일본 학자 타나카 토시아키(田中俊明)[72]은 스에마쓰 야스카즈

---

68) 백승옥, 2007 「기문·대사의 위치비정과 6세기 전반대 가라국과 백제」『5-6세기
　　동아시아의 국제정세와 대가야』, 고령군 대가야박물관·계명대학교 한국학연
　　구원 ; 곽장근, 2013 「임나사현과 기문의 위치」『전남지역 마한소국과 백제』, 학
　　연문화사.

69) 전영래, 1985 「백제남방경역의 변천」『천관우선생환력기념한국사논총』, 정음문
　　화사.

70) 이동희, 2008a 「전남동부지역의 가야문화-순천 운평리유적을 중심으로-」『전
　　남동부지역의 가야문화』(제36회 한국상고사학회 학술발표대회).

71) 박승규, 2010 앞의 논문 ; 하승철, 2014 「남원지역 가야고분의 구조와 변천」『가
　　야와 백제, 그 조우의 땅, '남원'』(남원시·호남고고학회 학술대회).

72) 田中俊明, 2008 「5~6世紀 南海岸地域의 伽耶·百濟·倭」『全南東部地域의 加耶
　　文化』(第36回 韓國上古史學會 學術發表大會).

(末松保和)[73]의 비정지를 그대로 반영하여 영산강유역 일대로 임나사현의 위치를 비정하고 있다.[74]

그런데, 호남지역에서 (대)가야와 관련된 유적·유물은 호남동부권에 한해서 출토되고 있을 뿐, 호남서부권의 영산강유역은 가야와 무관한 옹관묘문화권을 형성하고 있다. 더구나 『일본서기』에서 '임나사현'기사가 나오는 6세기 초엽에 하나의 '현(縣)' 단위가 오늘날의 시군 단위를 넘어서지 않으므로 임나사현을 영산강유역을 중심으로 한 전남서부권으로 확대하는 것은 불가능하다.[75]

기문, 대사

대사의 위치에 대해서는 하동으로 비정하는 견해가 대부분을 차지하고 있다. 최근에 하동 흥룡리 유적이 발굴조사됨으로써 고고학적으로도 확인된 셈이다.[76]

이에 비해 기문의 위치에 대해서는 학자들 사이에서 논란이 되고 있는데, 전통적으로 섬진강유역권의 남원(서부)·임실 등지로 보았지만, 근래에 남강상류의 남원 운봉고원으로 보는 견해도 제시되고 있다.[77]

---

73) 末松保和, 1949 『任那興亡史』, 大八洲出版.
74) 이는 일본 학계가 아직도 은연중에 임나일본부설을 버리지 않고 있다는 것을 시사한다.
75) 이동희, 2014 앞의 논문.
76) 동아세아문화재연구원, 2012 『하동 흥룡리고분군』.
77) 곽장근, 1999 『호남 동부지역 석곽묘 연구』, 서경문화사.

⑥ 가야의 국경선 – 5세기 말을 중심으로

가야와 백제의 국경선

가야와 백제의 국경선에 대한 논의가 가능하게 된 것은 호남동부지역의 최근 발굴조사 성과에 기인한 바 크다. 즉, 종래 호남동부지역은 마한·백제권으로 보아 왔지만, 호남동부권에서의 대가야계 유적·유물과 『일본서기』 계체기 6·7년(512–513년)조의 임나사현과 기문·대사 기사에 대한 지명 고증이 결합되어 호남동부권을 대가야 권역으로 볼 수 있게 되었다.

5세기 후반부터 6세기 초엽까지 대가야의 호남동부지역에 대한 지배 형태는 간접지배로 파악된다. 백제와 가야의 국경선은 대체로 호남정맥과 관련되는데, 북쪽으로 가야산과 덕유산을 경계로 삼고, 진안–임실–순창–곡성–구례–순천–여수반도를 잇는 선이 대가야의 서쪽 국경선이라고 볼 수 있다.[78]

가야와 신라의 국경선[79]

김정학은 고고자료 및 문헌 사료를 종합하여 4~6세기의 가야의 지역 구분을 획정하여, 의성(召文國)·경산(押督國)·울주(于尸山國) 등은 고고자료에 의하면 가야문화권에 속하나 정치적으로 일찍 신라에 병합된 듯하므로 가야에서 제외시킨다 하고, 가야의 동계는 조령에서 낙동강구(洛

---

78) 곽장근, 2005 「웅진기 백제와 가야의 역학관계 연구」 『백제의 변경』(2005년도 백제연구 국제학술회의), 충남대학교 백제연구소 ; 김태식, 2008 「한국 고대의 국경선–5세기 후반을 중심으로–」 『한국 고대 사국의 국경선』, 서경문화사 ; 이동희, 2008b 「5세기후반 백제와 가야의 국경선」 『한국 고대 사국의 국경선』, 서경문화사.

79) 이에 대해서는 김태식의 글(2008 앞의 논문)을 참조하였음을 밝혀둔다.

東江口)까지의 선인 문경·상주·선산·금릉·대구·밀양·양산·동래라고 보았다.[80]

조효식은 최근 고고학적 연구 성과에 근거하여, 5세기 말엽 가야와 신라의 국경선에 대하여 구체화하였다. 즉, 5세기 말 가야의 북쪽 경계선은 고령과 거창 일대이고, 동쪽으로는 낙동강이 경계가 된다고 보았다.[81]

⑦ 가야 멸망 이후의 재지세력의 향방

가야 멸망 후에 다수는 현지에 남았겠지만 일부 집단은 사민되었을 것이다. 2부류로 나누어, 고분자료를 통해서 살펴보고자 한다.

가야 멸망 이후의 토착 유력층 묘역의 모습

대가야 멸망 후 고령 지산동의 기존 고분군에 신라토기를 부장한 고분이 연속해서 축조되는 현상은 그 신라토기를 부장한 무덤의 주인공이 신라인이 아니라 재지의 유력층이었음을 말해준다. 그 지역 지배층이 대가야 멸망후에도 지역 집단으로서 일정하게 존속하고 있었음을 의미한다. 신라가 그들을 일정하게 대우했음을 가리킨다.[82]

가야 멸망 이후의 사민

정복전쟁에 의해 패배한 집단 구성원들 일부는 포로 또는 노예로 전락하여 다른 지역으로 보내지기도 하고, 재지세력을 와해하기 위해 피정

---

80) 김정학, 1983 「가야사의 연구」『사학연구』 37.
81) 조효식, 2008 「5세기말 가야와 신라의 국경선」『한국 고대 사국의 국경선』, 서경문화사.
82) 이희준, 2014 앞의 논문.

복민의 일부는 그들의 생활터전과 전혀 다른 먼 곳으로 이주당하는 사례도 있다. 예를 들면, 피정복지의 문화요소 일부가 피정복지와 무관한 지역에 일시 나타났다가 사라지는 경우이다.[83]

가야 멸망 이후의 사민과 관련된 고고자료로서는 합천 저포리 고분군,[84] 동해 추암동 고분군,[85] 울진 덕천리 고분군[86] 등의 사례를 들 수 있다.

3. 향후 연구의 과제

가야에 대한 고고학적 조사·연구는 종래 가야 고분에 치우쳐 왔다. 따라서 가야 생활유적에 대한 조사·연구가 보다 활성화되어야 한다. 생활유적은 도성, 거점취락과 일반취락, 생산 관련 특수취락 등으로 구분이 가능하다. 특히, 도성에 대한 연구 성과는 매우 미흡한 실정이다.

다행히, 최근에 금관가야의 봉황대 유적과 다라국의 도성인 성산토성에 대한 학술 발굴조사가 시작되어 그 성과가 기대된다. 대가야 멸망기사에 대가야 도성에 대한 내용, 즉, 성곽·해자·성문 등이 언급되고 있으므로 정밀학술조사가 이루어지면 관련 유구가 확인될 가능성이 있다.

---

83) 홍보식, 2010 「신라·가야의 이주자료와 이주유형」 『이주의 고고학』(제34회 한국고고학전국대회).

84) 이희준, 1995 앞의 논문 ; 이희준, 2003 「합천댐 수몰지구 고분 자료에 의한 대가야 국가론」 『가야 고고학의 새로운 조명』, 혜안.

85) 홍보식, 2001 「고고자료로 본 가야 멸망 전후의 사회동향」 『한국상고사학보』 35 ; 홍보식, 2010 앞의 논문 ; 이상수, 2002 「영동지방 고분의 분포양상과 성격」 『삼국의 접점을 찾아서』(제28회 한국상고사학회 학술대회).

86) 성림문화재연구원, 2014 『울진 덕천리 신라묘군 I 』.

향후, 가야 도성에 대한 장기적인 기획발굴조사 성과가 축적되면, 입체적인 가야사 복원이 가능하리라 본다. 그리고, 기존 주거·취락에 대한 연구는 주로 입지·형식분류·출토유물 등 평면적인 접근에 치중하여 왔다. 발굴성과가 축적되면 왕궁-거점취락-특수취락-일반취락 간의 유기적 관계도 검토하여야 한다.

『일본서기』계체기(繼體紀) 8년(514년) 기사에 대사(帶沙, 하동)에 성을 쌓았다는 내용을 참고하면, 하동에서 향후에 대가야의 성이 확인되리라 본다. 특히, 주목되는 유적은 섬진강변에서 가장 탁월한 입지를 가지고 있는 고소성이다. 하동 고소성 시굴조사 결과, 신라와 백제의 유물만 보고된 바 있다.[87]

하지만, 고소성의 조사가 제한적으로 이루어졌고, 바로 인근에 자리한 하동 흥룡리 유적[88]에서 5세기 말-6세기 초의 대가야 고분과 6세기 중후엽의 백제고분이 계기적으로 연결되고 있어 하동 고소성에 대한 정밀발굴조사를 하면 백제유구층 아래에서 대가야 관련 유구와 유물이 출토될 것으로 추정된다. 아울러, 『일본서기』계체기 8년조 기사에 언급되는 대가야의 국경지대에서의 다른 산성에 대한 학술발굴조사도 필요하다. 변경지역에서의 성곽에 대한 학술조사 성과가 축적되면, 가야의 국경선 문제는 큰 진전을 보일 것이다.

최근에 전북 동부권의 장수 지역에서 2기의 봉수가 조사되어, 대가야의 고대국가론을 뒷받침하는 자료로 보는 견해와 장수권의 가야세력('장수가야')의 독자성을 강조하는 고고자료로서 파악하는 견해로 나누어진다. 하지만, 잔존 상태가 양호하지 못하고, 공반유물 중 나말여초기의 유

---

87) 심봉근, 2000「하동 고소성에 대하여」『섬진강 주변의 백제산성』(제23회 한국상고사학회 학술발표대회).

88) 동아세아문화재연구원, 2012 앞의 자료.

물도 공반되고 있기에 지표조사된 80여 기의 봉수 중에는 후백제나 백제의 봉수일 가능성도 배제할 수 없다. 좀 더 많은 발굴조사 자료가 축적되어야만 좀 더 진전된 논의가 가능할 것으로 보인다. 아울러, 『일본서기』에 언급된 바와 같이, 섬진강 하류역의 봉수에 대한 학술발굴조사도 필요한 시점이다.

『일본서기』 흠명기 23년(562년)조의 임나 멸망 기사에 '임나 10국'이 나온다. 이에 대해 기존에 고지명 분석과 고고자료를 결합하여 후기가야 소국들의 위치를 비정한 바 있다.[89] '임나 10국' 가운데 가라국(대가야, 고령 지산동고분군), 안라국(함안 도항리·말산리고분군), 고차국(소가야, 고성 송학동고분군) 등은 고대사 연구자와 고고학자간에 거의 이견이 없다. 하지만, 나머지 국들은 의견의 일치를 보지 못하거나 고고자료가 뒷받침되지 못하는 경우가 있다. 향후 고고학적 조사 성과가 축적되고 고지명 비정과 연결되면, 좀 더 진전된 접근이 가능할 것으로 보인다. 이러한 연구에는 고분뿐만 아니라 도성이나 핵심취락에 대한 학술발굴조사도 병행되어야 한다.

금관가야·아라가야·대가야는 그 공간적 범위가 어느 정도 정해져 있고 연구가 상대적으로 진척이 되어 있는 상태이다. 이에 비해 소가야권에 대한 연구는 미약한 편이다. 소가야연맹체, 서부경남연맹체 등으로도 불리어지고 있지만, 그 구체적인 실상에 대해서는 앞으로도 밝혀야 할 바가 많다. 고고학계 일각에서는 소가야연맹체를 포상팔국(연맹)과도 연결짓고 있기도 하다. 향후 남해안지역과 경남 서부권·호남 동부권에 대한 고고학적 성과가 증가되면 대가야·아라가야·금관가야보다 논의되어야 할 부분이 더 많을 것이다. 특히, 소가야연맹체 제세력 간의 상호관계, 대가야의 남진에 따른 변동양상 등은 중요한 문제이다. 소가야연맹

---

89) 김태식, 2002『미완의 문명 7백년 가야사』, 푸른역사.

체가 호남동부권까지 영향력을 끼쳤는지에 대한 논의도 이루어져야 한다.

　지금까지 가야사 연구는 금관가야, 대가야, 아라가야 등의 유력 정치체를 중심으로 진행되어 왔으며, 다양한 고고학적 자료의 확보에도 불구하고 지리적으로 제(諸)가야의 점이지대에 자리한 창원지역에 대한 연구는 소외되어 있었다.[90] 창원지역은 4세기 후반부터 6세기대까지 금관가야, 아라가야, 신라·창녕계, 소가야계, 대가야계, 백제계, 신라계 유물들이 순차적으로 확인되고 있다. 창원지역에 이러한 다양한 유물들의 출토가 해당 정치권에 포함된 것인지 아니면 단순한 교류관계인지에 대한 연구는 여전히 논란거리이다. 특히, 창원은 탁순국과도 관련짓는 견해가 있어 창원지역의 독자성에 대한 심층적인 조사·연구도 필요하다.

　(후기)가야 토기의 양식 연구는 정치체와 그 범위를 추정하는데 근거 자료로 이용되어 왔지만, 그에 대한 반론도 제기되었다. 대가야·소가야·아라가야 토기 양식의 분포 양상과 정치체와의 관련성을 동일한 잣대로 처리하지 않는 경우가 적지 않다. 토기의 확산 양상이 시공간적으로 연속성을 보이는지 여부에 따라 정치체의 확산인지 경제적인 측면의 교류관계인지에 대한 구분의 근거로 삼기도 한다. 토기 양식과 정치체를 직결시키는 것이 용이한 문제는 아니지만, 묘제와 위세품의 공반 여부 등도 함께 고려하면 이러한 문제를 해결할 수 있을 것이다.

　5세기 후반대 (대)가야와 백제의 국경선은 호남정맥을 경계로 보았지만, 529년에는 백제가 섬진강하구를 장악한다. 최근 발굴에서, 6세기 전반대에는 경남서부권에서 백제계 문물이 적지 않게 확인되고 있다. 문헌 자료를 참고하여 가야멸망전인 6세기 전반대에 가야와 백제의 접점과 상호관계를 고고학적으로 살펴볼 필요가 있다.

---

90) 김주용, 2007 「창원지역 고분의 추이와 성격」, 부산대학교 대학원 석사학위논문.

5세기 후반~6세기 전반대에는 고령, 합천을 중심으로 경남서북부, 호남동부권(남원·순천·장수), 의령, 고성, 창원에 이르기까지 대가야의 금제이식이 확산되고 있다. 대가야토기의 확산과도 맥락을 같이하고 있어 대가야의 간접지배와 관련짓고 있기도 한다. 신라, 백제에서도 5세기대를 중심으로 금동관 등의 금공품을 매개로 주변세력에 대한 간접지배를 실시한 것으로 파악되고 있다.

대가야의 왕권이 백제·신라보다는 약했으므로 같은 간접지배라도 백제·신라의 그것과는 동일하지 않았을 수 있다. 즉, 좀 더 느슨한 관계일 수 있다는 것이다. 예컨대, 남원 월산리나 두락리에서 대가야계 유물이외에도 백제와 관련되는 위세품이 동시에 보인다는 점에서 남원세력이 상황에 따라 대가야, 백제와 공히 관계를 맺었을 수 있다. 대가야 중심지와의 거리, 공반유물과 문헌자료 등을 검토하여 대가야의 금제이식이 출토되는 5-6세기대의 대가야 간접지배권역에서 대가야의 영향력이 어느 정도 차별성이 있는지에 대해 심도있는 검토가 필요하다.

5세기~6세기 초엽에 섬진강유역의 지배권이 어디에 있느냐에 대한 논의가 진행중이다. 종래 섬진강유역을 기문으로 보고 수습된 대가야계 유물에 근거하여 대가야권으로 보기도 하지만, 일각에서는 대가야계 고총고분이 없음을 강조하여 대가야가 아닌 백제와 관련짓기도 한다. 최근, 학술발굴조사를 통하여 종래 4세기 후반 이전의 무덤으로 추정되던 '말무덤'에서 5세기대 토착의 분구묘와 6세기 이후의 백제무덤들이 확인되었다. 섬진강유역에서 추가적인 학술조사를 거치면 5~6세기대의 정치·문화적 양상뿐만 아니라 기문의 위치에 대한 단서를 찾을 수 있을 것이다.

가야지역의 왜계 고분은 5세기 말부터 6세기에 이르기까지 남해안이나 남강수계, 낙동강중류역에서 확인되고 있는데, 그 피장자에 대한 다양한 견해가 제시되고 있다. 영산강유역의 왜계 고분과 연계하여 가야지역 왜계 고분의 피장자와 그 역할, 왜계 고분의 시공간적 범위가 의미하는 바가 무엇인지에 대한 진전된 연구가 필요하다.

가야는 고구려·백제·신라에 비해서는 빈약하지만, 문헌기록이 남아 있으므로 역사고고학의 범주에 속한다. 문헌자료와 고고자료의 합일이 이루어지는 것이 이상적이지만, 용이한 문제가 아니다. 사료상의 내용과 고고자료가 일치되는 것이 있는가 하면 그렇지 못한 경우도 있다. 고고자료를 문헌자료에 끼워 맞추는 것도 문제이지만, 사료나 역연대(曆年代)자료가 있는데도 고고자료에 매몰되어 편향된 시각을 갖는 것도 또한 문제이다. 역사고고학자는 사료에 대한 깊이 있는 통찰이 필요하다.

가야 연구 초기에는 고고자료가 부족하여 가야지역 전체를 보는 시각이 일반적이었지만, 최근에는 고고학자 대부분이 각기 자신이 활동하는 지역의 자료에만 몰입하여 그 지역 단위 가야 세력을 중심으로 연구를 하면서 지역별 연구 관점에서만 전체 가야를 보는 측면이 있다. 이제 고고학 자료로 가야사를 제대로 연구하기 위해서는 그런 지역별 연구들을 통합하는 연구를 지향해야 한다. 지역사의 관점에서 접근하는 방법도 일정하게 필요하지만 지역사의 관점은 항상 전체 가야사의 틀 속에 있다는 것을 염두에 두어야 한다.[91]

가야 고분의 편년에 있어, 연구자들 간에 상대편년에는 어느 정도 의견의 일치를 보고 있지만, 절대연대에 있어서는 여전히 일정한 견해차가 있다. 이러한 절대연대차는 가야사 연구에 큰 장애요소이다. 역연대·교차연대를 최대한 활용하고, 연구자들 간에 격의 없는 토론의 장이 자주 마련되어야 할 것이다.

---

91) 이희준, 2014 앞의 논문.

4. 맺음말

이글은 5세기부터 가야 멸망기까지 후기가야 고고학의 연구현황과 연구과제에 대해 살펴보았다. 먼저, 후기가야 고고학의 연구 현황에 대해 정리해 보면 다음과 같다.

첫째, 유적에 있어서는 후기가야의 대표적인 대가야·아라가야·소가야 묘제와 순장의 지역성, 고분의 편년, 횡혈식 석실의 도입과 발전, 왜계 고분, 도성과 성곽, 봉수 등에 대한 기존 연구성과와 논쟁점을 검토하였다.

둘째, 후기가야 토기 양식·갑주·장신구·장식대도·이식·유자이기 등 주요 유물을 대상으로 연구성과를 살펴보았는데, 특히, 각 유물의 지역성과 교류관계 등을 주목하였다.

셋째, 후기가야 제국과 사회 변동에 대해 조명해 보았다. 즉, 후기가야의 사회발전단계와 대가야의 고대국가론, 금관가야의 쇠퇴와 내륙 이주설 검토, 5세기 이후의 금관가야 중심지 논쟁, 임나사현(任那四縣)과 기문(己汶)·대사(帶沙) 문제, 5세기 말엽의 가야의 국경선, 포상팔국(浦上八國)에 대한 고고학적 검토, 가야 멸망 이후의 재지세력의 향방 등에 관한 연구성과를 정리하였다.

한편, 후기가야 고고학 관련 향후 연구 과제는 다음과 같이 정리해 볼 수 있다.

첫째, 가야에 대한 고고학적 조사·연구는 종래 가야 고분에 치우쳐 왔다. 따라서 가야 생활유적과 성곽·봉수에 대한 조사·연구가 보다 활성화되어야 한다.

둘째, 고고자료와 고지명을 분석하여 멸망기의 가야 소국들의 위치에 대한 정밀한 접근이 필요하다.

셋째, 후기가야 중 상대적으로 연구가 소략한 소가야에 대한 연구가 더 필요하고, 소가야연맹체와 포상팔국과의 관계도 밝혀야 할 과제이다.

넷째, 묘제와 토기양식·위세품 등에 근거한 가야 정치체 간의 상호 관계 뿐만 아니라 백제·신라와의 국경선 문제도 세밀히 다루어져야 한다.

다섯째, 가야지역의 왜계(倭系) 고분과 그 성격에 대한 진전된 연구가 필요하다.

여섯째, 문헌사료에 대한 깊이 있는 통찰에 근거한 고고자료의 해석이 필요하다.

일곱째, 개별 가야소국에 전념한 나머지 전체 가야사의 틀을 놓치는 우를 범해서는 안된다.

여덟째, 편년에 대한 견해차는 가야사 연구에 큰 장애요소이다. 역연대·교차연대를 최대한 활용하고, 연구자들 간에 격의 없는 토론의 장이 자주 마련되어야 한다.

앞으로도 가야와 관련된 새로운 발굴자료가 나올 것이므로, 고고학 분야에서의 조사·연구 성과를 기대한다.

참고문헌

경북대학교박물관, 2006 『傳 大伽耶宮城址』

곽장근, 1999 『호남 동부지역 석곽묘 연구』, 서경문화사

곽장근, 2005 「웅진기 백제와 가야의 역학관계 연구」『백제의 변경』(2005년도 백제연구 국제학술회의), 충남대학교 백제연구소

곽장근, 2013 「임나사현과 기문의 위치」『전남지역 마한소국과 백제』, 학연문화사

곽장근, 2014 「전북 동부지역 가야문화」『가야문화권 실체규명을 위한 학술연구』, 가야문화권 지역발전 시장·군수협의회

국립김해박물관, 2015 『갑주, 전사의 상징』

군산대박물관, 2014 「장수군 관내 봉수 2개소 시·발굴조사 현장설명회자료」

권오영, 1992 「고대 영남지방의 순장」『한국고대사논총 4』, (재)가락국사적개발연구원

권학수, 2003 「가야의 사회발전 동인과 발전단계」『가야 고고학의 새로운 조명』, 혜안

권향아, 2000 「삼국시대 금속유물의 선조기법양상−축조기법을 중심으로−」『문물연구』 4, 동아시아문물연구학술재단

今西龍, 1937 「加羅彊域考補遺」『朝鮮古史の研究』, 近澤書店

김규운, 2009 「고고자료로 본 5−6세기 소가야의 변천」, 경북대학교 대학원 석사학위논문

김기웅, 1976 「三國時代의 武器小考」『한국학보』 5

김두철, 2001 「대가야 고분의 편년 검토」『한국고고학보』 45

김병남, 2006 「백제 웅진시대의 남방 재진출과 영역화 과정」『군사』 61, 국방부 군사편찬연구소

김세기, 1996 「가야의 순장과 왕권」『가야제국의 왕권』, 인제대학교 가야문화연구소 편, 신서원

김세기, 1998 「고령양식토기의 확산과 대가야문화권의 형성」『가야문화유적조사 및 정비계획』, 경상북도

김세기, 2000 『고분자료로 본 대가야』, 계명대학교 대학원 박사학위논문

김세기, 2003 『고분자료로 본 대가야 연구』, 학연문화사

김세기, 2006 「대가야연맹에서 대가야국으로」『5−6세기 동아시아의 국제정세와 대가야』(제5회 대가야사 국제학술대회)

김세기, 2014 「낙동강 중상류지역의 가야문화」『가야문화권 실체규명을 위한 학술

　　　　연구』, 가야문화권 지역발전 시장·군수협의회

김수환, 2005 「금관가야 순장묘 연구』, 부산대학교 대학원 석사학위논문

김영민, 1997 「울산 하대 수습철기의 검토』『가야고고학논총 2』

김영민, 2007 「가야지역 유자이기의 성격과 의미』『가야의 정신세계』(제13회 가야
　　　　사학술회의), 김해시

김영민, 2014 「일본 출토 대금식 판갑의 제문제』『무기·무구와 농공구·어구』(제2
　　　　회 공동연구회), 한일교섭의 고고학 연구회

김영심, 2008 「백제의 지방지배 방식과 섬진강유역』『백제와 섬진강』, 서경문화사

김정완, 1994 「함안권역 도질토기의 편년과 분포 변화』, 경북대학교 석사학위논문

金廷鶴, 1977 『任那と日本』, 小學館

김정학, 1983 「가야사의 연구』『사학연구』37

김주용, 2007 「창원지역 고분의 추이와 성격』, 부산대학교 대학원 석사학위논문

김준식, 2013 「가야 횡혈식석실의 성립과 전개』, 경북대학교 대학원 석사학위논문

김태식, 1990 「가야의 사회발전단계』『한국고대국가의 형성』, 한국고대사연구회

김태식, 1993 『가야연맹사』, 일조각

김태식, 2000 「가야연명체의 성격 재론』『한국고대사논총 10』

김태식, 2002 『미완의 문명 7백년 가야사』, 푸른역사

김태식, 2008 「한국 고대의 국경선-5세기 후반을 중심으로-』『한국 고대 사국의 국
　　　　경선』, 서경문화사

남재우, 1998 『안라국의 성장과 대외관계 연구』, 성균관대학교 대학원 박사학위논문

대동문화재연구원, 2012 「고령 주산성 현장설명회 자료』

동아세아문화재연구원, 2012 『하동 흥룡리고분군』

東潮, 1978 「古新羅 有刺利器考』『古代學硏究』89

류창환, 2002 「마구를 통해 본 아라가야』『고대 함안의 사회와 문화』(국립창원문화
　　　　재연구소 2002년도 학술대회)

류창환, 2011 「아라가야고분 부장철기의 연구』『고대 함안의 사회와 문화』(2011년
　　　　아라가야 역사 학술대토론회), 함안박물관·함안문화원

柳澤一男, 2006 「5~6世紀の韓半島西南部と九州-九州系埋葬施設を中心に-』『加
　　　　耶, 洛東江에서 榮山江으로』(第12回加耶史國際學術會議)

末松保和, 1949 『任那興亡史』, 大八洲出版

박경원, 1974 「함안지역의 조명용토기』『우헌 정중환박사환력기념논문집』

박보현, 1997 「가야관의 속성과 양식」『고대연구』 5, 고대연구회

동아세아문화재연구원, 2012 『하동 흥룡리고분군』

박상언, 2010 「가야지역 왜계고분의 연구현황」『경남의 가야고분과 동아시아』 (제2
　　　　회 한·중·일 국제학술대회), 경남발전연구원 역사문화센터

박상욱, 2016 「합천 성산토성(다라국성)의 구조와 특징−발굴조사 성과를 중심으
　　　　로−」『삼국시대의 토성과 목책성』(한국성곽학회 2016년도 춘계학술
　　　　대회)

박승규, 1993 「경남 서남부지역 도질토기에 대한 연구」『경상사학』 9

박승규, 1998 「가야토기의 지역상에 관한 연구」『가야문화』 11, 가야문화연구원

박승규, 2000 「고고학을 통해 본 소가야」『고고학을 통해 본 가야』, 한국고고학회

박승규, 2003a 「소가야권의 토기변동과 대외교섭」『가야의 대외교섭』, 김해시

박승규, 2003b 「대가야토기의 확산과 관계망」『한국고고학보』 49

박승규, 2010 『가야토기 양식 연구』, 동의대학교대학원 박사학위논문

박천수, 1995 「정치체의 상호관계로 본 대가야왕권」『가야제국의 왕권』(제2회 국제
　　　　학술대회), 인제대가야문화연구소

박천수, 1996 대가야의 고대국가형성」『석오 윤용진교수 정년퇴임기념논총』

朴天秀, 1997 「大加耶の國家形成」『東アジアの古代文化』 90

박천수, 1998 「대가야권 분묘의 편년」『한국고고학보』 39

박천수, 2004 「토기로 본 대가야권의 형성과 전개」『대가야의 유적과 유물』, 대가야
　　　　박물관

박천수, 2006a 「대가야권의 성립과정과 형성배경」『토기로 보는 대가야』, 대가야박
　　　　물관

박천수, 2006b 「임나사현과 기문, 대사를 둘러싼 백제와 대가야」『가야, 낙동강에서
　　　　영산강으로』(제12회 가야사국제학술회의)

박천수, 2009 「5−6세기 대가야의 발전과 그 역사적 의의」『고령 지산동 44호분−대
　　　　가야 왕릉−』, 경북대학교박물관 외

박천수, 2010 「가야」『한국고고학강의』, 한국고고학회

박천수, 2014 「출토유물로 본 삼국시대 남원지역의 정치적 향방」『가야와 백제, 그
　　　　조우의 땅 '남원'』(남원시·호남고고학회 학술대회)

백승옥, 2001 『가야 각국의 성장과 발전에 관한 연구』, 부산대학교 대학원 박사학위
　　　　논문

백승옥, 2007 「기문·대사의 위치비정과 6세기 전반대 가라국과 백제」『5-6세기 동 아시아의 국제정세와 대가야』, 고령군 대가야박물관·계명대학교 한 국학연구원

백승충, 2000 「6세기 전반 백제의 가야진출과정」『백제연구』 31

山本孝文, 2001 「가야지역 횡혈식석실의 출현배경-묘제 변화의 제측면에 대한 예 비고찰-」『백제연구』 34

서영남·이현주, 1997 「삼한·삼국시대 철기의 의기적 성격에 대한 일고찰」『가야고 고학논총 2』

성림문화재연구원, 2014 『울진 덕천리 신라묘군 I 』

송계현, 2001 「전쟁의 양상과 사회의 변화」『고대의 전쟁과 무기』(제5회 부산복천박 물관 학술발표대회)

신경철, 1991 「김해 대성동 고분군의 발굴성과」『가야문화』 4, (재)가야문화연구원

신경철, 1995 「김해 대성동·동래 복천동고분군 점묘-금관가야 이해의 일단-」『부 대사학』 19

신경철, 2007 「가야스케치」『고고광장』 창간호, 부산고고학연구회

심봉근, 2000 「하동 고소성에 대하여」『섬진강 주변의 백제산성』(제23회 한국상고사 학회 학술발표대회)

우지남, 1986 「대가야고분의 편년」, 서울대학교 대학원 석사학위논문

우지남, 1987 「대가야 고분의 편년-토기를 중심으로-」『삼불김원룡교수정년기념 논총 I -고고학편-』, 일지사

우지남, 2000 「고찰. 함안지역 출토 도질토기」『도항리·말산리유적』, 경남고고학연 구소

윤정희, 1997 「소가야토기의 성립과 전개」, 경남대학교 대학원 석사학위논문

이경자, 1999 「대가야계 고분 출토 이식의 부장양상에 대한 고찰」『영남고고학』 24

이근우, 1997 「웅진시대 백제의 남방경역에 대하여」『백제연구』 27

이근우, 2003 「웅진·사비기의 백제와 대가야」『고대 동아세아와 백제』, 충남대백제 연구소

이동희, 2004 「전남동부지역의 가야계토기와 역사적 성격」『한국상고사학보』 46

이동희, 2005 『전남동부지역 복합사회 형성과정의 고고학적 연구』, 성균관대학교 대학원 박사학위논문

이동희, 2008a 「전남동부지역의 가야문화-순천 운평리유적을 중심으로-」『전남동

부지역의 가야문화」(제36회 한국상고사학회 학술발표대회)

이동희, 2008b「5세기 후반 백제와 가야의 국경선」『한국 고대 사국의 국경선』, 서
　　　경문화사

이동희, 2014「전남동부지역 가야문화」『가야문화권 실체규명을 위한 학술연구』, 가
　　　야문화권 지역발전 시장·군수협의회

이상수, 2002「영동지방 고분의 분포양상과 성격」『삼국의 접점을 찾아서』(제28회
　　　한국상고사학회 학술대회)

이성주, 2000「소가야지역의 고분과 출토유물」『묘제와 출토유물로 본 소가야』, 국
　　　립창원문화재연구소

이성주, 2003a「가야토기 생산·분배체계」『가야 고고학의 새로운 조명』, 부산대학
　　　교 한국민족문화연구소편, 혜안

이성주, 2003b「양식과 사회: 삼국시대 토기양식에 대한 해석의 문제」『강원고고학
　　　보』 2, 강원고고학회

이승신, 2008「가야 환두대도 연구」, 홍익대학교 대학원 석사학위논문

이영식, 1985「가야제국의 국가형성문제:가야연맹설의 재검토와 전쟁기사분석을
　　　중심으로」『백산학보』 32

이영식, 2000「문헌으로 본 가라국사」『가야 각국사의 재구성』, 부산대학교 한국민
　　　족문화연구소편, 혜안

이은영, 2011「다라국의 귀걸이(耳飾) 연구」『신라사학보』 21, 신라사학회

이주헌, 2000「화염형투창토기의 신시각」『한국 고대사와 고고학』, 학산김정학박사
　　　송수기념논총간행위원회

이주헌, 2011「함안지역 도질토기의 연구와 토기문화」『고대 함안의 사회와 문화』
　　　(2011년 아라가야 역사 학술대토론회), 함안박물관·함안문화원

이한상, 1995「대가야계 이식의 분류와 편년」『고대연구』 4, 고대연구회

이한상, 1999「삼국시대 이식과 대금구의 분류와 편년」『삼국시대 장신구와 사회
　　　상』, 부산광역시립박물관 복천분관

이한상, 2000「대가야권 장신구의 편년과 분포」『한국고대사연구』 18

이한상, 2004a「대가야의 장신구」『대가야의 유적과 유물』, 대가야박물관

이한상, 2004b「삼국시대 환두대도의 제작과 소유방식」『한국고대사연구』 36

이한상, 2006a「이식으로 본 대가야와 왜의 교류」『석헌 정징원교수 정년퇴임기념
　　　논총』

이한상, 2006b 「장식대도로 본 백제와 가야의 교류」『백제연구』 43, 충남대백제연구소

이한상, 2009 「금공품으로 본 가야의 왕권」『가야의 수장들』(제15회 가야사학술회의)

이한상, 2010 「대가야의 성장과 용봉문대도문화」『신라사학보』 18, 신라사학회

이한상, 2012 「대가야 위세품에 대한 연구현황과 과제」『대가야사 연구의 현황과 과제』, 고령군 대가야박물관

이현주, 1990 「Ⅲ. 고찰, 2) 유자이기에 대하여」『동래 복천동 고분군 Ⅱ』

이현주, 2010 「한국 고대갑주연구의 현황과 과제」『한국의 고대갑주』, 복천박물관

이희준, 1994 「고령양식 토기 출토 고분의 편년」『영남고고학』 15

이희준, 1995 「토기로 본 대가야의 권역과 그 변천」『가야사연구－대가야의 정치와 문화』, 경상북도

이희준 2003 「합천댐 수몰지구 고분 자료에 의한 대가야 국가론」『가야 고고학의 새로운 조명』, 혜안

이희준, 2014 「고고학으로 본 가야」『가야문화권 실체규명을 위한 학술연구』, 가야문화권 지역발전 시장·군수협의회

전영래, 1983 『남원, 월산리고분군 발굴조사보고』

전영래, 1985 「백제남방경역의 변천」『천관우선생환력기념한국사논총』, 정음문화사

田中俊明, 1992 『大加耶聯盟の興亡と任那』, 吉川弘文館

田中俊明, 2008 「5～6世紀 南海岸地域의 伽倻·百濟·倭」『全南東部地域의 加耶文化』(第36回 韓國上古史學會 學術發表大會)

정동락, 2013 「고령지역 산성의 분포현황」『대가야의 고분과 산성』(제9회 대가야사 학술회의)

定森秀夫, 1983 「韓國慶尙南道泗川·固城地域出土陶質土器について」『角田文衛博士古稀記念古代學論叢』

定森秀夫, 1987 「韓國慶尙北道高靈地域出土陶質土器の檢討」『東アジアの考古と歷史－岡崎敬先生退官記念論集 (上)』, 同朋舍

町田章, 1997 「가야의 환두대도와 왕권」『가야제국의 왕권』, 신서원

정중환, 1978 「일본서기 계체·흠명기의 가라관계기사연구」『부산사학』 2, 부산사학회

조명일, 2012 「금강 상류지역 산성 및 봉수의 분포양상과 성격」『호남고고학보』 41, 호남고고학회

조수현, 2006 「화염형투창토기의 연구」『한국고고학보』 59

조영제, 1985 「수평구연호에 대한 일고찰」『경상사학』창간호

조영제, 1986 「서부경남 노형토기에 대한 일고찰」『경상사학』 2

조영제, 1988 『합천 옥전고분군 I』, 경상대학교박물관

조영제, 1990 「삼각투창고배에 대한 일고찰」『영남고고학』 7

조영제, 1992 「신라와 가야의 무기 무구」『한국고대사논총 3』

조영제, 2000 「다라국의 성립에 대한 연구」『가야각국사의 재구성』, 부산대학교한국
　　　　민족문화연구소

조영제, 2001 「수평구연 발형기대에 대하여」『한국고고학보』 44

趙榮濟, 2004 「西部慶南地域加耶古墳發見の倭系文物について」『福岡大學考古學論
　　　　集』, 小田富士雄先生退職記念事業會

조영제, 2006 『서부경남 가야제국의 성립에 대한 고고학적 연구』, 부산대학교 대학
　　　　원 박사학위논문

조영현, 1990 「삼국시대 횡혈식석실분의 계보와 편년연구-한강 이남지역을 중심으
　　　　로-』, 충남대학교 대학원 석사학위논문

조영현, 2004 「고총분의 구조에서 보이는 왜계고분의 요소」『가야, 그리고 왜와 북
　　　　방』, 제10회 가야사국제학술회의

조효식, 2008 「5세기 말 가야와 신라의 국경선」『한국 고대 사국의 국경선』, 서경문
　　　　화사

주보돈, 2006 「고구려 남진의 성격과 그 영향-광개토왕 남정의 실상과 그 의의-」
　　　　『대구사학』 82

주용립, 1988 「한국 고대의 순장연구」『손보기박사 정년기념한국사학논총』

竹谷俊夫, 1984 「火焰形透孔의 系譜」『伽倻通信』 1984-9, 釜山大學校博物館

천관우, 1991 『가야사연구』, 일조각

최종규, 1993 「중기고분의 성격에 대한 약간의 고찰」『부대사학』 7, 부산대사학회

추연식, 1987 「고찰」『창원 도계동고분군 I』, 창원대학교박물관

하승철, 2001 『가야서남부지역 출토 도질토기에 대한 일고찰』, 경상대학교대학원
　　　　석사학위논문

하승철, 2005 「가야지역 석실의 수용과 전개」『가야문화』 18

하승철, 2013 「고고자료를 통해 본 포상팔국전쟁」『2013년 가야고분 조사 연구 발표
　　　　자료집』, 국립가야문화재연구소

하승철, 2014 「남원지역 가야고분의 구조와 변천」『가야와 백제, 그 조우의 땅, '남

원'」, 남원시·호남고고학회 학술대회

함순섭, 1997 「小倉Collection 금제대관의 제작기법과 그 계통」『고대연구』5, 고대
       연구회

함순섭, 2001 「고대 관의 분류체계에 대한 고찰」『고대연구』8, 고대연구회

함순섭, 2002 「신라와 가야의 관에 대한 서설」『대가야와 주변제국』, 고령군·한국상
       고사학회

穴澤和光·馬目順一, 1976 「龍鳳文環頭大刀試論」『백제연구』7, 충남대학교 백제연
       구소

穴澤和光·馬目順一, 1993 「陝川玉田出土の環頭大刀群の諸問題」『古文化談叢』
       30(上), 九州古文化研究會

홍보식, 2001 「고고자료로 본 가야 멸망 전후의 사회동향」『한국상고사학보』35

홍보식, 2003 『신라 후기 고분문화 연구』, 춘추각

홍보식, 2006 「한반도 남부지역의 왜계요소-기원후 3-6세기대를 중심으로-」『한
       국고대사연구』44

홍보식, 2010 「신라·가야의 이주자료와 이주유형」『이주의 고고학』(제34회 한국고
       고학전국대회)

홍보식, 2014 「낙동강 하구지역 가야문화」『가야문화권 실체규명을 위한 학술연구』,
       가야문화권 지역발전 시장·군수협의회

대가야
고대국가론

· 김세기 ·

1. 머리말

가야 혹은 대가야에 대한 연구는 사료 자체가 워낙 영성하여 문헌사
료만으로는 소기의 목적을 이루기 어려운 것이 현실이며, 또한 그렇다고
해서 고고자료만 가지고 이를 해결할 수 있는 사정도 아니었다. 그리하
여 1990년대 이후 이러한 어려움을 해결하기 위한 방편의 하나로 고고학
전공자들과 문헌사학자들이 공동연구를 통해 이를 해결하려는 노력이
계속되어 왔다. 이러한 연구경향은 주로 대가야의 정치적 성격에 대한
논의가 주류를 이루게 되었는데, 자연히 '후기가야 연맹' 혹은 '대가야연
맹'으로 대표되는 "연맹체론"과 부체제국가, 혹은 영역국가 내지 고대국
가로 대표되는 '고대국가론'으로 모아지고 있다고 하겠다.

오랜 전통을 가진 연맹체설은 『삼국유사』5가야조 등 주로 문헌자료
에 입각하여 가야 여러 나라의 수준을 연맹왕국 단계로 보는 것에서부터
시작하였다. 그러나 연맹체설도 연구의 진전에 따라 전기가야연맹, 후기
가야연맹, 대가야연맹, 지역연맹체론 등으로 분화되고 있다.

이에 비해 고대국가론은 주로 고고자료를 중심으로 주장하는 것으

로, 대가야 고총고분의 위계와 고분 출토유물로 볼 때 대가야는 고대국가단계까지 발전하였다고 보는 설과, 문헌연구를 통해 부체제의 실시와 중앙과 지방의 개념이 존재한 것으로 보아, 연맹왕국을 넘어 고대국가 단계로 발전한 것으로 보기도 한다.

따라서 이 글에서는 지금까지 연구된 고고자료와 문헌자료를 종합하여 5세기 중반 이후의 대가야의 변화상을 분석하고, 그것을 바탕으로 대가야 국가론을 전개해 보기로 하겠다. 그것은 대가야연맹론을 극복하고 고대국가 대가야를 살펴보는 것이 될 것이다.

2. 가야 연맹체론과 고대국가론

1) 대가야 정치체의 연구동향

대가야 고고학 연구의 시작은 1977년의 대가야고분군 정화사업에 의한 고령 지산동44호분과 45호분 발굴 작업이었다. 경북대학교 박물관이 44호분을, 계명대학교 박물관이 45호분을 담당한 이 발굴조사에서는 다량의 유물과 함께 순장묘(殉葬墓)의 확인이라는 새로운 고분연구 자료가 확인됨으로써 본격적인 대가야고분 인식전환 뿐만 아니라 가야전체에 대한 연구의 기폭제가 되었다.[1]

이어 1978년에 계명대학교 박물관에 의해 지산동32~35호분과 주변의 석곽묘들이 발굴되었는데, 중형 봉토분에서도 순장묘가 재확인되었고 32호분에서 대가야식 금동관과 철판갑옷 및 투구가 출토되어 고령의 토기자료와 함께 대가야고분 연구의 기초 자료가 되었다.

---

1) 尹容鎭·金鍾徹, 1979 『大伽倻古墳發掘調査報告書』, 高靈郡.

그러나 대가야고고학을 본격적으로 연구한 것은 고령 지산동고분군의 발굴성과를 중점적으로 연구한 김종철의 「대가야묘제의 편년연구」였다.[2] 그 연구에서는 고령 지산동 고총고분의 수혈식 석곽이 일반 소형석곽과는 규모와 유물이 질적 수준에서 상당히 다른 점에 착안하여 매장공간이 체적 5㎥ 이상이고 상당한 규모의 봉토를 가진 석곽은 석실로 분류하는 새로운 방안을 제시하였다. 그러나 많은 연구자들은 횡구식, 횡혈식묘제만을 석실로 보는 견해를 지지하는 것으로 보인다.[3]

한편 문헌사학에서는 가야사에 대한 국내 사료로는 『삼국유사』 가락국기가 거의 유일한 반면, 『일본서기』에는 비교적 많은 자료가 기록되어 있으나, 이를 인용할 경우 임나일본부설과 관련하여 오해를 받을 우려가 있으므로 한동안 가야사 연구를 기피하는 경향이 있었다. 그러다가 고령 지산동 44, 45호분의 발굴과 같은 해인 1977년에 천관우가 『일본서기』에 보이는 한국고대사 관련 기사 가운데 상당 부분이 원래는 백제 사료였지만 『일본서기』 편찬과정에서 그 주체가 의도적으로 일본으로 교체되었으므로, 그 주어를 백제로 바꾼다면 역사복원이 가능하다는 학설을 발표함으로써[4] 『일본서기』를 한국사 연구에 적극적으로 이용할 있는 단초가 마련되었다. '주체교체론(主體交替論)'이라고 할 천관우의 이런 주장은 『일본서기』를 사료로서 본격적으로 이용할 수 있는 길을 트이게 함으로써 이후 가야사연구를 매우 활발하게 하는[5] 계기가 되었다.[6]

---

2) 金鍾徹, 1982 「大加耶墓制의 編年研究」 『韓國學論集』 9, 啓明大 韓國學研究所, pp.131~160.

3) 이 글에서는 수혈식 묘제라도 체적 5㎥ 이상의 매장부와 봉토를 가진 고분은 석실로 부르기로 한다(金世基, 1985 「竪穴式墓制의 研究」 『韓國考古學報』 17·18合 참조).

4) 千寬宇, 1977·1978 「復元加耶史 上·中·下」 『文學과 知性』 여름·가을호(1991 『加耶史研究』, 一潮閣 재수록).

그리하여 1980년대 중반 이후 10년 가까운 기간 동안 가야사연구가 성황을 이루게 되었고, 대가야를 비롯한 개별 가야에 대한 연구도 진전을 보게 되었다. 이러한 기반 위에서 나온 성과는 주보돈의 연구를[7] 시작으로 해서 김태식의 일련의 연구 성과들로 이어졌다. 특히 김태식은 『일본서기』를 분석하고, 고고자료를 적절하게 인용하여 가야사 연구를 집대성한 『가야연맹사』를[8] 내놓았다. 여기서는 가야사를 전기가야연맹(금관가야 중심)과 후기가야연맹(대가야중심)으로 논하였다. 한편 타나카 도시아키(田中俊明)도 가야금과 관련된 우륵12곡을 중심으로 대가야연맹(大加耶聯盟)를 주장하는 연구저서를[9] 내놓았다.

그러나 가야 혹은 대가야에 대한 사료 자체가 워낙 영성(零星)하여 문헌사료만으로는 소기의 목적을 이루기 어려운 것이 현실이며, 또한 그렇다고 해서 고고학자료만 가지고 이를 해결할 수 있는 사정도 아니었다. 그리하여 1990년대에 들어와서는 이러한 어려움을 해결하기 위한 방편의 하나로 고고학전공자들과 문헌사학자들이 공동연구를 통해 이를 해결하려는 경향이 나타나기 시작하였다. 그러한 경향의 첫 시도가 대구의 문헌사학자와 고고학전공자들이 한국고대사연구회를 중심으로 시작한 대가야에 대한 공동연구였고, 그 결과가 『가야사연구―대가야의 정치와 문화―』로 출판되어[10] 학계의 주목을 받게 되었다.[11]

---

5) 朱甫暾, 1995 「序說 ―加耶史의 새로운 定立을 위하여―」 『加耶史硏究 ―대가야의 政治와 文化―』, 慶尙北道, pp.10~11.

6) 그러나 엄격한 사료비판 없이 이용할 경우 백제의 가야지배사가 복원될 뿐이라는 견해도 있다(이영식 교수의 조언).

7) 朱甫暾, 1982 「加耶滅亡問題에 대한 一考察 ―新羅의 膨脹과 關聯하여―」 『慶北史學』 4.

8) 金泰植, 1993 『加耶聯盟史』, 一潮閣.

9) 田中俊明, 1992 『大加耶連盟の興亡と「任那」』, 吉川弘文館.

10) 慶尙北道, 1995 『加耶史硏究 ―대가야의 政治와 文化―』.

이러한 가운데에서 대가야 국가 발전에 대한 고고학적 연구도 본격적으로 진행되어 이희준은 고령양식 토기 확산의 정형성이 대가야의 정치적 지배영역과 일정한 관련을 갖는 것으로 보아 연맹체설을 비판하였다.[12] 그리고 그는 최근의 저서에서 그간 연구를 종합하여 고대국가론을 강하게 주장하고 있다.[13] 한편 김세기는 고령 지산동고분군의 묘제분석을 통하여 대가야 연맹론을 비판하고, 대가야는 연맹왕국 단계를 넘어 고대국가 단계까지 발전하였다고 보았고,[14] 이어서 가야지역 순장의 유형과 순장자의 다소를 분석하여 대가야왕권이 다른 지역 가야왕권보다 월등하기 때문에 대가야를 연맹체제로 보는 것은 옳지 않다고 주장하였다.[15] 또 고령양식 토기의 확산으로 대가야문화권이 성립하였고, 그 문화권은 정치적 지배관계를 반영한다고 주장하였다.[16] 그리고 박천수도 가야지역 정치체의 상호관계에 보이는 고분의 위계와 정치체의 위상으로 볼 때 대가야는 고대국가단계까지 발전하였다고 보고[17] 대가야고대국가 형성을 주장하였다.[18]

---

11) 白承忠, 1996「書評 : 加耶史硏究 -대가야의 政治와 文化-」『지역과 역사』 1, 부산경남역사연구소, pp.276~292.

12) 李熙濬, 1995「토기로 본 大伽耶의 圈域과 그 변천」『加耶史硏究 -대가야의 政治와 文化-』, 慶尙北道, pp.365~444.

13) 이희준, 2017『대가야고고학연구』, 사회평론(서울), pp.189~224.

14) 金世基, 1995「大加耶 墓制의 變遷」『加耶史硏究 -대가야의 政治와 文化-』, 慶尙北道.

15) 金世基, 1995「加耶의 殉葬과 王權」『加耶諸國의 王權』, 仁濟大加耶文化硏究所 ; 1997『加耶諸國의 王權』, 신서원, pp.97~122.

16) 김세기, 1998「고령양식 토기의 확산과 대가야문화권의 형성」『加耶文化遺蹟 調査 및 整備計劃』, 경상북도, pp.83~121.

17) 朴天秀, 1995「政治體의 相互關係로 본 大伽耶王權」『加耶諸國의 王權』, 인제대학교 가야문화연구소(1997『加耶諸國의 王權』, 신서원, pp.179~212).

18) 朴天秀, 1996「大伽耶의 古代國家 形成」『碩晤尹容鎭敎授停年退任紀念論叢』,

그런가 하면 문헌사학에서도 일찍이 이영식은 가야제국의 전쟁기사 분석을 통하여 연맹체설을 강하게 비판하였고,[19] 이어 노중국이 대가야의 정치사회가 부체제(部體制) 단계까지 발전하였다고[20] 주장하였고, 동시에 주보돈도 대가야는 부체제의 실시와 중앙과 지방의 개념이 존재한 것으로 보았다.[21] 이어 김현숙과[22] 이형기도[23] 대가야의 내부구조를 부체제 단계까지 간 것으로 보면서도 대가야의 국가성격에서는 연맹체로 부르고 있다. 또 백승충은 대가야의 2부체제를 상정하면서도 이를 지역연맹체(地域聯盟體)로 규정하고 있다.[24] 이는 역시 여러 문헌사료와 고고자료들로 볼 때 대가야는 부체제가 실시되어 연맹체를 초월하는 것으로 보이지만, 『일본서기』에 멸망할 당시 10국의 독립된 나라 명칭이 나타나는 것에 대한 다른 표현이라고 하겠다. 그러나 백승옥은 『일본서기』에 나오는 '제현(諸縣)'이라는 표현을 통해 대가야는 군현제와 비슷한 지방제도를 실시한 것으로 보면서[25] 연맹체설을 강하게 비판하였다. 그러나 이렇게 보면 대가야 고대국가론이 대세인 것처럼 보이지만, 연맹체론도 계속 주장되거나 변형 연맹체론[26]으로 이어지고 있다.

　　　pp.377~402.

19) 李永植, 1985 「가야제국의 국가형성 문제-가야연맹설의 재검토와 전쟁기사 분석을 중심으로」 『白山學報』 32.

20) 盧重國, 1995 「大伽耶의 政治·社會構造」 『加耶史硏究 -대가야의 政治와 文化-』, 慶尙北道, pp.151~192.

21) 朱甫暾, 1995 앞의 논문, pp.5~54.

22) 김현숙, 1998 「대가야(大伽耶)의 정치발전과 영역지배 방식」 『加耶文化遺蹟 調査 및 整備計劃』, 경상북도, pp.49~81.

23) 李炯基, 2000 「大加耶의 聯盟構造에 대한 試論」 『韓國古代史硏究』 18, pp.5~35.

24) 白承忠, 1995 『加耶의 地域聯盟史 硏究』, 釜山大學校大學院 博士學位 論文.

25) 白承玉, 1999 「加羅 擬制縣의 存在와 그 政治的 性格」 『伽倻文化』 12, pp.87~127.

2) 가야연맹체론의 근거와 실체

(1) 연맹체론의 근거

A. 五伽耶[가락국기의 찬을 살펴보면 자주색 끈 한 가닥이 (하늘에서) 내려와 여섯 개의 둥근 알을 내려주었는데, 다섯 개는 각 읍으로 돌아가고, 한 개는 이 성에 있어서, 이 한 개가 首露王이 되고, 나머지 다섯 개가 저마다 오가야의 主(王)이 되었다 했으니 金官이 다섯의 수에 들어가지 않은 것은 당연하다. 그런데도 本朝史略에는 금관까지 그 수에 넣고 창녕을 더 기록했으니 잘못이다.]

오가야는 阿羅[羅는 耶로도 쓴다]伽耶[지금의 함안], 古寧伽耶[지금의 함녕], 大伽耶[지금의 고령], 星山伽耶[지금의 京山이니 碧珍이라고도 한다], 小伽耶[지금의 고성]이다. 또 본조사략에 일렀으되 "태조 天福 5년 경자(940년)에 오가야의 이름을 고치니 일은 金官[金海府가 되었다]이요, 이는 古寧[加利縣이 되었다]이요, 삼은 [지금의 창녕이라는 것은 아마 고령의 잘못인 것 같다]요, 나머지 둘은 阿羅와 星山[앞의 주해와 같이 성산은 벽진가야라고도 한다]"라고 하였다. (『삼국유사』 권1, 기이1 오가야조)

B. 欽明 23년(서기 562년) 봄 정월, 신라가 任那官家를 쳐서 멸망시켰다.[一本에는 21년에 任那가 멸망했다고 한다. 모두 합해서 임나라고 말하고, 따로 말해 加羅國, 安羅國, 斯二岐國, 多羅國, 卒麻國, 古嵯國, 子他國, 散半下國, 乞飱國, 稔禮國이며

---

26) 金泰植, 2000 「加耶聯盟의 性格 再論」 『韓國古代史論叢 10』, pp. 189~190.

합하여 10국이다.] (『일본서기』 권19, 흠명기 23년조)

C. 가야금 …신라고기[羅古記]에서는 다음과 같이 기록하였다. 加耶國 嘉實王이 당나라의 악기 쟁을 보고 만들었다. 왕은 "여러 나라의 방언이 각기 다르니 음악이 어찌 한결같을 수 있으랴?" 하고는 樂師 省熱縣 사람 于勒에게 명하여 12곡을 짓게 하였다. 후에 우륵은 그 나라가 장차 어지러워질 것이라고 생각하여 악기를 지니고 신라 진흥왕에게 투항하였다. 왕은 그를 받아 국원에 안치하고, 대나마 주지·계고와 대사 만덕을 보내 그 업을 전수받게 하였다. …(중략)… 우륵이 지은 12곡은 첫째는 下加羅都, 둘째는 上加羅都, 셋째는 寶伎, 넷째는 達已, 다섯째는 思勿, 여섯째는 勿慧, 일곱째는 下奇物, 여덟째는 師子伎, 아홉째는 居烈, 열째는 沙八兮, 열한째는 爾赦, 열두째는 上奇物이었다. (『삼국사기』 권32, 잡지1 樂 가야금조)

위 사료A, B, C는 가야연맹체설의 근거가 되는 것들로 5가야, 임나 10국, 우륵12곡의 곡명들이다. 대체로 이 사료들을 근거로 연맹체설이 주장되고 있는데, 아래에서 그 실체를 파악해 보겠다.

(2) 대가야 연맹체론의 실체

대가야연맹체설은 잘 알다시피 위의 사료A에서 보듯이 『삼국유사』 5가야조에서 비롯한 5가야나 6가야로부터 시작되었다. 그 후 이 연맹체설은 연구의 진전에 따라 사회발전 단계를 표현하기도 하고, 정치형태나 국가형태를 표현하는 용어로 혼합되어 사용되어 왔다.

그리고 요즘에는 대개 가야의 국가형태를 지칭하는 용어로 쓰이고 있다. 특히 1990년대 이후에는 전기에는 김해의 구야국이 중심이 된 전기가야연맹, 후기에는 고령의 대가야가 중심이 된 후기가야연맹이라는 것으로 전·후기가야연맹설로 정리되어 정설화 되어 있다.[27] 그리고 여기에 더 나아가 후기가야연맹을 대가야연맹으로 발전시킨 이론이 대두되어 있다. 이 대가야연맹론은 일정한 영역을 가지는 대가야국이 중심이 되고 남강 이북의 여러 가야세력이 합해서 이루어진 것이라는 것이며, 우륵12곡의 이름이 연맹에 가입한 국명이라는 것이 대가야연맹설의 실체이다.[28] 이러한 단일 연맹설을 비판하는 측면에서 제기된 것이 지역연맹체론이다.[29] 지역연맹체론은 금관가야나 대가야가 가야세력을 대표할 만한 세력이었음은 인정하지만 가야지역 전체를 포괄하지는 못하였다고 보고, 특히 함안의 아라가야 세력과 같이 소지역별로 각 정치세력의 특성을 강조하여 설정한 설이다.

그러나 대가야는 여러 가지 정황으로 보아 고대국가 체제가 보이는 데도 불구하고 영역 안에 일정기간 독립된 국가명이 존재하는 이유로 후기가야연맹이나 대가야연맹의 연맹왕국으로 부르는 것은 불합리한 논리이다.

3) 고대국가의 개념

한국고대사에서 고대국가 성립의 지표가 무엇인지 확실하게 규정되어 있지는 않지만 대개 고구려, 백제, 신라를 고대국가로 이해하는 것에는 이의가 없는 듯하다. 우리학계에서 고대국가의 발전단계를 성읍(읍락)국가→연맹왕국→고대(귀족)국가로 보는 것이 일반적인데[30] 특히 연

---

27) 金泰植, 1993 앞의 책.
28) 田中俊明, 1992 앞의 책.
29) 白承忠, 1995 앞의 논문.

맹왕국에서 고대국가로의 성립요건은 대체로 왕권의 세습과 전제화, 부족세력의 해체와 이에 따른 통치조직으로서의 부체제 성립, 관료제의 실시와 중앙집권화, 군사력의 강화와 영역의 확장, 신화체계의 정비 등을 들고 있다.[31] 여기에 더하여 완전한 고대국가가 되기 위해서는 율령의 시행과 불교의 공인, 지방통치제도의 시행 등을 들고 있지만 고구려의 경우도 율령이 시행되는 것은 4세기, 신라의 경우는 6세기나 되어야 하지만 고구려는 1세기, 신라는 4세기에 고대국가 체제를 이룩한 것으로 보는 것이 일반적인 인식이다.

그러나 근래에는 고구려와 신라의 국가발전 단계를 동일하게 논의하기 어려우므로 이를 부체제 단계 혹은 초기 고대국가 체제라고 하면서 영역의 확보와 중앙집권체제를 중요한 지표로 보는 경향이 짙어졌다.[32] 그리고 신라의 마립간기를 고대국가라고 할 수 없으니 대가야도 고대국가로 부르는 것은 맞지 않고 초기국가로 불러야한다는 주장도 제기되었다.[33] 그러나 초기국가라는 용어는 부체제 단계의 정치발전 단계를 『삼국지』 위서 동이전에 나오는 '(소)국'의 단계와 혼동할 수 있어 적절하지 않다고 판단된다. 굳이 구분하려면 '초기고대국가'로 부르는 것이 바람직하다.

---

30) 이에 대하여 윤선태는 사회진화론적 관점의 고대국가 발전론은 서구중심의 역사관으로 비판적 재검토가 필요하다는 의견을 제시하고 있다(윤선태, 2017 「대가야 고대국가론에 대한 토론문」『대가야의 국가발전단계』(제11회 대가야사 학술회의 발표자료집, 고령군대가야박물관).

31) 盧泰敦, 1981 「國家의 成立과 發展」『韓國史研究入門』, 知識産業社, pp.114~122 ; 盧重國 外, 1990 『한국 고대국가의 형성』, 民音社.

32) 노태돈, 2000 「초기 고대국가의 국가구조와 정치운영-부체제를 중심으로-」『韓國古代史研究』 17, pp.6~9.

33) 이성주, 2001 「4-5세기 가야사회에 대한 고고학 연구」『4-5세기 한국고대사와 고고학의 만남』(제3회 한국고대사학회 하계세미나), p.126.

한편 고고학에서는 국가형성 과정을 고분의 위계화나 등급의 개념을 통해 접근하고 있다. 또 관모나 귀걸이, 장식대도 등 위세품의 차별성을 통해 집권력을 추론하여 고대국가로의 개념을 정리하기도 한다. 그러나 수장층의 고총이나 위세품이 모두 같은 시기가 아니라는 점이 약점이라는 지적도 있다.[34]

3. 고고학으로 본 대가야의 위상

1) 대가야의 발전과 묘제의 확산

(1) 대가야 고분의 구조적 특징

대가야의 국가위상을 대표적으로 보여주는 고고자료는 역시 고총고분이다. 고령 지산동고분군을 통해 대가야고분을 보면, 입지의 특성으로 산성을 배후에 두고 앞에 취락의 평야와 강이 내려다보이는 능선의 정상부에 축조하여 봉토 직경이 대형분은 20m 이상, 중형분은 10~15m에 달한다. 정해진 묘역 중앙에 주인공 묘실을 설치하고, 주석실 옆에 부곽이나 순장곽을 배치한 다음, 묘역을 둘러싸는 원형 혹은 타원형의 호석을 쌓는다. 그리고 묘곽의 평면 형태가 길이 대 너비의 비율(장폭비)이 대개 5:1 이상이 되어 세장방형을 이룬다. 이러한 구조의 묘제에 대가야식 토기와 대가야 위세품이 부장된 고분이 대가야고분이다.[35] 대가야고분은 규모와 출토유물의 위상에 따라 다음과 같이 3등급으로 나눌 수 있다.

---

34) 이희준, 2017 앞의 책, pp.196~197.
35) 김세기, 2003 『고분 자료로 본 대가야 연구』, 학연문화사, pp.103~157.

① Ⅰ등급→ 봉분직경 20m 이상, 주실+부장실+순장곽 10기 이상
  (최고의 위세품, 관모류)

② Ⅱ등급→ 봉분직경 15-20m, 주실+순장곽 1~5기(위세품, 관모
  류)

③ Ⅲ등급→봉분직경 10m이내, 석곽(위세품)[36]

(2) 순장고분의 지역 확산

『삼국지』 동이전의 소국인 반로국(半路國)으로 시작하여 가라국으로
발전한 대가야는 5세기가 되면 순장곽을 가진 고총고분기에 들어가게
된다. 대표적인 고분이 지산동 73호분이다. 5세기 초에 축조된 이 고분
은 내부주체가 목곽인데도 호석과 대형봉토를 갖추고 있어 지산동고분
군 중에서 가장 이른 시기의 Ⅰ등급 봉토분이다. 호석직경 23m의 묘역
중앙에 주곽과 부장곽을 평면 T자형으로 배치한 다음 그 주위와 양 곽
사이를 할석만으로 채워쌓아 마치 석벽을 쌓은 듯 정연한 상태를 보여
석실로 착각할 정도이다. 그리고 충전보강석 사이에 3기의 순장곽을 설
치하였고, 봉토 중간에도 순장곽 1기를 축조하여 모두 4기의 순장곽을
가진 다곽순장 고분이다. 또 지산동 75호분에 10기, 30호분에 5기, 44호
분 32기, 45호분 11기, 518호분 6기의 순장곽을 가지고 있다. 이들 다곽
순장고분은 고령 지산동고분군에만 존재하는데, 모두 Ⅰ등급 고분으로
금동관모, 금제 장신구, 금동제마구, 금동제그릇 등 최고의 위세품을 가
지고 있어 왕릉급으로 추정된다.

한편, 이 시기의 Ⅱ등급 봉토분인 지산동 32호분과 34호분에서는 주
석실 옆에 순장곽을 1기 설치하는 단곽순장 석실분이 축조된다. 이렇게

---

36) 金世基, 1995 앞의 논문.

주석실과 순장곽1기만 배치하는 단곽순장 석실분은 고령지산동에서 시작하여 점진적으로 경남 합천, 거창, 함양, 산청, 전북 남원, 장수, 전남 순천 등 여러 지역으로 확산된다.[37] 이러한 대가야묘제의 지역 확산은 대가야 지배영역의 확대를 의미하는 것이다.

이상의 대가야묘제 확산과정을 정리하면 아래와 같다.

① 5세기 초엽 : 1/4분기

　고령 지산동 73호분→ 지산동 75호분 〈Ⅰ급묘형〉

　고령 지산동 35호 〈Ⅱ급묘형〉

② 5세기중엽 : 2/4분기

　고령 지산동 33호분, 32호분→ 지산동 34호분→ 지산동 30호분 〈Ⅱ급묘형〉

　남원 월산리 M1-A호분 〈Ⅱ급묘형〉

③ 5세기 후엽 : 3/4분기

　(합천 옥전 M3: 묘제 재지식, 토기 대가야토기)→ 합천 반계제 가A호분, 다A호분 〈Ⅱ급묘형〉

④ 5세기 말엽 : 4/4분기

　고령 지산동 44호분 〈Ⅰ급묘형〉→ 고령 지산동 45호분 〈Ⅰ급묘형〉

　함양 백천리 1호분 〈Ⅱ급묘형〉

37) 郭長根, 2000 「小白山脈 以西地域의 石槨墓 變遷過程과 그 性格」 『韓國古代史研究』 18, pp.127~169.

2) 대가야 토기의 분포 확산과 영역

(1) 대가야양식 토기

대가야양식 토기는 고령지역의 중심고분군인 지산동 고분군 출토의 토기 중에서 고령의 지역색을 가장 특징적으로 반영하면서도 시간이 흘러도 변치 않으며, 다른 지역의 동일 기종 토기에는 보이지 않는 고유한 특성을 가지고 있는 토기를 말한다. 대가야양식 토기의 대표적 기종은 유개장경호와 발형기대, 무개장경호, 유개고배, 무개고배, 단경호, 개배, 통형기대, 단추형꼭지 뚜껑 등이다.

(2) 대가야 토기의 확산 과정과 영역의 성립

대가야 토기는 4세기 초엽에 성립되기 시작하여 5세기 초엽에 완성을 보고 대가야의 정치, 사회의 성장과 함께 주변지역으로 확산되기 시작하였다. 대가야 토기의 확산과 분포는 일정한 범위를 갖게 되고 시간의 경과에 따라 변화하는 양상을 갖게 되었다.[38] 대가야 토기의 확산은 묘제의 확산과 불가분의 관계를 가지나, 묘제의 변화 이전에 토기가 먼저 퍼진 다음 점차 묘제와 장신구와 같은 위세품의 변화로 이어지는 것이 일반적이다.[39]

대가야 토기의 고령이외 지역으로의 확산 즉, 대가야문화권 형성의 시작은 5세기 초엽, 고령의 바로 남쪽에 붙어 있는 옥전 지역부터이다.[40] 그리고 5세기 중엽에는 운봉고원의 월산리고분군 세력의 수장층

---

38) 李熙濬, 1995 앞의 논문.
39) 김세기, 1998 앞의 논문.

분묘인 M1-A에 대가야 토기가 주류로 나타나고 있다. 고령에서 묘산을 거쳐 황강의 상류인 거창 말흘리고분에 대가야양식 토기가 나타나는 것은 5세기 전반이었다. 이것은 고령세력이 서쪽으로의 통로 개척에 일찍부터 힘을 기울여 5세기 중엽에 월산리에 일단 자기 세력권을 확보하면서 5세기 후엽에는 황강의 상류인 반계제 수장층을 지배하에 두는데 성공하였음을 의미하는 것이다. 반계제 가A호분, 다A호분이 보이는 완전한 대가야양식 유개장경호와 발형기대, 수장층의 상징인 의례용 원통형기대는 이 시기 반계제 세력의 수장층이 고령의 지배하에 들어갔음을 말하는 것이다.

5세기 후엽부터 6세기 초엽까지 대가야 토기문화의 확산은 대가야의 정치적 위력이 부수적으로 주변 지역에도 영향을 미쳐 창원, 마산지역에까지 대가야양식 토기가 부장되는 상태로 발전하게 된다. 결국 대가야문화권의 영향력은 상승효과를 가져와 각 지역의 고총고분뿐만 아니라 소형 석곽묘까지도 대가야 토기 일색으로 변하게 되었다.

한편 이 기간에는 소백산맥을 넘어 호남동부지역인 순천, 장수, 진안, 임실 지역까지 대가야묘제와 토기 일색이 되는데, 이것은 교역에 의한 경제권의 형성을 의미할 수도 있고, 문화권의 존재를 반영하는 것 일수도 있다. 그리고 더 나아가 이러한 문화적, 경제적 관계를 기반으로 정치권의 존재를 의미하는 것일 수도 있다. 그러나 대가야 토기의 확산은 묘제 채용과 위세품의 부장 양상 등을 종합적으로 검토해 볼 때 단순히 문화권의 확산에 그치는 것이 아니라 대가야 영역의 확보로 보는 것이 자연스런 일이라고 생각된다.[41]

---

40) 李熙濬, 1995 앞의 논문.
41) 李熙濬, 2008 「대가야 토기 양식 확산 재론」 『嶺南學』 13, 경북대학교 영남문화
연구원, pp.111~164.

즉 대가야는 낙동강을 통한 교역로가 신라의 압박으로 막히게 되자 일찍부터 내륙을 거쳐 섬진강하류로 통하는 루트를 개척하였었다. 거창, 함양, 아영, 운봉을 거쳐 섬진강, 하동으로 이어지는 이른바 반월형루트가 바로 이것이다.[42] 이러한 과정에서 섬진강 상류지역인 남원과 금강 상류지역인 장수, 진안은 물론 섬진강을 넘어 광양, 순천 등 전남 동부지역까지 영역을 확장한 것으로 확인되었다.[43]

4. 대가야 고대국가론

1) 대가야 고대국가론의 근거

(1) 사료로 본 고대국가론

① 국제무대의 진출과 지위획득

> D. 加羅國은 삼한의 한 種族이다. 建元 원년(서기 479년) 국왕 荷知가 사신을 보내와 방물을 바쳤다. 이에 조서를 내려 말하기를 "도량 넓은 이가 비로소 등극하니 멀리 있는 오랑캐가 교화되는도다. 加羅王 荷知는 먼 동쪽 바다 밖에서 폐백을 받들고 관문을 두드렸으니, 輔國將軍本國王의 벼슬을 제수한다."

---

42) 朴天秀, 1995 앞의 논문, p.186.

43) 이동희, 2008 「5세기후반 백제와 가야의 국경선」 『한국 고대 사국의 국경선』, 서경문화사 ; 2014 「전남동부지역 가야문화」 『가야문화권 실체규명을 위한 학술연구』, 가야문화권 지역발전 시장·군수협의회.

여기서 가라국왕 하지(荷知)에 대하여는 약간의 논란이 있었지만 근래에는 고령의 대가야왕으로 보는 것이 정설이다.[44] 고령의 가라왕 하지는 독자적으로 중국에 진출하여 '보국장군본국왕'이라는 중국 남제의 관계(官階) 제3품에 해당하는 품계를 받음으로써 국제적으로 당당한 하나의 국가로 인정을 받고 공식적으로 '왕(王)'을 칭하게 되었다. 여기서 가라국이 남제로부터 제수 받은 작호의 명칭을 음미해 볼 필요가 있다. 남제(南齊)로부터 받은 작호가 '제가라△△(諸加羅△△), △△연맹왕(△△聯盟王)'이 아니라 '보국장군본국왕(輔國將軍本國王)' 즉 가라국왕이라는 것이다.[45] 이것은 가라국의 국가형태와 관련하여 국제적으로 인정받은 가라국의 왕이 분명하다. 이것은 단순히 자체적으로 왕이라고 칭하였다거나, 『일본서기』 신공황후 섭정기 62년(382년)조의 '가라왕(加羅王) 기본한기(己本旱岐)' 칭호와 근본적으로 다른 한 단계 진전된 사회임을 나타내는[46] 동시에 국제사회에서 당당한 국가로 등장하게 된 것을 의미하는 것이다.

이렇게 '가라국왕'이라는 공식명칭을 사용하면서부터는 고대국가의 체제를 갖추고 국호를 '대가야'로 부르기 시작하였다고 생각된다.

② 대가야의 국가명칭

  E. 고령군은 본래 대가야국이었는데, 시조 伊珍阿豉王[또는 內珍

---

44) 金泰植, 1993 앞의 책, p.106 ; 白承忠, 1995 앞의 논문, pp.157~158.
45) 이영식, 1997 「대가야의 영역과 국제관계」 『가야문화』 10, (재)가야문화연구원.
46) 白承忠, 1995 앞의 논문, p.159.

朱智라고도 하였다]으로부터 道設智王까지 모두 16세 520년
이었다. 진흥대왕이 침공하여 멸망시키고 그 땅을 大加耶郡
으로 삼았다. 경덕왕이 이름을 고쳤다. 지금도 그대로 쓴다.
(『삼국사기』 권34, 잡지3 지리1 康州條)

이것은 고령이 대가야국이었다는 명백한 증거이다. 즉 남제로부터
가라국왕으로 인정받은 가라국은 국가 명칭을 '대가야'로 표방하였고, 신
라도 그 사실을 인정하여 대가야를 멸망시킨 후 그곳을 대가야군으로 삼
았던 것이다. 이는 신라 법흥왕이 김해의 금관국이 항복하자 그 곳을 금
관군으로 편제한 것으로도 뒷받침된다.[47] 이 기록이 후대의 인식이 투영
된 것일 수 있어도, 5세기 후반, 즉 가라왕 하지가 남제로부터 본국왕이
라는 인정을 받고 주변의 여러 정치세력들을 통합한 후, 그 자신감에서
나온 것으로 보아야 하며, 대가야라는 국호를 사용하여 고대국가 체제를
이룩한 것이었다.

이는 신라가 원래 경주를 중심으로 사로(斯盧) 혹은 사라(斯羅)라고
하다가 주변의 정치세력을 복속시킨 후 사로뿐만 아니라 그에 예속된 다
양한 정치세력을 포괄하는 보다 넓은 의미의 뜻을 가진 신라로 명칭을
바꾸는[48] 것과 마찬가지라 하겠다. 즉 가라는 원래의 고령지역을 의미하
고 이제 대가야는 고령지역을 포함하여 복속된 지역전체를 포괄하는 의
미의 국가명칭인 것이다.

---

47) 『三國史記』 卷34, 雜誌1 金海小京條.
48) 朱甫暾, 1994 「新羅 國號의 確定과 民意識의 成長」 『九谷黃鍾東敎授停年紀念史
學論叢』, pp.245~277.

③ 독자적 건국신화와 예악

> F. 본래 大伽倻國이다.[자세한 것은 김해부의 산천 편을 보라] 시
> 조 伊珍阿豉王[內珍朱智라고도 한다]으로부터 道設智王까지
> 대략 16세 5백 20년이다. [최치원의『釋利貞傳』을 보면, 가야산
> 신 正見母主는 곧 天神 夷毗訶之에 應感한 바 되어, 대가야의
> 왕 惱窒朱日과 금관국의 왕 惱窒靑裔 두 사람을 낳았는데, 뇌
> 질주일은 이진아시왕의 별칭이고, 청예는 수로왕의 별칭이라
> 하였으나, 가락국 옛기록의 여섯 알의 전설과 더불어 모두 허
> 황한 것으로서 믿을 수 없다. 또『釋順應傳』에는 대가야국의
> 月光太子는 正見의 10세손이요, 그의 아버지는 異惱王인데,
> 신라에게 구혼하여 이찬 比枝輩의 딸을 맞아 태자를 낳았으
> 니, 이뇌왕은 뇌질주일의 8세손이라 하였으나, 그것도 참고할
> 것이 못된다] 신라의 진흥왕이 멸망시키고 그 땅을 大伽倻郡
> 으로 하였고, 경덕왕이 지금의 이름으로 고쳤다. (『신증동국
> 여지승람』권29, 고령현 건치연혁조)

이것은 대가야 중심의 건국신화이다. 영역국가로 확대된 시각에서
지신의 모태를 영산인 가야산신으로 하고, 여기에 역시 천신을 결합시켜
왕계의 출자를 가야산신 정견모주의 장자인 뇌질주일(惱窒朱日)의 후손
으로 만들었다. 그러므로 대가야왕계는 절대적 신성성을 띤 세습체계를
확보하였고, 거기에다가 김해의 가락국왕을 시조형제의 동생으로 만들
어 대가야의 우위를 과시하고 있다. 이는『삼국유사』의 김수로왕 중심의
구지봉 설화와 대비되는 것으로 대가야의 국가위상을 보여주는 신화이
다.

이와 함께 위의 사료C에서 보는 것처럼 대가야 가실왕은 중국의 악

기를 보고 가야금을 만들고, 국가통치의 방편으로 성열현(省熱縣) 출신 악사 우륵에게 명하여 12곡을 짓게 하였다. 곡을 만든 목적은 제국의 방언이 다르기 때문에 이를 통합하기 위한 것이다. 고대국가에서 악(樂)은 단순히 여흥을 즐기기 위한 것이 아니라 국가예악으로서 치국을 위한 방편이었다.[49] 그러므로 이 곡을 만들도록 한 왕이 하지왕이거나 그 아들이거나 중국의 남제로부터 작호를 받아 국가체제를 새롭게 하는 예악을 갖추기 위한 것으로 보아야 한다. 즉 가야 여러 나라를 통합하여 고대국가를 이룩하고 이를 통치하기 위한 국가 예악으로 만든 것이다.

따라서 우륵 12곡도 대가야의 통치와 관련되는 음악인 것이다. 즉 가야금을 만들 때, 위가 둥근 것은 하늘을 상징하고, 아래가 평평한 것은 땅을 상징한다.[50] 12줄은 1년 12달을 상징하여 4계절을 의미하는 것처럼, 이 악기 속에 대가야의 우주관과 통치이념을 함께 형상화하고 의미를 부여하여 만든 것이다. 중국의 경우 예악의 대부분이 의례와 관계된 것이거나, 역대 왕과 그 치세에 대한 찬양이 많다고 하며, 노래를 만드는 것은 국가의례에 대한 절차 및 규범과 왕실역사에 대한 깊은 이해가 있어야 가능하다고 한다.[51] 바로 고대국가의 예악이 정치적인 효용성을 띤 통치수단의 하나라는 것을 보여주는 것이다.

이러한 왕의 뜻을 받아 우륵은 12곡을 만들었는데, 그 내용은 대가야 연맹에 참여한 12국을 의미하는 것이[52] 아니라 대가야 왕의 치세 중 영역에 편입된 지역이거나, 대외 진출에 중요한 거점지역, 불교행사나 하늘이나 시조신에 대한 국가제사와 같은 국가 의례상 주요행사 등을 1년

---

49) 白承忠, 1995 앞의 논문, p.213.

50) 『삼국사기』 권32, 雜志1 樂 加耶琴條.

51) 權珠賢, 2000 「于勒을 통해 본 大加耶의 문화」 『韓國古代史硏究』 18, p.86.

52) 田中俊明, 1992 앞의 책, pp.101~116.

12달(4계절)에 맞추어 상징화한 국가예악이라고 생각된다. 예를 들면 상가라도(上加羅都)와 하가라도(下加羅都)는 지배영역을 상부와 하부의 2부체제에서 상부의 중심지인 왕경을 노래하는 곡이 상가라도이고, 하부의 중심지를 노래하는 곡이 하가라도인 것이다. 그리고 보기(寶伎)는 국왕이 주관하는 하늘과 조상신에 대한 제의행사에 연주하는 곡명이고, 사자기(師子伎)는 국왕이 참례하는 불교 법회 때 연주하는 곡명이다.[53] 그 밖의 다른 곡명들도 각기 그 특징과 의미를 가지고 있을 것이지만 우륵 12곡의 전체적인 의미는 국왕의 치세와 국가통치이념을 노래한 국가 예악이라는 관점에서 접근해야 될 것이다.

④ 관직의 분화와 부체제

G. 欽明 2년(서기 541년) 4월, 安羅의 次旱岐 夷吞奚・大不孫・久取柔利, 加羅의 上首位 古展奚, 卒麻의 旱岐, 散半奚의 旱岐兒, 多羅의 下旱岐 夷他, 斯二岐의 旱岐兒, 子他의 旱岐 등은 임나일본부인 吉備臣과 함께 백제로 가서 왜왕의 뜻을 듣고 현안을 논의하였다. (『일본서기』 권19, 흠명기 2년조)

H. 欽明 5년(서기 544년) 11월, 日本吉備臣, 안라의 下旱岐 大不孫・久取柔利, 加羅 上首位 古展奚, 卒麻君, 斯二岐君, 散半奚君兒, 多羅 二首位 訖乾智, 子他旱岐, 久嵯旱岐들이 백제로 갔다. (『일본서기』 권19, 흠명기 5년조)

위의 사료는 541년과 544년에 안라(安羅), 가라(加羅), 졸마(卒麻), 산

---

53) 金福順, 1995 「大伽耶의 佛敎」『加耶史研究 ―대가야의 政治와 文化―』, 慶尙北道, pp.409~420.

반해(散半奚), 다라(多羅), 사이기(斯二岐), 자타(子他)의 대표들이 백제에서 제1, 2차 임나부흥회의를 할 때 참석한 인물들의 지위를 보여주는 기사이다. 이와 같은 『일본서기』의 임나부흥회의에 참가하는 사람들의 관직명을 통해 대가야 관직의 분화를 추론해 볼 수 있다.[54] 임나부흥회의에 참가하는 각 국 대표의 직명이 한기(旱岐), 차한기(次旱岐), 하한기(下旱岐)(旱岐兒 포함) 등의 한기 계열과 상수위(上首位), 이수위(二首位), 삼수위(三首位) 등의 수위계열 관직이 보인다.[55] 여기서 한기 계열(君, 君兒 포함)의 관직은 고구려의 경우처럼 족장 계열의 관직으로서 한기-차한기(하한기)의 분화는 가계층(加階層)이 대가-소가로 분화되는 것과 마찬가지이며, 수위 계열의 관직은 왕의 직속관직으로서 원래 수장의 아래에 두어진 관직이었으나 왕권이 강화되면서 중앙관직으로 재편된 것이다.[56]

이렇게 관직을 정비한 뒤에는 관제의 제정에 맞는 복식제(服飾制)도 제정하여 관등에 따라 복식을 구분하였을 것으로 생각되나 그 구체적인 내용은 알 수 없다. 그러나 고분에서는 묘형의 급수에 따라 부장품의 질과 양에 차등이 나타나고 있어[57] 이를 어느 정도 증명하고 있다. 중앙관등체계를 정비한 후에는 지배영역을 상부와 하부 등 부체제로 편제하여 중앙과 지방을 구분하였다. 이와 관련한 고고자료가 뒤에서 살펴 볼 토

---

54) 윤선태는 주)29의 학술대회 종합토론에서 사료 I의 541년 자료는 소국의 이름이 많이 나오는 자료이므로 대가야의 고대국가와 관직분화 주장은 논리적 이율배반이라고 지적한 바 있다.

55) 이에 대한 상세한 내용은 李鎔賢, 2000 「加羅(大加耶)를 둘러싼 국제적 환경과 그 대외교섭」『韓國古代史硏究』 18, pp.38~60에 잘 정리되어 있다.

56) 盧重國, 1995 「大伽耶의 政治·社會構造」『加耶史硏究 ─대가야의 政治와 文化』, 慶尙北道, pp.180~183.

57) 朴天秀, 1996 앞의 논문, pp.391~394.

기에 새겨진 하부사리리(下部思利利)란 명문이다.[58]

(2) 고고자료로 본 고대국가론

① 대가야 금관과 대왕명 토기

한편 대가야 왕은 최고의 위세품으로 금관을 쓴 것이 분명하다. 가야지역에서는 유일하게 고령지역에서만 금관이 출토되었는데, 전 고령 출토로 되어 있는 금관은 그 양식이 대가야만의 독특한 초화보주형(草花寶珠形) 대관(帶冠) 형식을 하고 있다.[59] 또 이러한 형식은 고령출토품으로 알려진 동경국립박물관 소장 오구라 수집 금관이나 지산동 45호분, 32호분, 30호분에서 출토되는 보주형 금동관과 전체적 이미지와 모티브가 동일하여 대가야금관의 특징을 잘 보여주고 있다.[60] 그러므로 이 금관은 대가야왕이 썼던 금관임이 틀림없다.

이후 대가야는 이제까지의 왕보다 한 단계 더 높은 대왕의 칭호를 사용하게 되었다. 그것을 증명해 주는 것이 충남대학교박물관 소장의 '대왕(大王)'이 새겨진 대가야식 장경호이다.[61] 고령에서 출토된 것으로 알려진 이 토기는 높이 16.8cm, 뚜껑직경 10.8cm의 소형의 유개장경호이다. 글자는 뚜껑과 몸통의 가운데에 송곳 같은 뾰족한 도구로 썼는데, 필법

---

58) 釜山大學校博物館, 1987 『陜川苧浦里E地區遺蹟』.

59) 金元龍, 1971 「傳 高靈出土 金冠에 對하여」 『美術資料』 15, 國立中央博物館, pp.1~6.
   함순섭, 2002 「신라와 가야의 관에 대한 서설」 『대가야와 주변제국』, 고령군·한국상고사학회.

60) 함순섭, 1997 「小昌Collection 금제대관의 제작기법과 그 계통」 『고대연구』 5, 고대연구회.

61) 부산광역시립박물관, 1997 『〈특별전도록〉유물에 새겨진 古代文字』, p.34.

그림 1. 대가야의 금관과 대왕명토기(① 삼성
리움미술관, ② 동경국립박물관, ③충남대)

과 글씨체는 고졸하지만 대가야가 대왕이란 칭호를 썼던 증거가 분명하
다. 신라는 불교를 공인하고 율령을 반포하여 왕이 군국정사를 전제하는
정치체제를 확립한 법흥왕 때부터 대왕칭호를 사용하였다.[62](그림 1)

② 하부사리리下部舍利利 명문토기

이 명문 토기는 합천댐 수몰지구의 저포리 E지구 4–1호분에서 출토
된 대가야양식 편구호이다. E지구 4호분은 이 지구 전체에서 가장 먼저
축조된 고분으로 4–1호 횡구식석곽묘를 먼저 축조하고 그 분구 범위 내
에 다시 2기의 횡구식석곽묘(4–2호, 4–3호)를 추가로 설치한 고분이다.
이 토기는 출토위치로 보아 4–1호분의 축조 시에 거행된 제사에 관련된

---

62) 김영하, 2016「古代王權의 전개와 전환 –신라왕권의 추이를 중심으로–」『韓國
古代史硏究』83, pp.5~41.

유물로서 4-1호분의 주인공
과 직접 관련이 있음에 틀림
없다.[63] (그림 2)

이 토기의 구연부에 새겨
진 하부사리리에 대하여 하부
를 백제의 것으로 보는 견해
도 일부 있으나[64] 발굴 보고
자를 비롯한 대부분의 연구자

그림 2. 하부사리리 명문토기(합천 저포리 출토)

들은 대가야 하부(부명)의 사리리(인명)로 해석하여,[65] 대가야에 부가 존
재한 것으로 보는 것이 일반적이다. 이에 대하여 백제와의 관련을 고려
하여 5부 체제를 상정하는 설[66]과, 토기에 나오는 하부와 우륵 12곡의
상가라도, 하가라도를 근거로 상부와 하부의 2부 체제를 상정하는 설[67]
이 있는데, 상하 2부로 보는 것이 자연스러우나[68] 상중하의 3부제도 생
각해 볼만 하다고 생각된다. 그러나 어찌되었건 대가야에 부가 존재했던
것은 분명한 것으로 보인다.

③ 벽화고분과 대가야 불교
고령 고아리 벽화고분은 가야지역에서 유일한 벽화고분이며 대가야
왕릉으로 여기 벽화에 연화문이 그려져 있어 대가야에 불교가 들어와 있

63) 이희준, 2017 『대가야고고학연구』, 사회평론(서울), pp.205~206.
64) 金泰植, 1990 「加耶의 社會發展段階」『한국 고대국가의 형성』, 民音社, p.101.
65) 釜山大學校博物館, 1987 앞의 책, pp.220~224 ; 蔡尙植, 1989 「陜川 苧浦 4號墳
出土 土器의 銘文」『伽耶』 2, 伽耶文化社, p.28.
66) 蔡尙植, 1989 앞의 논문, p.28 ; 盧重國, 1995 앞의 논문, pp.168~171.
67) 白承忠, 1995 앞의 논문, pp.178~180.
68) 김세기, 2003 『고분자료로 본 대가야 연구』, 학연문화사, pp.273~275.

그림 3. 고아동벽화고분 석실과 천정의 연화문

었던 것을 말해 주고 있다. 이 벽화고분은 백제의 무령왕릉과 같은 구조인 터널형 석실분이지만 축조재료가 벽돌이 아니라 길쭉한 할석이라는 점이 다르다. 벽화는 현실과 연도전체에 그렸던 것으로 보이나 현재는 연도천정과 현실 천정에만 연화문이 남아 있는 상태다.

천정에는 얇게 회칠을 하고 분홍색, 녹색, 흑색, 갈색으로 내외 2중의 8판연화문을 그렸다. 연화문이 묘제와 벽화가 공주 송산리고분 영향을 받은 것으로 보아 백제불교와 관련된 것으로 보인다.(그림 3)

그리고 대가야의 사찰로서 가야산에 거덕사(據德寺)와 월광사(月光寺)가 전해지고 있어 대가야 불교를 말해 주고 있다. 이밖에 우륵이 작곡한 가야금 12곡 중 사자기(獅子伎) 또한 불교와 관련된 무용음악이므로 대가야에는 기록은 없지만 불교가 공인되어 왕실은 물론 일반 백성들에게도 상당히 깊은 영향을 미치고 있었던 것으로 보인다.[69]

_____

69) 金福順, 1995 앞의 논문.

2) 대가야의 위상과 국가성격

(1) 고대국가로의 발전과정

앞에서 보았던 여러 자료들을 자세히 분석해 보면 대가야의 고대국가로의 발전과정을 추론할 수 있다. 즉 서기 369년(『일본서기』 신공 49년조)에 가라 7국명이 나오는 등 4세기에 소국명이 나타나지만, 5세기에 들어서 특히 479년 가라국왕 하지가 남제로부터 '보국장군본국왕'이라는 작호를 받은 이후는 서기 541년(『일본서기』 흠명 2년조) 제1차 임나부흥회의 때까지 소국 이름은 잘 보이지 않는다. 즉, 대가야 영역권 안에는 5세기 후반부터 6세기 중반(541년)까지 60여 년 동안 소국 이름이 등장하지 않는다. 그 이유는 바로 이 시기에 대가야가 이들 지역을 완전히 복속시켜 고대국가를 이룩했기 때문인 것이다. 그러나 530년 이후 백제와 신라의 틈바구니에서 다시 분열되어 멸망 당시에는 10국으로 기록된 것으로 볼 수 있다.

479년 이후 『삼국사기』 신라본기에 나오는 가야 관계 기사는 거의가 대가야를 지칭하는 것으로 보이며, 김해의 경우는 대개 금관국으로 표기되어 나온다. 남제로부터 가라국왕으로 인정을 받은 대가야는 481년에는 백제와 나란히 신라에 구원병을 파병하기도 하고, 496년에는 꼬리가 다섯 자 되는 상서로운 꿩을 신라에 보내기도 한다. 이 시기 대가야 왕은 '대왕'의 칭호를 사용하며 금관을 쓰고 중앙관제와 영역을 상(중)하의 부체제로 편제하여 국가예악과 불교를 통해 통치하였다. 대가야는 이 기간 동안 고대국가로서 신라, 백제와 대등한 관계를 유지하고 있었다.[70]

---

70) 白承忠, 1995 앞의 논문, p.183.

(2) 고대국가로서의 국제교류

대가야의 국제교류는 주로 중국과 일본과 이루어졌다. 중국과의 교류관계는 기록에는 『남제서』 외에 거의 없지만, 5세기 후반의 대가야고분인 남원 두락리 32호분에서 중국제 수대경(獸帶鏡)과 월산리 M5호분에서 청자 계수호(鷄首壺)가 출토되어 중국과의 교류가 있었던 것으로 볼 수 있다.[71] 이 유물들은 백제와 관련된 것으로 보는 경향이 있으나 묘제가 대가야식이며, 공반된 금제이식과 토기, 철기가 대부분 대가야유물이었다.[72] 이것은 대가야가 중국남조와 직접외교를 수행하면서 가져온 위세품을 대외 교통로의 중심거점인 운봉고원의 지방세력에게 사여(賜與)한 것으로 해석된다.

한편 일본과의 교류는 비교우위에서 매우 빈번하게 이루어진 것으로 보인다. 대가야와 일본과의 교류는 대체적으로 토기, 관장식과 귀걸이 등 장신구, 갑옷, 투구나 화살통과 같은 무구, 마구 등이다.[73] 그런가 하면 대가야고분에서도 일본 제품이 출토되어 일본열도 세력과의 교류를 보여주고 있는데, 특히 고령 지산동 44호분에서 출토된 오키나와산 야광패로 만든 국자가 대표적인 예이다. 이는 대가야가 큐슈지방이나 긴키지방을 통해 고급제품을 들여옴으로서 고대국가로서의 위상을 보인 것

---

71) 전북문화재연구원, 2011「백제와 돈독한 관계를 가졌던 대가야 세력자의 무덤, 남원 월산리유적」『2010 한국고고학저널』, 국립문화재연구소, pp.160~161 ; 전북대학교박물관, 「남원 두락리·유곡리 고분발굴조사」(자문위원회 및 현장설명회 자료, 2013. 8. 12).

72) 이한상, 2012「경북지역 가야고분군 출토 유물의 성격과 의미」『경상북도지역 가야고분군의 세계유산적 가치규명을 위한 학술대회』, 계명대학교 한국학연구원, pp.35~52.

73) 朴天秀, 2006「3~6世紀 韓半島와 日本列島의 交涉」『한일신시대의 고고학』, 영남고고학회·구주고고학회, pp.137~153.

으로 생각된다.

5. 맺음말

　지금까지 고고자료를 중심으로 문헌사료를 보완하면서 대가야 고대
국가론에 대하여 살펴보았다. 우리학계에서 고대국가의 발전단계를 대
체로 왕권의 세습과 전제화, 부족세력의 해체와 이에 따른 통치조직으로
서의 부체제의 성립, 관료제의 성립과 중앙집권화, 군사력의 강화와 영
역의 확장, 신화체계의 정비 등을 들고 있다. 여기에 더하여 완전한 고대
국가가 되기 위해서는 율령의 시행과 불교의 공인, 지방통치제도의 시행
등을 들고 있지만 고구려의 경우도 율령이 시행되는 것은 4세기, 신라의
경우는 6세기나 되어야 이러한 체제를 완성하게 된다. 그러나 고구려는
1세기, 신라는 4세기에 고대국가 체제를 이룩한 것으로 보는 것이 일반
적인 인식이다.

　따라서 대가야의 경우도 대체로 5세기 중후반에는 고대국가 체제를
이룩한 것으로 보아도 좋다고 생각된다. 즉, 왕권의 세습이 인정되고, 부
체제를 통한 지방조직의 성립, 수위제에 보이는 중앙관제, 낙동강 이서
에서 지리산과 섬진강, 남강 이북에 이루는 영역의 확보, 신라와 백제에
군사를 파견할 정도의 군사력, 당시 국제사회에서의 확실한 지위인 남제
로부터의 작위수여 등의 사실과 고고자료에 보이는 금관의 사용, 대왕명
토기, 고아동 벽화고분 연화가 상징하는 불교의 수용 등으로 볼 때 비록
50, 60년의 짧은 기간이지만 실체가 모호한 연맹왕국이 아니라 확실한
고대국가를 이룩하였다.

　그리고 연맹체론에서 말하는 강력한 연맹체 사회는 일시적으로, 또
는 외형적으로 영역국가와 같은 행동을 할 수도 있고, 단일한 맹주국 중

심의 강력한 연맹체가 적어도 2~3세대 정도 지속되고 나서 그 결과 부 (部)가 나타나고 대외적 교섭권을 독점하는 등의 증거가 나타나야만 확인할 수 있는 것은 아니다. 지금까지 논의한 바와 같이 대가야는 고구려나 신라와 같은 단계적 발전과정을 거쳐 고대국가 단계까지 도달하였다.

참고문헌

김세기, 2003 『고분 자료로 본 대가야 연구』, 학연문화사

金哲埈, 1975 『韓國古代社會研究』, 知識産業社

金泰植, 1993 『加耶聯盟史』, 一潮閣

盧重國 外, 1990 『한국 고대국가의 형성』, 民音社

이희준, 2017, 『대가야고고학연구』, 사회평론(서울)

千寬宇, 1991, 『加耶史研究』, 一潮閣

田中俊明, 1992, 『大加耶連盟の興亡と「任那」』, 吉川弘文館

郭長根, 2000 「小白山脈 以西地域의 石槨墓 變遷過程과 그 性格」 『韓國古代史研究』 8

권주현, 2000 「于勒을 통해 본 大加耶의 문화」 『韓國古代史研究』 18

金福順, 1995 「大伽耶의 佛教」 『加耶史研究-대가야의 政治와 文化-』, 慶尙北道

金世基, 1995 「加耶의 殉葬과 王權」 『加耶諸國의 王權』, 仁濟大學校加耶文化研究所

김세기, 1998 「고령양식토기의 확산과 대가야문화권의 형성」 『加耶文化遺蹟 調査
            및 整備計劃』, 경상북도

金元龍, 1971 「傳 高靈出土 金冠에 對하여」 『美術資料』 15, 國立中央博物館

金鍾徹, 1982 「大加耶墓制의 編年研究」 『韓國學論集』 9, 啓明大學校韓國學研究所

김태식, 2000 「加耶聯盟의 性格 再論」 『韓國古代史論叢 10』

김현숙, 1998 「대가야(大伽耶)의 정치발전과 영역지배 방식」 『加耶文化遺蹟 調査 및
            整備計劃』, 경상북도

盧重國, 1995 「大伽耶의 政治·社會構造」 『加耶史研究 -대가야의 政治와 文化-』,
            慶尙北道

盧泰敦, 1981 「國家의 成立과 發展」 『韓國史研究入門』, 知識産業社

노태돈, 2000 「초기 고대국가의 국가구조와 정치운영-부체제를 중심으로-」 『韓國
            古代史研究』 17

朴天秀, 1995 「政治體의 相互關係로 본 大伽耶王權」 『加耶諸國의 王權』, 仁濟大學校
            加耶文化研究所

朴天秀, 1996 「大伽耶의 古代國家 形成」 『碩晤尹容鎭教授停年退任紀念論叢』

박천수, 2006 「3~6世紀 韓半島와 日本列島의 交涉」 『한일신시대의 고고학』, 영남고
            고학회·구주고고학회

白承玉, 1999「加羅 擬制制縣의 存在와 그 政治的 性格」『伽倻文化』12

白承忠, 1995『加耶의 地域聯盟史 硏究』, 釜山大學校大學院 博士學位 論文

白承忠, 1996「書評 : 加耶史硏究 −대가야의 政治와 文化−」『지역과 역사』1, 부산
　　　　경남역사연구소

이동희, 2014「전남동부지역 가야문화」『가야문화권 실체규명을 위한 학술연구』, 가
　　　　야문화권 지역발전 시장·군수협의회

이성주, 2001「4−5세기 가야사회에 대한 고고학 연구」『4−5세기 한국고대사와 고고
　　　　학의 만남』(제3회 한국고대사학회 하계세미나)

李永植, 1985「가야제국의 국가형성 문제−가야연맹설의 재검토와 전쟁기사 분석을
　　　　중심으로−」『白山學報』32

이영식, 1997「대가야의 영역과 국제관계」『가야문화』10, (재)가야문화연구원

李鎔賢, 2000「加羅(大加耶)를 둘러싼 국제적 환경과 그 대외교섭」『韓國古代史硏
　　　　究』18

李炯基, 2000「大加耶의 聯盟構造에 대한 試論」『韓國古代史硏究』18

이한상, 2004「대가야의 장신구」『대가야의 유적과 유물』, 대가야박물관

이한상, 2012「대가야 위세품에 대한 연구현황과 과제」『대가야사 연구의 현황과 과
　　　　제』, 고령군 대가야박물관·계명대학교 한국학연구원

李熙濬, 1995「토기로 본 大伽耶의 圈域과 그 변천」『加耶史硏究 −대가야의 政治와
　　　　文化−』, 慶尙北道

朱甫暾, 1995「序說 −加耶史의 새로운 定立을 위하여」『加耶史硏究 −대가야의 政
　　　　治와 文化』, 慶尙北道

朱甫暾, 1994「新羅 國號의 確定과 民意識의 成長」『九谷黃鍾東敎授停年紀念史學論
　　　　叢』

蔡尙植, 1989「陜川 苧浦 4號墳 出土 土器의 銘文」『伽耶』2, 伽耶文化社

최병현, 2016「경주 월성과 신라 왕성체제의 변천」『한국고고학보』98

제2부
문헌사료를 통해 본
가야사 연구

'변한과 가야' 연구의 동향과 과제

• 문창로 •

1. 머리말

근대 역사학이 시작된 이래 하나의 유력한 학설이나 연구 경향이 자리를 잡는 데는 결코 짧지 않은 기간 해당 주제에 대한 여러 연구자들의 집중적인 탐색 과정을 거쳤다. 물론 그 결과물은 관련 연구자들 사이에 치열한 논쟁이 오가며 보다 정교하게 다듬어져 논문이나 저서의 형태로 발표되었다. 오늘날 학계의 통설로 인정받는 연구 성과는 오랜 기간 이른바 '정-반-합'의 변증법적인 과정을 거치면서 켜켜이 쌓인 역사적 산물이라 해도 과언이 아닐 것이다. 자연 그간 이루어진 '변한과 가야' 관련 연구의 동향과 과제를 정리하는 작업 또한 신중을 기해야 할 것이다. 사실 방대한 분량의 기존 연구 성과를 제대로 거르고 그 의미를 바르게 짚어내기에는 개인 차원의 접근으로는 근본적인 한계를 가질 수밖에 없다.

널리 알려졌듯이 문헌 기록에는 가야가 약 600여 년의 역사를 가졌지만, 정작 가야의 흥망성쇠를 알려주는 자체의 연대기적 기록은 확인할 수 없는 형편이다. 그나마 국내외의 역사서에 전하는 관련 기록은 가야사 연구를 위한 기본 자료로 주목을 받았지만, 대부분이 단편적이거나 특정 소국에 국한된 기사이며, 그 내용도 고대 삼국 또는 중국 및 일본 등과의 대외관계 속에서 포함되어 전한다.[1] 곧 가야 관련 문헌 자료는 가야 자체에 의해 생성된 기록보다는 타자의 입장에서 기록된 자료만 전해지고, 이마저도 뒷날 편찬 당시의 지식과 역사관에 의해 그 내용이 고쳐지기도 하고 때론 빼거나 덧붙였을 가능성도 배제할 수 없다.

근대 이후 우리나라 고대사를 체계적으로 구축하려고 할 때에 반드시 밝혀야 할 과제가 적지 않았지만, 가야사 연구는 고구려·백제·신라 등 삼국시대 연구에 비해서 부진했다. 특히 광복 이후에 진행된 가야사 연구도 문헌자료의 제약은 물론 '임나일본부설'로 상징되는 일제 식민주의사학의 폐해로 인해 한국 고대사 연구에서 상대적으로 한계를 보였으며, 주로 임나일본부설의 극복이라는 측면에서 논의가 진행되었다. 자연 가야사 연구는 임나일본부설과 연계된 대외관계 측면에 집중되었고, 백제 또는 신라와의 관계에서도 가야는 주변 또는 부수적인 존재로 인식된 면이 있다.

그러다가 1970년대 이후 본격적으로 진행된 가야 지역의 유적·유구에 대한 발굴조사와 자료의 축적, 가야사 관련 문헌자료의 수집과 정리, 문헌자료에 바탕을 둔 고고학적 연구 성과의 수용, 거기에 더해 1980년대 이후 확산된 『일본서기』관련 기록의 비판적인 활용 등으로 가야사 연구가 활기를 띠었다. 가야사 연구에 활용할 수 있는 관련 자료의 확대와 다양한 접근의 모색으로 연구내용이 심화되었고, 가야사 전개과정의 전체적인 맥락을 복원할 수 있게 되었다.

가야의 모태가 된 변한은 대체로 낙동강 이서 영남지역에서 서기 300

---

1) 金泰植, 1989 「加耶史 연구의 제문제」『韓國上古史－연구현황과 과제』, 民音社, pp.238~239 (1993 『加耶聯盟史』, 一潮閣 재수록) ; 이영식, 2006 「가야사연구의 성과와 전망」『한국고대사입문 2』, 신서원, p.195.

년경 전후까지 존속했던 것으로 이해된다. 『삼국지』 한전은 변한을 구성하는 정치체로서 '변진~국'이라는 이름으로 열거한 10여개의 소국들을 전한다. 대체로 진한이 소멸하면서 신라가 대두하듯이 이웃한 가야의 등장은 변한의 존재가 사라지면서 시작한다고 볼 수 있다. 다만 변한 제국과 가야 제국은 공간적으로 함께 했고 시간적으로 이른바 '죽순'과 '대나무'의 관계처럼 서로 맥을 같이하는 연속선상에 이해될 수 있기 때문에, 가야 제국의 기원은 변한 제국에서 찾을 수 있다. 본고에서 다룰 '변한과 가야'라는 주제에 한정할 경우, 이때의 가야는 이른바 '전기가야' 혹은 '가야의 전신'으로서 변한이 존속했던 시간적 범주 속에서 접근하려고 한다.

문헌자료로 볼 때, 변한과 가야에 대한 논의는 최치원의 삼한 인식에서 출발할 수밖에 없다. 조선 후기 실학자들에 의해 '변한=가야'의 역사적 인식이 정착되기 이전에는 전통적으로 최치원이 제시한 '삼한=삼국' 인식이 정설로 계승되었다. 곧 전근대 '변한과 가야' 인식의 추이는 최치원의 삼한 인식을 충실히 계승하거나, 그것을 극복하는 과정으로 요약할 수 있다. 이 글에서는 먼저 전근대 변한과 가야에 관한 인식의 변천을 살펴보려고 한다. 이를 위해 최치원 이래 고수했던 '변한=백제' 인식의 전승과 그것을 극복해갔던 조선 후기 실학자들의 '변한=가야' 인식을 정리하려고 한다. 그런 다음 근대적 방법론을 빌려 추진했던 일제강점기 식민사학자들의 연구 경향과 함께 그 대척점에 섰던 반식민사학자들의 연구 내용을 살펴보려고 한다. 나아가 광복 이후 최근까지 이루어진 관련 연구의 주요 성과를 중심으로 그 흐름과 특징을 부각하고자 한다. 그리하여 변한-가야 관계를 둘러싼 쟁점과 과제를 정리하면서 그 의미를 되새겨 보려고 한다.

변한과 가야 관계에 대한 연구 성과는 이미 삼한 및 가야사에 관한 선행 연구를 통해서 주요 쟁점별로 여러 차례 검토가 이루어진 바 있다.[2] 이를 통하여 연구사적으로 의미 있는 논문들이 어느 정도 걸러졌기 때문에, 선행 연구를 정리하는 데에 참고가 되었고 본고 작성에도 도움이 되었다.

2) 金貞培, 1968「三韓位置에 對한 從來說과 文化性格의 검토」『史學研究』20 ; 李萬烈, 1981「三韓」『韓國史論 1(古代)』, 국사편찬위원회 ; 李賢惠, 1984『三韓社會形成過程研究』, 一潮閣 ; 1989「三韓 研究의 方法論的 問題」『韓國上古史-연구현황과 과제』, 民音社 ; 金泰植, 1993 앞의 책 ; 2003「초기 고대국가론」『강좌 한국고대사2』, 가락국사적개발원 ; 朱甫暾, 1995「序說-加耶史의 새로운 정립을 위하여」『加耶史研究』, 慶尙北道 ; 2017『가야사 새로 읽기』, 주류성 ; 白承忠, 1995 『加耶의 地域聯盟史 研究』, 부산대 박사학위논문 ; 文昌魯, 1997「三韓社會 研究의 成果와 課題」『韓國史研究』96 ; 2012「광복 이후 가야사 연구의 동향과 과제」『한국학논총』37 ; 부산대학교한국민족문화연구소, 2000『가야각국사의 재구성』, 혜안 ; 2001『한국고대사 속의 가야』, 혜안 ; 2003『가야고고학의 새로운 조명』, 혜안 ; 노중국, 2001「가야사연구의 어제와 오늘」『한국고대사 속의 가야』, 혜안 ; 南在祐, 2003『安羅國史』, 혜안 ; 2011「식민사관에 의한 가야사연구와 그 극복」『韓國古代史研究』61 ; 2017「전기 가야사 연구의 성과와 과제」『한국고대사연구』85 ; 白承玉, 2003『加耶各國史研究』, 혜안 ; 申鉉雄, 2003「三韓 研究의 現況과 管見」『新羅文化』21 ; 權珠賢, 2004『가야인의 삶과 문화』, 혜안 ; 이영식, 2006「가야사 연구의 성과와 전망」『한국고대사입문』2, 신서원 ; 2016『가야제국사연구』, 생각과종이 ; 박대재, 2006「삼한의 기원과 국가형성」『한국고대사입문』1, 신서원 ; 2006『고대한국 초기국가의 왕과 전쟁』, 경인문화사 ; 송호정, 2007「고조선·부여·삼한」『한국고대사 연구의 새 동향』, 서경문화사 ; 홍보식, 2017「전기 가야의 고고학적 연구 쟁점과 전망」『韓國古代史研究』85 ; 김세기, 2017「대가야 고대국가론」『韓國古代史研究』87.

2. 전근대 '변한-가야' 인식의 변천

1) '변한＝백제' 인식의 전승

우리나라 전근대 사회에서 변한-가야 관계의 인식을 살펴보려면, 그 출발점은 최치원의 삼한 인식에서 찾을 수 있다. 그런데 그의 삼한 인식에서는 변한과 가야가 서로 관계있다는 사실을 확인할 수 없으며, 오히려 변한은 백제라고 단정하여 가야와는 무관한 존재로 본 듯하다. 그래서 오늘날 우리가 변한-가야 관계를 상호 계통적으로 이해하거나 양자를 동일한 실체로 인식하게 되는 과정은 최치원 이후 이어져 온 전통적인 삼한 인식을 극복하는 흐름과 궤를 같이 한다고 하겠다.

최치원이 언급한 '변한=백제' 인식은 조선 후기 실학자들에 의해서 '변한=가야' 관계로 새롭게 상정될 때까지 통설로 받아들여졌다. 최치원이 제기한 삼한 인식은 (1)『삼국사기』권46, 열전6, 최치원전, (2)『삼국유사』권1, 기이1, 마한 및 변한백제, (3)「봉암사지증대사적조탑비」등의 기록에서 확인할 수 있다. (1)에서는 최치원이 당의 사신으로 가서 시중에게 올렸던 글의 일부를 전하는데, 거기에서 최치원은 '삼한=삼국'이라는 인식 하에 마한은 고구려, 진한은 신라, 그리고 변한은 백제로 파악했다.[3] 실제로 그는 진한(辰韓)이 진한(秦韓)의 이름을 그릇되게 쓴 것이라고 하면서 진한을 우리나라 곧 신라라고 했다.[4] 나아가 그는 고구려와 백제 멸망 뒤의 신라를 '삼한'으로 지칭하여 '삼한일통'의 인식을 보이기도 한다.[5] 최치원이 변한을 백제로 인식한 사실은 (2)에서도 (1)과 같은

---

3) 『삼국사기』권46, 열전6, 崔致遠.

4) 『東文選』권33, 謝賜詔書兩函表 ; 같은 책 권47, 奏請宿衛學生還蕃狀.

5) 『東文選』권47, 與禮部裵尙書瓚狀.

내용을 인용해서 전한다.[6] 이처럼 최치원은 변한을 백제라고 인식했으며, 변한과 가야의 관계에 대한 언급은 확인할 수 없다.

한편 근래 최치원이 찬술했던 (3)의 「봉암사지증대사적조탑비」에 실린 '백제소도지의(百濟蘇塗之儀)'에 주목하여,[7] 최치원이 '마한=백제'라는 인식을 가졌던 것으로 보기도 한다.[8] 그렇게 되면 그가 언급한 '변한=백제' 인식은 새롭게 해석할 여지도 있다. 그런데 최치원이 마한의 소도가 아니라 굳이 백제의 소도라고 언급했던 점이나 (3)의 '백제소도지의'에 대한 서술 맥락 등을 고려하면 좀 더 신중하게 접근할 필요가 있다. 최치원은 (3)의 비문 첫머리에서 군자가 사는 우리나라(海東)에 불교가 들어와 당시 매우 성행했음을 강조했고, 이어서 삼국시대의 불교 전래에 대해 거론했다. 실제로 그는 우리나라 불교 전래 과정에서 맨 처음 백제에 소도 의식이 있었는데, 이는 마치 감천궁 금인(金人)제사와 같다고 했다.

또한 고구려는 중국 서진으로부터, 신라는 고구려로부터 불교를 수용했던 사실을 중국의 사례에 견주어 전한다. 곧 최치원이 삼국의 불교 전래를 백제, 고구려, 신라 순으로 보면서 '백제 소도의식'을 '감천궁 금인제사'에 빗대어 설명한 것은 군자가 사는 신라의 고유 의식이 석가모

---

6) 『삼국유사』 권1, 紀異1, 馬韓 ; 같은 책, 卞韓百濟.

7) "昔當東表鼎峙之秋 有百濟蘇塗之儀 若甘泉金人(之)祀 厥後西晉曇始之貊 如攝騰東入 句驪阿度度于我 如康會南行"(「鳳巖寺智證大師寂照塔碑」).

8) 李康來, 2004 「최치원의 고대 인식과 그 함의」 『孤雲學報』 24 ; 金炳坤, 2008 「崔致遠의 三韓觀 再考」 『韓國史研究』 141. 한편 마한-백제 인식은 후삼국기 전주에 입성한 견훤의 발언에서도 확인되기 때문에, 당대 지식인들 사이에 마한-고구려 외의 이질적 인식이 공존했을 것으로도 본다(趙法鍾, 1999 「후백제 甄萱의 역사계승의식-高句麗 및 百濟의 馬韓계승 인식을 중심으로」 『史學研究』 58·59 ; 이강래, 2007 「고려와 조선전기의 백제 인식」 『百濟史叢論』(百濟文化史大系 研究叢書 1), 충청남도역사문화연구원).

니불을 예배하는 의식과 같은 의미로 거행되었음을 강조한 것으로 풀이할 수 있다.[9] 그렇다면 '백제소도지의'에서의 백제는 마한과 선후관계에 있는 역사적 존재로서 이해하기 보다는 최치원이 찬술할 당시 신라에 통합되었던 옛 백제지역으로 상정했을 법하다. 따라서 최치원은 '삼한=삼국'이라는 인식을 바탕으로 '마한=고구려', '변한=백제'로 파악한 것이며, (3)에서 백제의 불교전래로 거론했던 '백제소도지의' 기사를 근거로 최치원이 '마한=백제' 인식을 가졌다고 보기는 어렵다.

그런데 최치원은 변한과 별개로 가야에 대한 나름의 역사적 지식을 가졌던 듯하다. 최치원이 대가야와 금관가야에 대한 전승을 알고 있었던 사실은 『신증동국여지승람』 권29, 고령현 건치연혁조에 인용된 기록을 통해 확인할 수 있다. 거기에는 최치원의 「석이정전(釋利貞傳)」에 천신과 가야산신이 결합하여 탄생한 대가야왕 뇌질주일과 금관국왕(가야) 뇌질청예에 대한 시조설화, 그리고 「석순응전(釋順應傳)」에는 대가야국의 왕계에 대한 전승을 각각 전한다. 이로 보아 최치원은 가야 시조설화를 알았고, 나름대로 대가야와 금관가야에 대한 역사적 지식을 가졌던 것으로 본다.[10] 곧 최치원은 변한을 백제로 인식하면서, 가야(대가야 및 금관가야)의 존재에 대해서도 파악했던 점으로 미루어보아, 그는 변한과 가야가 서로 무관한 별개의 역사적 실체로 이해했음을 유추할 수 있다.

최치원의 삼한 인식은 12세기 중엽 편찬된 『삼국사기』(1145)에 그대

---

9) '金人祭祀'는 중국에서 남북조시대 이후 불교가 유통되기 시작했던 사건으로 받아들였다. 唐代에는 금인을 '浮圖金人' '불상' 등으로 인식했으며 이후 근대에 이르기까지 널리 확산되었다. 백제의 소도 의식은 불교 의식을 지칭하는 것을 볼 수 있다(문창로, 2017「문헌자료를 통해 본 삼한의 소도와 제의」『百濟學報』 22).

10) 최치원의 역사적 관심은 삼국과 함께 가야의 역사도 포함시킬 수 있기 때문에 「제왕연대력」에 이들 국가의 제왕에 대한 연표가 정리되었을 것으로 본다(조인성, 1982「崔致遠의 歷史敍述」『歷史學報』 94·95合, pp.49~50).

로 계승되었다. 『삼국사기』 권34, 지리지1에서는 신라 강역의 경계에 대한 옛 기록으로 두우의 『통전(通典)』과 송기(宋祁)의 『신당서』, 가탐(賈耽)의 『사이술(四夷述)』 등을 살피는 가운데 최치원의 삼한 인식을 거론하면서 변한=백제 설을 인용했다.[11] 최치원의 삼한 인식이 『삼국사기』에서 지리지에 언급된 것으로 보아, 강역적 관점에서 파악했을 것으로 이해된다.[12] 곧 『삼국사기』 편찬 당시에는 삼한과 삼국을 지리적인 범주에서 양자가 선후관계로 연계되는 것으로 인식하는 계통적인 이해의 일면을 엿볼 수 있다.[13]

그런데 『삼국사기』 지리지에서는 『신·구당서』에 전하는 "신라가 변한의 후예들로서 낙랑에 있었다."는 기사를 거론하면서 이를 실제 역사적 사실로 받아들이지 않았다. 찬자인 김부식이 『신·구당서』의 기사를 실록으로 수용하지 않았던 까닭은 최치원의 '변한=백제'라는 인식을 따랐기 때문으로 보인다. 곧 『삼국사기』에서는 가야와 변한이 서로 관계없는 것으로 이해한 듯하다. 그래서인지 신라본기 시조혁거세 19년조에 "변한이 나라를 들어 항복했다"는 기사를 전하는가 하면, 같은 책 파사이사금 23년조에는 음즙벌국과 실직곡국이 국경을 두고 다툴 때에 금관국 수로왕의 의견을 물었다는 기사를 전하기도 한다.[14] 변한이 신라에 항복하여 소멸된 이후 금관국 수로왕으로 상징되는 가야의 존재가 확인되는 것은 변한과 가야가 서로 무관함을 전제로 했던 인식을 반영한 기록이라고 볼

---

11) 『삼국사기』 권34, 雜志3, 地理1.

12) 조성을, 2007 「조선 중후기 백제사 인식」 『百濟史叢論』, 충청남도역사문화연구원, p.183.

13) 조법종, 1994 「삼한사회의 형성과 발전」 『한국사 2』, 한길사, p.154.

14) 물론 『삼국사기』에서 '변한=백제'의 관계를 받아들이면서도 정작 백제본기에는 마한과의 관계 기사는 있지만 변한과 관련한 기사가 없기 때문에, 『삼국사기』에 수록된 '변한' 및 '가야' 관련 기사가 갖는 일정한 한계를 엿볼 수 있다.

수 있다.

그런데 『삼국사기』 신라본기에서 변한과 별개의 존재였던 금관국이 같은 책의 지리지에도 등장한다. 지리지에서는 신라의 주·군·현 편제의 기원이 되었던 10여개의 소국 명을 소개하면서, 금관국이 가야를 구성했던 여러 소국 중에 하나였던 것으로 전한다.[15] 실제로 이른 시기 편입되었던 신라 주변의 사벌국(상주), 소문국(문소군), 감문소국(개령군), 압독국(장산군), 골화국(임천현), 음즙벌국(읍즙화현) 등은 물론, 소경 및 군으로 편제되었던 가야 지역의 고녕가야국(古寧郡), 아시량국(함안군, 아나가야), 대가야국(高靈郡) 등과 함께 금관국(김해소경, 가락국, 가야)의 존재를 확인할 수 있다. 이를 통해 신라 상고기 국가적 성장에 따라 편입되었던 주변의 소국들은 세력 규모에 따라 각각 주·군·현으로 편제되었음을 알 수 있다. 특히 『삼국사기』의 찬자 입장에서는 옛 가야의 소국들이 신라 상고기 이래 각각 신라에 편입된 것으로 보았기 때문에, 금관국을 비롯한 가야 제국은 신라본기 시조 혁거세조에서 항복했던 변한과 무관한 존재로 이해했음을 알 수 있다.

최치원의 삼한 인식은 13세기 후반에 간행했던 『삼국유사』(1281)에도 확인되는데, 『후한서』 한전의 진한을 신라로, 변한을 백제로 보았다. 다만 『삼국유사』 권3, 기이편에서는 삼한에 해당하는 '변한백제', '마한', '진한' 등을 각각 고구려, 신라, 5가야와는 다른 항목으로 편제했다. 특히 변한과 백제를 하나의 항목으로 묶어 '변한백제'로 설정하여, 최치원의 '변한=백제' 인식을 충실하게 수용한 것으로 보인다. '변한백제'라는 항목명은 변한과 백제를 하나의 계통 내지는 양자가 시간적 선후 관계에 있는 동일한 존재로 여겼던 찬자의 역사 인식이 반영된 결과로 이해할 수 있다.

---

15) 『삼국사기』 권34, 雜志3, 地理1.

이와 관련하여 『삼국유사』에 실린 최치원의 삼한 인식에 대한 찬자의 안설(按說)에는 『당서』에서 언급한 '변한의 후손들이 낙랑에 살았다'는 기사가 백제를 건국한 온조의 뿌리는 동명에서 비롯되었기 때문에 그렇게 된 것임을 밝혔다.[16] 이때 변한과 백제는 시간적으로 양자의 선후관계를 염두에 둔 것으로 유추할 수 있다. 곧 백제를 세운 온조왕 이전에 그 뿌리가 되었던 변한은 낙랑의 땅에서 나라를 세웠으며, 마한 등과 함께 대치했다고 본다. 결국 변한과 함께 대치했던 마한 등은 백제 온조가 남하하기 이전에 있었던 정치체로 인식한 셈이다. 일연의 이러한 인식은 최치원의 삼한 인식을 충실하게 수용한 것이며, 변한이 백제에 앞선 정치체로서 양자가 서로 밀접한 관계였음을 전제로 한 것으로 생각된다.[17] 다만 『삼국유사』에서는 "변한을 고구려라고 하는 설은 잘못된 것"이라고 비판했는데, 이는 『삼국유사』 편찬 이전에 최치원의 삼한-삼국 인식과 다른 견해도 존재했던 사실을 유추할 수 있다.

한편 신라 통일기에 형성되었던 '삼한일통의식'은 후삼국기를 거치면서 '삼한유민의식'에 일시 가려지기도 했지만, 고려왕조의 개창과 함께 '삼한'을 재통합하면서 후삼국 재통일의 이념적인 기반이자 '고려'라는 국가단위의 집단의식을 형성하는 바탕이 되었을 것으로 이해된다.[18] 그리하여 고려 태조를 비롯한 고려국가의 지배엘리트들은 신라와 함께 후백제, 그리고 고구려의 후계임을 자처했던 고려까지를 포괄하여 '삼한'으로

---

16) 『삼국유사』 권1, 紀異1, 卞韓百濟.
17) 변한-백제 인식을 따랐던 『삼국유사』에서는 卞韓을 고구려라 하는 것은 잘못된 것으로 비판했다. 변한-고구려 인식은 삼한 인식에서 진한-신라와 함께 마한-백제 인식과 연동되는 관계이므로, 『삼국유사』 편찬 이전에 전통적인 최치원의 삼한-삼국 인식과 다른 견해도 존재했을 법하다.
18) 노명호, 2009 「삼한일통의식과 고려국가」 『고려국가와 집단의식』, 서울대학교 출판문화원, pp.90~91.

인식했던 것으로 보았다.[19] 사실 고려가 일통했던 '삼한'이란 실제로 '후삼국'이었으며, 그것은 '전삼국'과 맥락을 같이하는 것으로 인식했기 때문에,[20] 당시 고려국가가 내세운 '삼한일통'의 논리는 신라 통일기에 대두했던 삼한일통의식과 맥을 같이하는 것으로 생각된다.

이처럼 고려 전기에는 고려왕조의 건국 위업을 널리 알리고, '삼한' 곧 후삼국을 통합한 일통국가로서 고려의 역사적 정통성을 다지기 위해 삼한일통을 강조했는데, 그 뒤 대몽항쟁을 수행하는 과정에서 삼한일통의식은 강화되었다.[21] 실제로 국가적 차원에서 부각된 고려의 삼한일통의식은 크게 고구려유민계열과 신라계열로 나뉘며, 전자의 경우는 발해유민까지 포함하는 고구려계승의식을 가진데 비해서 후자에는 발해유민이 배제되는 신라계승의식을 드러낸 것으로 보았다.

곧 고려시대의 삼한일통의식이 갖는 유동성은 12세기 중엽 이후에 김부식을 중심으로 하는 신라계열의 삼한일통의식이 부각되면서, 고려 건국초기부터 대두했던 고구려계열의 그것과 병존하며 고려 말까지 이어졌던 것으로 이해된다. 그리하여 고려 후기에는 우리 역사의 시원으로서 고조선에 주목하고, 삼국이전 하나의 통일체로서 고조선을 인식했다.[22] 실제로 『삼국유사』에서는 역사적 실체로서 고조선을 맨 앞에 두었으며, 특히 시간적으로 고조선과 마한을 연결하여 '고조선→삼한(마한 포함)→삼국'으로 이어지는 계통적 인식을 헤아려 볼 수 있다.[23]

고려 후기의 삼한 인식을 살펴보기 위해서는 이승휴의 『제왕운기』에

---

19) 金炳坤, 2005 「崔致遠의 三韓觀에 대한 認識과 評價」『韓國古代史硏究』 40, pp.230~231.

20) 이강래, 2007 앞의 논문, p.127.

21) 노명호, 2009 앞의 책, pp.89~126.

22) 盧泰敦, 1982 「三韓에 대한 認識의 變遷」『韓國史硏究』 38, pp.144~150.

23) 金炳坤, 2005 앞의 논문, pp.238~239.

주목할 수 있다.『제왕운기』는 마한·진한·변한을 각각 고구려·신라·백제로 서술하여 최치원의 삼한=삼국 인식을 그대로 계승했음을 알 수 있다.[24] 비록『제왕운기』는 서사시 형태를 취했지만 고조선을 시작으로 삼한-삼국-고려로 이어지는 일원적인 계통을 제시했다. 또한 부여·비류·옥저·예맥 등의 여러 정치체도 모두 단군으로부터 계승되었던 것으로 인식하여,[25] 고조선을 시원으로 삼는 상고사 체계를 상정했다.[26] 자연 고조선을 잇는 삼한은 시·공간적으로 삼국에 앞선 역사적 존재로서, 이후 삼한의 존재시기에 대한 상고사 체계의 시계열성이 부각될 수 있는 실마리를 주었다. 이와 함께 고려 말기에는 '조선(朝鮮)' 인식이 확산되면서 삼한 대신에 '아방(我邦)'을 뜻하는 대명사로서 '조선'을 쓰게 됨에 따라, '삼한'에서 아방의 의미는 희석되고 삼한 본래의 역사상에 근접할 수 있게 되었다.[27] 이제 '변한'을 비롯한 삼한의 존재는 시·공간적으로 삼국에 앞선 역사적 실체로서 이해될 소지가 커지게 되었다.

최치원의 삼한=삼국 인식은 고려시대를 거쳐서 조선 전기까지 통설로 이어졌지만, 조선 건국 초기에 들어 권근 등의 일부 비판이 제기되었다. 실제로 권근은『신당서』에 "변한은 낙랑의 땅에 있었고, 평양은 옛날 한(漢)나라 낙랑군에 있었다."는 기록을 바탕으로 최치원의 '마한-고구

---

24) 신라는 진한 땅에서, 고구려는 마한 왕검성에서 개국했으며, 특히 백제 시조 온조는 변한 땅에서 나라를 열었다고 전하여, 최치원의 삼한인식과 같은 사실을 확인할 수 있다(『帝王韻紀』卷下, 因分此地爲四郡 및 新羅始祖奕居世, 高句麗紀, 百濟紀).

25) "次有尸羅與高禮 南北沃沮穢貊膺 此諸君長問誰後 世系亦自檀君承 其餘小者名何等"(『帝王韻紀』卷下, 因分此地爲四郡).

26) 河炫綱, 1976「高麗時代의 歷史繼承意識」『韓國의 歷史認識 (上)』, 創作과 批評社, p.209.

27) 盧泰敦, 1982 앞의 논문, pp.150~156.

〈표 1〉 삼한 – 삼국 관계에 대한 역대 인식

구분	馬韓		辰韓	弁韓(弁辰)			비 고
	고구려	백제	신라	고구려	백제	가야	
『三國史記』 (金富軾 : 1145)	●		●		●		최치원 설(삼한=삼국) 인용, 변한=백제
『三國遺事』 (一然 : 1281)	●		●		●		최치원 설(삼한=삼국) 인용, 고조선–삼한–삼국
『帝王韻記』 (李承休 : 1287)	●		●		●		최치원 설 수용, 고조선–삼한–삼국–고려의 일원적 계통 체계
『東國史略』 (權近·河崙 등 : 1403)		●	●	●			최치원 설 비판, '卞韓在南'은 漢나라 경계인 遼東의 위치로부터 말하는 것으로 봄(權近)
『世宗實錄地理志』 (1454)		●	●	●			권근 설 수용, 변한–고구려(황해·함길도)
『東國通鑑』 (盧思愼·徐居正 등 : 1485)		●	●	●?			권근 설 수용, 변한≠가야
『新增東國輿地勝覽』 (李荇·洪彦弼 : 1530)	●		●		●		최치원 설 수용, 권근 설 비판, 변한–전라도, 각 지역의 연원을 삼한으로 소급
『芝峯類說』 (李睟光 : 1614)	●		●		●		김부식(최치원) 설 지지, 변한–전라도
『東國地理誌』 (韓百謙 : 1615)		●	●			●	최치원 설 비판, 권근 설 비판 / 북: 삼조선–4군–2부–고구려, 남: 삼한–백제·신라·가락 / 마한–호남·호서, 진한–경상 동북, 변한–경상 서남
『東國輿地誌』 (柳馨遠 : 1656)		●	●			●	한백겸 설 수용, 後漢書 韓傳 취신 : 진국–삼한
『星湖僿說』 (李瀷 : 1740)		●	●			●	최치원 설 옹호, 삼한정통론(조선–기자–마한), 변한–마한 후예 / 지리산 경계로 북쪽–6가야, 남쪽–변한
『擇里志』 (李重煥 : 1751)		●	●			●	단군조선–기자조선–마한 / 삼한통일을 고려에 귀속
『疆界考』 (申景濬 : 1756) 『增補東國文獻備考』 (李萬運 : 1789)		●	●			●	북: 삼조선–한사군–2부·2군–고구려 남: 진국–삼한(마한–진·변한)–신라, 백제, 가야

구분	馬韓		辰韓	弁韓(弁辰)			비고
	고구려	백제	신라	고구려	백제	가야	
『東史綱目』 (安鼎福 : 1778)		●	●			●	최치원 설 옹호, 백제의 변한 半面 통합, 가야의 범위–낙동강 以西~지리산 以南
『四郡志』 (柳得恭 : 1795)		●	●			●	마한–호남, 진·변한–영남
『我邦疆域考』 (丁若鏞 : 1811)		●	●			●	최치원 설 비판, 권근 설 비판 / 북: 조선–사군–고구려–발해 남: 韓國(마한–백제, 진한–신라, 변진–가야)/ 수로와 석탈해–마한계통, 가야의 선진성 부각
『海東繹史績』 (韓鎭書 : 1823)		●	●			●	권근(삼한 요동설) 비판, 韓國=辰國 / 혁거세–진한의 총왕, 진한=신라, 변한=가야 / 狗邪韓國(가락국), 任那(=대가야)–일본의 附庸國

려' 인식이 잘못되었다고 했다.[28] 또한 그는 『후한서』에서 변한이 남쪽에 있었다는 기록은 중국 한나라의 경계인 요동을 기준으로 언급한 것으로 파악하고 변한을 고구려에 비정했다. 따라서 그는 전통적으로 계승되던 최치원의 삼한 인식과 입장을 달리하면서 마한–백제·진한–신라·변한–고구려로 이어지는 삼한 인식을 상정했다.

사실 권근의 변한–고구려 인식은 앞서 『삼국유사』 기이편에서 삼한에 대한 이설(異說)로서 비판의 대상이 되었던 '변한=고구려' 인식의 존재를 고려한다면, 그 연원이 고려 후기 이전으로 소급할 수 있을 것이라고 본다.[29] 권근의 삼한 인식은 그 뒤에 편찬되었던 『고려사』 지리지(1451) 및 『세종실록』 지리지(1454)는 물론 『동국통감』(1485) 등에서도 확

---

28) 『三國史節要』外紀, 三韓.

29) 박인호, 2003 「13~16세기 역사지리인식의 추이」『조선시기 역사가와 역사지리 인식』, 이회, p.98.

인된다. 곧 최치원 이래 전통적으로 이어졌던 '변한-백제' 인식은 조선 초기 권근에 의해 재검토되면서 '변한-고구려' 인식이 대두했고, 한동안 하나의 통설로 수용되어 사서 편찬에 영향을 끼쳤던 것으로 보인다. 그럼에도 불구하고 삼한을 삼국에 비정했던 최치원의 삼한 인식은 그 뒤에도 『신증동국여지승람』, 『지봉유설(芝峯類說)』 등에서 정론으로 받아들였으며,[30] 조선 후기 실학자들에게도 영향을 주었던 것으로 이해된다.[31] (〈표 1〉 참조)

2) '변한＝가야' 인식의 확산

최치원 이래로 삼한과 삼국을 동일한 역사적 존재로 상정한 인식은 전통적으로 견고하게 계승되다가, 조선 후기 실학자들의 역사지리적인 연구경향이 대두하면서 새롭게 모색되었다.[32] 일찍이 한백겸(1552~1615)은 『동국지리지』를 통해 기왕의 '변한＝백제'라는 최치원 설은 물론 권근의 '변한＝고구려' 설을 모두 잘못된 것이라고 비판하면서 삼한의 지리적 위치와 분포범위에 대해 구체적인 고증을 시도했다.[33] 그는 우리나라 상고기로부터 고려시대까지를 삼국이전-삼국시대-고려시대로 구분했다. 그 가운데 『한서』 조선전 및 『후한서』 동이열전에 수록된 삼한을 동

---

30) 『新增東國輿地勝覽』 卷6, 京畿 및 『芝峯類說』 卷2, 諸國部, 本國.

31) 李賢惠, 1983 「崔致遠의 歷史認識」 『明知史論』 創刊號, p.14.

32) 文昌魯, 2011 「조선 후기 실학자들의 삼한 연구」 『한국고대사연구』 62, pp.84~94.

33) 韓百謙이 『東國地理誌』를 저술한 동기는 吳澐의 『東史纂要』에 보이는 三韓·四郡의 위치비정을 고치려는 데서 출발했다고 본다(尹熙勉, 1982 「韓百謙의 『東國地理誌』」 『歷史學報』 93 ; 1987 「韓百謙의 學問과 『東國地理誌』 著述動機」 『震檀學報』 63).

옥저, 예 등과 하나로 묶어 삼국 이전으로 편제했다. 그런가 하면 신라에 덧붙여 기록했던 가야(금관국, 가야국─대가야)는 삼국시대에 두었다. 이를 삼국시대 이전으로 설정한 삼한과 견주어 보면 그는 마한을 백제, 진한을 신라, 변진을 가야와 서로 연결되는 것으로 인식했음을 알 수 있다.

한백겸은 북쪽의 고구려까지 삼한의 범주에서 접근했던 이전의 전통적인 인식을 비판하고, 삼한의 지리적 범위를 한강 이남 지역으로 비정했다. 곧 그는 『후한서』 삼한전에 대한 안설에서 우리나라 상고사의 전개 과정을 일원적으로 파악했던 기왕의 입장에서 벗어나 남과 북으로 나누어 보았다. 한백겸은 한강을 남과 북을 구분 짓는 천참(天塹)이라고 하여 뚜렷한 경계로 파악하면서, 그 남쪽과 북쪽 지역은 제각기 독자적인 역사를 전개하여 서로 관련이 없다고 했다.[34] 특히 그는 북쪽 방면의 고구려는 요하 이동~한강 이북 지역의 고조선 옛 땅을 모두 차지했던 것으로 보아,[35] 삼한과 무관한 것으로 파악했다. 그리하여 한강 북쪽 지역은 삼조선(단군·기자·위만)─사군─이부─고구려로 연결되며, 그 남쪽 방면은 조선(단군·기자)─삼한(마한·진한·변진)─백제(마한)·신라(진한)·가야(변진)으로 이어지는 이원적인 상고사인식 체계를 제시했다.

한백겸이 추구한 삼한의 위치 비정은 조선 후기 학인들에게 당색을 떠나서 여러 모로 영향을 주었다. 그는 삼한 당시에 비록 우리나라 문자가 없었다고 해도 『전·후한서』에 모두 열전이 있으니 고증하여 연대의 상하와 지계(地界)의 원근을 살핀다면, 삼한의 위치를 판별할 수 있다고 했다. 또한 중국 사서에서 변한을 칭할 때에는 늘 '변진'이라고 했고 진한

---

34) 『東國地理誌』 後漢書 三韓傳.

35) "而高句麗繼起 盡有朝鮮舊地云 則遼河以東漢江以北"(『東國地理誌』 後漢書 三韓傳).

과 변진이 서로 섞여 살았다는 기록 등에 주목하여, 변한은 진한의 부용국 처지였으며 서로 가까운 거리에 있었다고 파악했다.

그리하여 그는 삼한 '국(國)'을 당시 군현 규모로 추정하고 마한 54국과 진·변한 각 12국의 소국 수를 감안해서 마한의 지역적 범위를 호서와 호남으로, 진한을 경상도 동북지역, 변한을 경상도 서남지역에 설정했다 (『동국지리지』 후한서 삼한전). 이처럼 한백겸은 삼한−삼국의 계승관계에 치중했던 전통적인 접근을 넘어서 마한−백제, 진한−신라, 변한−가야(가락)로의 계승관계와 그 위치를 한강 남쪽 방면에서 찾았다.[36] 특히 한백겸이 삼한 시기의 변한을 가야로 인식한 것은 변진(변한)을 전기가야 혹은 가야의 전신으로 이해하는 현재의 통설과 맥을 같이한다는 점에서 의미가 있다.

일찍이 신경준(1712~1781)의 『여암전서(旅菴全書)』에 실린 「강계고」는 편찬과 내용 면에서 유형원(1622~1673)의 『동국여지지』와 함께 한백겸의 『동국지리지』를 충실하게 따른 역사지리서로 꼽힌다.[37] 자연 한백겸의 역사지리 인식은 신경준의 삼한 인식에도 영향을 주었던 것으로 본다.[38] 신경준은 영조의 명을 받아 『여지승람』을 감수하고, 1770년에 『동국문헌비고』를 편찬할 때 「여지고」를 맡았으며, 또한 같은 해에 『동국여지도』를 감수했다. 『동국문헌비고』 여지고는 관찬 사서이지만, 신경준이 편찬을 맡고 그의 안설을 실었기 때문에 「여지고」에 보이는 역사지리 인식은 「강계고」 내용을 축약해 정리한 것으로 이해된다.[39] 이를 통해 신경준의 변한−가야 인식을 확인할 수 있다(『東國文獻備考』 권7, 「輿地考」 2,

---

36) 尹熙勉, 1982 앞의 논문, p.27.
37) 鄭求福, 2008 『韓國近世史學史』, 경인문화사, p.191.
38) 李相泰, 1984 「申景濬의 歷史地理認識」 『史學研究』 38 ; 박인호, 1996 「신경준의 『동국문헌비고』 「여지고」 『朝鮮後期 歷史地理學 研究』, 이회.
39) 박인호, 1994 앞의 논문 ; 1996 앞의 책, p.172.

歷代國界下, 三韓辨說 및 辰國, 弁韓國).

곧 신경준은 「여지고」의 '삼한변설'에서 그동안 삼국을 삼한의 옛 땅에 분배했던 논의가 잘못된 것이라고 하여, 최치원과 권근의 삼한설을 모두 비판했다. 그는 한백겸의 '南自南 北自北'설을 정론으로 삼고,[40] 한강 이북 방면은 삼조선(단군조선국-기자조선국-위만조선국)→한사군→이부·이군→고구려로, 남쪽 방면은 진국→삼한(마한-진·변한)→신라·백제·가야로 계승되었다고 본다.[41] 곧 그는 마한-백제, 진한-신라, 변한-가야로의 계통성을 강조하여 북쪽의 고구려를 삼한과 단절된 정치세력으로 상정했다.

신경준은 『후한서』 한전을 받아들여 진국을 삼한에 앞선 정치체로 인식했으며, 『삼국지』 한전의 진한을 옛 진국으로 파악했던 안사고(顏師古)의 견해는 잘못된 것이라고 했다(같은 책 「여지고」 2, 역대국계하, 진국). 곧 진국은 고조선 때에 남쪽에 세워진 나라이며, 진국의 뒤를 이어 마한이 성립했고, 다시 마한이 나뉘어 삼한이 되었다고 했다. 자연 변한의 성립은 마한 성립 이후로 상정했다.

이와 함께 그는 『후한서』 한전에 진한 12국이 있다고 했음에도 『삼국지』 한전에 13국명을 열거한 사실에 대하여 진한 12국을 거명한 끝에 군미국(軍彌國)이 있고 변한 12국명을 열거한 첫머리에 변군미국(弁軍彌國)이 있기 때문에, 이는 거듭 기록되었거나 신라의 처음 이름인 사로국(斯盧國)이 섞여 들어간 것으로 보았다. 특히 『후한서』 한전의 '마한재서(馬韓在西)'는 마한이 진한의 서쪽에 자리한 것을 말하며,[42] 진·변한의

---

40) 『旅菴全書』 1, 「疆界考」, 三韓地分諸說에서도 같은 입장을 확인할 수 있다.

41) 『旅菴全書』 1, 「疆界考」, 我東國別號 ; 『東國文獻備考』 권7, 「輿地考」 2, 歷代國界下, 三韓辨說.

42) 『東國文獻備考』 권7, 「輿地考」 2, 歷代國界下, 馬韓國.

남쪽은 모두 왜(倭)와 접했고, 진한 남쪽에 있던 변한 12국은 가야 곧 '가락'의 터와 합치하는 것으로 여겼다. 곧 그는 변한의 사방 경계가 가야와 부합하며, 그 증거로 『문헌통고』에서 '가야금을 변한금'이라고 한 기록을 들었다(같은 책 「여지고」 2, 역대국계하, 변한국). 그리하여 신경준은 한백겸의 설을 이어 진국─삼한 관계는 물론 변한─가야의 계승관계를 보다 분명히 했다.

한편 이익(1681~1763)은 조선 후기 근기남인 계열의 학문적 종장으로서, 그를 따르는 문인들을 '성호학파'라고 부를 정도로 조선 후기 실학과 그 역사인식을 이해하는데 첩경이 되는 인물이다. 이익은 전론의 역사서를 지은 적이 없지만, 『성호사설』 「천지문(天地門)」과 「경사문(經史門)」 등에 삼한과 관련된 역사·지리 고증이 실려 있어 그의 변한과 가야 관련 인식을 엿볼 수 있다. 대체로 이익은 '삼한금마(三韓金馬)'·'삼한(三韓)'·'삼한시종(三韓始終)'·'호강왕(虎康王)'·'기자지후(箕子之後)' 등의 항목을 통해 삼한의 연원 및 강역, 역사 전개과정 등을 언급했고, '국중인재(國中人才)'·'제주(濟州)'·'최문창(崔文昌)'·'가락가야(駕洛伽耶)'·'전대군신사(前代君臣祠)'·'신라시말(新羅始末)'·'수로허후(首露許后)' 등의 항목에서도 부분적으로 변한 및 가야와 관련해 논설했다.

이익은 한백겸의 삼한설을 충실하게 계승하면서도, 정작 한백겸이 비판했던 최치원의 삼한─삼국 인식에 대해서는 오히려 적극적으로 옹호했다. 그는 앞서 최치원을 비판하는 주장들이 본래 최치원의 삼한설에 내포된 뜻과 맥락을 제대로 헤아리지 못했기 때문이라고 단정했다. 그는 확실한 전적이 없는 한 당시의 사람인 최치원이 착오를 일으킨 주장을 할리가 없다고 했다. 그리하여 최치원이 변한을 백제라고 했던 까닭은 변한이 본래 신라에 복속되었다가 훗날 백제에 편입되었던 데서 찾았다(『성호사설』 제2권, 천지문, 삼한금마).

이익은 종래 한씨(韓氏)의 성을 기자의 후손과 연결하여 '삼한이라는 명칭이 기준의 남하에서 비롯했다'는 설은 잘못이라고 비판하면서(같은 책 제21권, 경사문, 기자지후), 한의 유래를 전국 7웅의 하나인 한(韓)나라 유민에서 찾아, 삼한의 연원을 중국 유이민 세력에 닿는 것으로 보았다(같은 책 제21권, 경사문, 발해). 그는 조선과 뚜렷이 구별되는 한강 남쪽에 삼한이 있었는데, 이때 한(韓)은 국호로 보았다. 진한은 중국 진나라 망명객들이 세운 것이 분명한데 그 이유를 진(辰)과 진(秦)이 서로 같은 데서 찾았으며, 진한은 한에 '진(辰)'을 더하여 마한과 구별했던 것으로 본다. 또한 변진은 진한에 뒤이어 진(秦)나라에서 좇아 나온 사람이므로 처음에 이름을 진(辰)이라고 한 듯 하며, 진한에서 나뉘어졌기 때문에 '변(弁)'자를 더하여 진한과 구별했으므로, 그 실상은 '변진한(弁辰韓)'이라고 했다(같은 책 제15권, 人事門, 和寧).

이익은 기준(箕準)이 남쪽으로 내려와 마한왕의 지위를 빼앗고 무강왕(武康王)이 되었는데, 이때 기준에게 쫓겨났던 선주민들이 마한과 진한 사이에 따로 변한을 세워서 변진이 되었다고도 했다(같은 책 제3권, 천지문, 삼한). 앞서 변한의 유래를 중국 유이민 세력과 연결했던 것과는 다른 언급이라, 그의 변한 인식에 다소 혼선을 빚는 대목이다. 다만 그는 변한이 마한의 후예로서 기준에게 신속되었다고 주장한 점은 이전 삼한 관련 여러 설에서 변한의 출자를 알지 못한다고 했던 통념을 벗어난 것으로 주목한다.[43]

그리하여 그는 진한과 변한은 마한의 속국이며, 삼한의 성립순서를 마한-진한-변한 순으로 파악했다(같은 책 제19권, 경사문, 삼한시종). 그는 한백겸의 설에 따라 삼한 지역을 한강 이남으로 보았다. 실제로 대수(帶水) 곧 한강을 경계로 북쪽 방면의 고조선 강역은 황해·평안도이

---

43) 韓永愚, 1989 「18세기 전반 南人 李瀷의 史論과 韓國史 理解」『朝鮮後期史學史 研究』, 一志社, p.219.

며, 그 남쪽을 한(韓)의 강역으로 상정했다(같은 책 제3권, 천지문, 삼한). 또한 삼한의 동쪽에는 진한과 변한이 있으며, 이들은 낙동강을 중심으로 동쪽과 서쪽에 각각 자리했다고 본다.

그런데 이익은 변한과 가야의 지역적 범위를 동일하게 상정했던 한백겸과 달리 양자의 범위를 구분해서 보았다. 본래 변한이 신라에 항복할 때에는 그 범위가 지리산 이남의 진주 등 몇 개 고을에 국한되며, 가야의 범위는 지리산 북쪽의 5가야와 가락(금관국)을 포함하는 이른바 6가야로 상정했다.[44] 또한 이익은 변한과 가야의 역사전개 과정을 추론했다. 변한은 처음 마한에 신속되었다가 뒤에 한(漢)나라 원제(元帝, 서기전 43~39) 때 신라에 부속되었고 다시 백제에 편입되었던 것으로 추정했다. 나아가 변한과는 별개로 신라와 백제의 중간지대에 잔존했던 가라와 임나는 수(隨) 문제(文帝) 이후 신라에 병합되었던 것으로 보았다(같은 책 제2권, 천지문, 삼한금마).

이익의 학맥을 계승한 안정복(1712~1791)은 이익의 사론(史論)을 받들어 주자(朱子)의 정통·무정통의 예에 따라서 『동사강목』의 편찬체계에 반영했다.[45] 그는 삼한 가운데 마한을 정통으로 삼고 진한과 변한을 더하여 하나의 항목으로 편제했다. 안정복은 비록 한백겸의 삼한설을 정론으로 받아들였지만, 스승 이익의 입장을 충실히 따르면서 최치원의 삼한

---

44) "嶺南 지방에 처음 辰韓과 弁韓이란 두 나라가 있었는데 신라가 일어날 때까지도 이 두 나라는 아직 남아 있었다. 또 駕洛과 다섯 伽耶가 가장 강대할 때에는 신라와 병립했으나, 그 뒷일은 상고할 수 없다. …… '赫居世 19년에 변한이 신라에 항복했다'고 했으니 이 항복했다고 쓴 것을 보면 쳐서 섬멸시킨 것은 아니었다. 그때 변한 지방은 지금 晉州 등지의 몇 고을인 듯한데, 결국 백제에게 병합되었으니 六朝時代에 이르러서는 이미 백제로 들어간 지 오랬기 때문에 여기에 말하지 않은 것이다"(『성호사설』 제19권, 經史門, 駕洛伽耶).

45) 姜世求, 1994 『東史綱目研究』, 民族文化社, pp.142~143 ; 1995 「柳馨遠·李瀷과 安鼎福의 學問的 傳乘關係」 『實學思想研究』 5·6合, pp.121~126.

인식을 적극 옹호했다. 곧 최치원이 '변한을 백제'라고 한 사실은 변한의 절반이 백제에 통합되었기 때문으로 추정했다. 그리하여 그는 삼한을 삼국에 분배하려고 했던 최치원의 입장에서 변한-백제설이 착오라고 할 수 없다고 단언하면서 정설로 삼았다(『동사강목』 부록 하권, 삼한고). 또한 그는 이익의 견해와 같이 삼한의 연원을 중국 진(秦)나라를 피해 망명한 유민에서 찾았으며, 한(韓)의 명칭을 한종(韓終)의 무리에서 얻은 것으로 보았다(같은 책 부록 상권, 三韓辰國說).

안정복은 낙동강 서쪽 방면에 자리한 변한의 강역이 서남쪽으로 지리산을 걸쳐서 전라도 동남 지역에 이르고, 동쪽 방면은 진한과 섞여 살아서 경계가 불분명하며, 서북쪽으로는 마한과 접하고 동남쪽은 바다를 건너 왜와 통한다고 했다(같은 책, 삼한고). 또한 변한은 처음 마한에 복속되었으며 그 뒤 신라에 항복했다고 이해했다. 그는 마한과 진한의 강역에 대해서는 이익의 설을 따랐지만, 변한은 낙동강 서쪽의 근해에서 지리산까지의 지역이며 뒤에 6가야의 땅이 되었다고 했다.[46] 특히 변한의 지리산 서쪽에 있는 땅, 곧 전라도 동남지역은 백제에게 흡수되었던 것으로 인식하여(같은 책 부록 하권, 經緯線分野圖), 오늘날 전북 남원·임실·장수·진안 등지에서 확인되는 가야문화의 고고학 자료와 부합할 수 있기 때문에 주목되는 견해로 본다.[47]

안정복은 김해의 가락국과 고령의 대가야를 중심으로 가야의 왕계를 제시하면서(『동사강목』 圖上, 東國歷代傳授之圖), 가야에 대한 자신의 생각을 언급했다. 특히 그는 가락국의 왕계에 덧붙여 "가락국은 지금의 김해. 한(漢) 광무제 임인년(42)에 개국하여 양(梁) 무제 임자년(532)에 망하니 전세 10군(君), 역년(歷年)은 4백 91년이다. 가락은 후에 국호를 금

---

46) 『동사강목』 부록 하권, 疆域沿革 考正.
47) 이영식, 2006 앞의 글, pp.196~197.

관으로 고쳤다. 상고하건대, 수로의 형제 6인이 나뉘어 군장이 되어, 수로는 가락왕이 되고, 나머지도 가야에서 왕을 일컬었으나, 모두 문헌에 증거가 없으므로 아래에 대가야(大伽倻)를 약기(略記)하고 나머지는 모두 생략한다."고 했다(『동사강목』駕洛國). 그는 가야를 구성하는 제국(諸國)으로 '가락' 곧 금관국을 비롯한 6가야를 상정하고 수로의 형제 6인이 각각의 군장이 되었다고 했다. 이는 「가락국기」에 전하는 금관가야의 시조전승에 바탕을 둔 것으로 이해할 수 있다.

사실 안정복은 「괴설변증(怪說辨證)」 항목을 통해 가야의 수로와 허황후를 비롯한 삼국의 시조전승이 '괴설'에 해당하는 허황한 사실이기 때문에 그것을 역사적 사실로 취급해서는 안 된다는 입장을 피력했다.[48] 그렇다면 그가 비록 건국시조의 신성성에 대해 기본적으로 비판적인 입장을 취했지만, 역사적 실체로서 건국시조의 존재까지 모두 부정하지는 않았던 면을 엿볼 수 있다.

일찍이 이익의 삼한 인식은 그의 학맥을 잇는 후학들에게 계승되었지만, 전면 수용된 것은 아니었다. 안정복이 이익의 삼한 인식을 비교적 충실하게 따른데 비하여, 정약용(1762~1836)은 최치원 이래 삼한을 삼국에 분배했던 인식이 잘못되었다고 하여 입장을 달리했다. 곧 한강 이북 지역은 본래 삼한 땅이 아닌데 선유(先儒)들이 매번 삼한을 삼국에 나누어 비정했던 것은 사실이 아니라고 했다(『여유당전서』 제6집, 지리1, 강역고, 三韓總考). 그는 선학들 중에 삼한을 삼국의 전대(前代)로 잘못 인식해서 아득히 먼 상고시대에 비정한 것이 문제라고 보았다(같은 책, 진한고). 실제로 삼한은 중국의 양한(兩漢)대에서 위진(魏晉)대에 걸쳐 존재했기 때문에 중국사서에 삼한이 입전된 것으로 파악했다. 이는 다산이 삼한의 존재시기를 분명히 하고, 마한·진한·변한을 초기의 백제·신

---

48) 『東史綱目』附錄 上卷 中, 怪說辨證.

라·가야와 표리관계에 있었던 것으로 인식했음을 알려준다.

정약용은 한백겸의 설을 정론으로 삼아 중국 진·한 시대에 열수(洌水, 한강) 북쪽을 조선(朝鮮)이라 했고, 그 남쪽은 삼한의 전신이었던 한국(韓國, 辰國)이 자리했던 것으로 상정했다(같은 책, 삼한총고). 또한 그는 삼한의 연원을 전국시대의 한(韓)나라에서 찾았던 선학의 견해를 비판하면서, 삼한은 한강 이북과 관계없으며 궁벽하여 그 토착민들이 추호(酋豪)를 추대하여 '한(韓)'이라고 일컫는 데서 한국(韓國, 辰國)이 성립했다고 보았다.[49] 그리하여 삼한의 연원이 되는 한국(진국)을 북쪽의 고조선과 같은 시기에 존재했던 것으로 상정하고, 북쪽은 조선→사군→고구려→발해로, 남쪽은 한국(진국)→삼한(마한→백제, 진한→신라, 변진→가야)로 연결되는 양자 병립의 이원적인 고대사체계를 세웠다.[50]

정약용은 진한과 변진이 지형 상 서북쪽과 동남쪽으로 각기 산과 바다에 둘러싸여서 하나의 권역을 이루었던 영남지역에 있었다고 했다(같은 책, 삼한총고). 또한 진한의 남쪽에 있던 변진의 강역범위를 김해·거제·함안·고성 등 경남 해안에 인접한 지역으로 설정했다(같은 책, 변진고). 그는 한백겸의 설을 받아들여 변진을 수로왕이 일어난 곳으로 가락이라고 파악하면서 진한과 변한의 구분을 시도했다. 따라서 '변한(卞韓)'이란 명칭은 본래 없었으며 '변진'이라고 칭하는 것이 옳은데, 이는 이마에 쓰는 관책(冠幘)이 진한과 다르기 때문에 '변진'으로 명했다는 것이다. 곧 그는 변(弁)은 가락이고 가락은 가야라고 하여, '변진'을 '가야'라고 파악했다(같은 책, 변진고).

---

49) 이는 정약용이 箕準 死後에 마한의 토착세력이 왕으로 복위하였으며, 마한은 箕氏가 아니라고 인식했던 사실(『與猶堂全書』 제6집, 지리1, 강역고, 馬韓考)과 맥을 같이한다.

50) 韓永愚, 1989 앞의 책, p.370 ; 趙誠乙, 1994 「정약용」 『한국의 역사가와 역사학(상)』, 창작과비평사, p.332.

정약용은 처음 가야가 6국이었다가 뒤에 12국으로 성장했으며, 변한의 중심지는 김해지역 일대의 구야국(狗邪國, 금관가야)이고 금관국의 수로왕이 바로 변진 12국의 총왕이 된다고 보았다(같은 책, 변진별고). 특히 변한의 김수로와 진한의 석탈해는 모두 서한(西韓) 계통 곧 마한 출신으로 추정하여, 진·변한 지배층의 뿌리를 마한에서 찾아 주목된다.

그는 삼한이 갖는 자연 지리적인 환경을 염두에 두고 마한과 진·변한 관계를 이해했다. 실제로 자연 지리적으로 궁벽한 영남지역의 진·변한에 비해 마한은 상대적으로 윤택했기 때문에 삼한의 패자(覇者)가 되었다고 본다. 그래서 마한은 진·변한의 왕을 세우는 데에 간섭할 만큼 강성했다는 것이다(같은 책, 삼한총고). 특히 가야는 바다 어구에 자리한 유리한 지리적 조건을 이용하여 중국과의 교역에서 신라보다 앞섰던 것으로 추론했다. 때문에 두 나라의 형세는 가라(가야)가 주인이고 신라는 부용(附庸)이 되었던 형세로 보아 가야의 위상을 부각했다.

한치윤(1762~1814)은 삼한의 전개과정과 관련하여 최치원과 권근의 설을 모두 비판하면서, 진한과 변한의 위치를 경상도 지역으로 비정했다(『해동역사』 권3, 세기3, 삼한). 그는 삼한의 성립에 대해 먼저 정착한 마한, 그 뒤에 중국 진(秦)나라 사람들이 망명하자 마한이 동쪽 땅을 떼어서 세운 진한(辰韓), 그리고 진한의 일부가 나뉘어 변진이 되었던 순으로 보았다. 그리고 삼한 중에 마한이 가장 강성하여 진한과 변진을 복속했던 것으로 인식했다.

『해동역사』 지리고는 한치윤 사후 그 조카인 한진서가 작성한 것으로 하나의 독립된 지리역사서로 손색없는 것으로 평가된다. 「지리고」는 정약용의 『강역고』와 비슷한 시기에 편찬되었으며, '결론(大綱)→자료인용(事實)→안설'로 이어지는 동일한 서술방식으로 보아 그 영향을 받았을 것으로 이해된다.[51] 한진서는 「지리고」의 삼한 강역에 대한 총론에서 '구암동국지리지(久菴東國地理誌)'라고 서두하여 삼한의 위치는 '北自北 南

自南'에 입각한 구암(한백겸)의 주장을 정론으로 삼았다(『해동역사속』 권 3, 지리고3, 삼한, 강역총론). 또한 최치원의 삼한설과 권근의 삼한요동 설(『요사』)은 모두 잘못된 견해로 인식했다. 곧 한진서는 한수(漢水) 이남 지역을 한국(韓國) 혹은 진국이라고 했으며, 진국은 그 뒤 삼한으로 나뉘 었던 것으로 파악했다. 또한 그는 한국을 진국이라고 칭한 것은 한국의 총왕을 진왕이라고 했기 때문이라고 했다.

한진서는 「지리고」 1편에서 〈고금강역도(古今疆域圖)〉 및 〈고금지분 연혁표(古今地分沿革表)〉를 제시하여 「지리고」에 서술한 내용을 집약하 여 지도와 도표로 전한다. 먼저 그는 역대로 지형을 나타냄에 있어 글로 는 모두 언급할 수 없으므로 강역도를 만들어 제시한다고 했다. 〈고금강 역도〉의 '삼한국'에서는 열수(한강) 이북을 낙랑군계로 삼았고, 웅천 이 남지역에 마한(목지국)을 표시했다. 또한 소백산맥을 경계로 마한과 진· 변한을 구분하고, 그 남쪽 지역에 낙동강을 경계로 진한(사로국)과 변한 (구야국)을 각각 동·서 방면에 표기했다(『해동역사속』 권1, 지리고1, 고 금강역도, 삼한국).

이어서 한진서는 〈고금지분연혁표〉에서 지리의 연혁을 상고하는 데 에는 표보다 상세한 것이 없다고 하여, '팔도표(八道表)'를 제시하고 역대 연혁을 간략히 수록했다. 경기지역은 한수 이북과 이남으로 나누었다. '팔도표' 가운데 삼한에 해당하는 지역은 경기도의 한수 이남과 충청도· 전라도·경상도로, 이를 정리하면 〈표 2〉와 같다.

한진서는 삼한의 구체적 범위를 상정하여 마한은 한강을 경계로 북 쪽에 낙랑과, 남·서쪽으로 바다와 접했다고 본다. 마한의 북쪽 경계를 한강으로 상정한 것은 마한이 떼어준 동북방 땅에 세운 백제가 낙랑과 접했다고 전하는 『삼국사기』 백제본기에 근거했다. 또한 신라가 지리산

---

51) 韓永愚, 1985 앞의 논문, pp.173~174.

〈표 2〉 삼한 관련 지분 연혁 발췌(『해동역사속』 권1, 지리고1, 고금지분연혁표)

시기\n지역	周\n(B.C.1046~\nB.C.771)	漢\n(B.C.202~A.D.220)	魏晉\n(220~419)	南北朝\n(420~\n589)	이후 연혁\n(唐·遼金·元·本朝)
京畿\n漢南地	韓國	馬韓\n홍가3년(B.C.18) 百濟 점령\n哀帝 代(B.C.26~B.C.1) 한수 이북에서 河南慰禮城(廣州)으로 천도	百濟	百濟\n(웅진·사비 천도)	漢州(新羅)→弓裔→關內道·楊廣道(高麗)→楊廣道(元)→京畿
忠淸道		馬韓\n哀帝 代(B.C.26~B.C.1) 금강 이북지역百濟편입			熊州(新羅)→甄萱→中原道·河南道(高麗)→楊廣道(睿宗)→忠淸道(明宗·恭愍王)
全羅道		馬韓諸國 [總王都邑(益山)=目支國]\n漢初 箕準 점령, 이후 마한으로 복구\n哀帝 代(B.C.26~B.C.1) 그 北界가 百濟에 편입			全州·武州(新羅)→甄萱→江南道·海陽道(高麗)→全羅道(高麗)
慶尙左道		辰韓12國[總王이 五鳳1년(B.C.57) 慶州에 都邑, 국호는 斯盧國(新羅)이라 함]	新羅	新羅	尙州·良州·康州(新羅)→嶺南道·嶺東道·山南道(高麗)→慶尙道(高麗)→左道·合(本朝)
慶尙右道		弁辰 12國[總王이 金海府에 都邑, 국호는 狗邪國(伽倻國)이라 함]	伽倻諸國	梁陳時期\n신라 편입	慶尙道(高麗)→右道·合(本朝)

을 서쪽 경계로 삼았기 때문에 그곳이 곧 마한의 동쪽 경계가 되었다고 했다. 진한의 북쪽은 예·맥과 접하였으며 그 경계를 구체적으로 조령(鳥嶺)에 설정하고 『삼국사기』 신라본기에서 근거를 찾았다. 특히 변진의 범위는 가야의 경계를 감안하여 동쪽으로는 낙동강, 북쪽으로는 가야산, 서쪽으로는 지리산으로 삼고 남쪽은 바다와 접한다고 했다(『해동역사속』 권3, 지리고3, 삼한).

한진서는 경상우도 연해 지역에 있던 변진 12국이 처음 진한에 복속되었다가 뒤에 따로 갈려나왔다고 본다. 그는 변진 곧 가야 제국의 위치 고증에 음운학적인 방법을 사용했다. 예컨대 '가라(加羅)', '가야(伽倻)', '가락(駕洛)'은 모두 같은 명칭으로 보고, 우리말에 '구(狗)'를 '가이(伽伊)'라고 하는데, 음은 바뀌었어도 뜻은 같은 것이라고 했다. 따라서 '구야'는 '가라'이므로 '변진구야국(弁辰狗邪國)'을 가라국(加羅國, 伽倻·가락)에 비정하고 그 도읍은 김해로 추정했다. 그리하여 구야국은 삼한의 종족이기 때문에 '구야한국(狗邪韓國)'이라고도 했는데, 그 실체는 후한(後漢) 초기에 김수로가 세웠던 김해 금관가야라고 했다. 또한 임나(任那)는 임라(任羅)로 표기하기도 하는데 본래 가라국 수로왕과 같은 종족인 고령지역의 대가야(大伽倻)로 상정했다. 임나는 미마나(彌摩那)로 개명했는데 '미마나'는 '변진미오사마국(弁辰彌烏邪馬國)'의 음이 변한 것으로 추정했다. 그리고 변진고자국(弁辰古資國)의 '고자'는 고성(固城)의 옛 이름이기 때문에 '소가야'로 고증했다. 이와 함께 『일본서기』 신공황후 49년 조의 7국 평정 기사를 인용하면서 그곳에 등장하는 '비자발(比自㶱)' 등 여러 나라는 가야의 제국(族類)으로서 임나(대가야)와 이웃했던 변진의 제소국으로 보았다(『해동역사속』 권3, 지리고3, 삼한).

　한편 한진서는 「지리고」에서 삼한―백제·신라·가야와의 관계를 양자가 분리된 것이 아닌 상호 계기적인 관계로 인식했다. 그는 삼한을 구성하는 여러 소국(小國)들 중에 백제(伯濟國)·신라(斯盧國)·가야(狗邪國)가 포함되었기 때문에 가야 제국은 곧 변진의 소국들로 이해했다. 그리하여 그는 변진이 바로 가야이며, 변진과 가야는 결단코 전후로 있었던 별개의 두 나라 호칭이 아니라고 보았다. 이와 관련하여 『삼국사기』 신라 본기 혁거세 19년 조에 보이는 변한 항복 기사는 이후 중국사서에서 변한 12국 등이 확인되기 때문에, 변한이 일시에 무너진 것이 아니라 시차를 두고 복속된 것이라고 해석했다.

　한백겸 이래로 전개된 조선 후기 실학자들의 변한―가야 인식은 이익과 안정복을 거치면서 문헌고증과 폭넓은 관련 사료의 축적이 이루어졌고, 이를 바탕으로 정약용과 한치윤에 이르러 접근방법과 자료 활용 면에서 근대적 역사 연구의 튼실한 토대가 되었다. 실학자들의 학문적 성과는 한말까지 이어졌으며, 일제강점기에 전개된 일본인 학자들의 관련 연구에도 직·간접적으로 영향을 끼쳤다.

3. 근대 이후 관련 연구의 동향

1) 식민사학의 극복과 역사상 복원 추구

근대적 연구방법의 가야사 연구는 개항 이후 일본인 연구자들에 의해 비롯되었다. 이 시기 가야사 연구는 지명 고증작업에 중점을 두면서 진행되었는데,[52] 한국에 대한 일본제국주의 침탈과정과 궤를 같이 했다. 일찍이 동경제국대학에 사학과가 설치된 1887년 이래 초창기의 한국사 연구는, 에도(江戸)시대 말기에 등장한 국학자들의 조선에 대한 우월감에서 비롯된, 이른바 '정한론'의 전통을 잇는 연구경향을 보인다. 특히 19세기 말의 한국사 연구는 일본의 한국침략에 관한 역사적 근거를 고대 한·일관계사 속에서 추구했다.[53] 그리하여 하야시 타이스케(林泰輔)를 비롯한 요시다 토고(吉田東伍), 나카 미치요(那珂通世) 등의 고대사 연구는 한국사의 타율성 문제를 부각했다.[54]

---

52) 문창로, 2007 「한국 고대사 연구의 주요 성과와 과제」 『한국역사학의 성과와 과제』, 일조각, pp.69~73.

53) 李萬烈, 1985 「19世紀末 日本의 韓國史研究」 『淸日戰爭과 韓日關係』, 一潮閣, p.81.

54) 林泰輔, 1892 『朝鮮史』, 吉川半七藏版 ; 吉田東伍, 1893 『日韓古史斷』, 富山房書

일본은 1910년에 한국병탄을 계기로 '일선동조론'의 틀을 갖추어갔다. 곧 한·일 양국은 본래 언어나 형질이 같은 뿌리에서 시작되었으며, 일본의 '한국합병'은 바로 '동조동근(同祖同根)'의 자손들이 본래대로 다시 합쳐진 것에 불과하다는 주장을 폈다. 이처럼 '한일합병'을 정당화하는 데서 본격화된 가야사 연구경향은 시라토리 쿠라키치(白鳥庫吉)를 비롯하여 츠다 소키치(津田左右吉), 이나바 이와키치(稻葉岩吉), 이마니시 류(今西龍), 아유가이 후사노신(鮎貝房之進) 등으로 이어졌다.[55] 이들은 주로 한반도 남부의 임나일본부와 밀접한 관계를 가졌던 삼한지역의 지명 고증 및 그 범위 설정 문제에 접근했다.

특히 고대 한·일 관계에 중점을 둔 왜와 임나의 관계는 '왜의 임나지배'라는 입장을 견지했다.[56] 가야사 연구의 주요논점은 고대일본이 가야를 비롯한 한반도 남부지역 일대를 지배했고 그 통치기구로서 임나부를 설치했다는, 이른바 '임나일본부설'의 합리화로 모아졌다. 그리하여 고대일본은 이미 서기 3세기 중엽에 변진구야국인 임나가라(任那加羅)를 거점으로 삼아 가야지역을 통제했으며, 『일본서기』 신공황후 49년조의 가야 7국평정 기사로 보아 4세기 중엽에는 경상도지역 대부분을 차지했다는 것이다. 나아가 일본은 6세기 중엽까지 임나일본부를 통해 가야를 비롯한 백제·신라 등의 한반도 남부를 지배했다고 주장했다. 따라서 고대로부터 일본이 한국을 지배하였다는 '남선경영'의 구체적 대상으로서, 가

店；那珂通世, 1894「朝鮮樂浪玄免帶方考」『史學雜誌』5-4；1895「三韓考」『史學雜誌』6-6；西村豊, 1895『朝鮮史綱』, 敬業社.

55) 白鳥庫吉, 1912「漢の朝鮮四郡彊域考」『東洋學報』2-1；津田左右吉, 1913「三韓彊域考」『朝鮮歷史地理』1；稻葉岩吉, 1914「眞番郡の位置」『歷史地理』24-6；今西龍, 1916「眞番郡考」『史林』1-1.

56) 金泰植, 1989「加耶史 연구의 제문제」『韓國上古史-연구현황과 과제』, 民音社, p.239.

야지역은 바로 '임나일본부'였다고 하는 등식을 설정하여 당시 일제의 한국침략을 정당화했다. 또한 일제의 식민 통치하에서 한국 민족의 존립 자체를 부정했던 동화정책의 논리적인 근거로도 활용되었다.[57]

그런데 스에마츠는 『대일본사』(1933)의 집필과정에서 하나의 편목으로 「일한 관계」를 정리했다가, 일본이 패전한 뒤인 1949년에 『임나흥망사』를 발표했다.[58] 이 연구는 겉으로는 임나 곧 가야 제국의 흥망을 주제로 삼았지만, 실제로는 고대일본에 의한 가야지배의 흥망사를 서술했기 때문에, 한국에 대한 식민통치의 이데올로기로 활용했던 '남선경영론'을 완성하고 식민사학의 연구 성과를 집대성한 것으로 평가된다.[59] 이와 같이 일제강점기의 일본인 연구자들은 임나일본부설에 입각하여 고대일본 곧 왜가 가야를 어떻게 지배했는가를 밝히는데 주력했기 때문에, 연구결과는 가야사의 실상과 거리가 먼 것으로 이해된다.

1970년대에 들어 일본 역사학 연구가 진전되면서 기존의 임나일본부에 바탕을 둔 '남선경영설'에 대한 반성이 일기 시작했다.[60] 그리하여 임나일본부의 실체를 한반도 남부 해안지대의 왜인집단 거주지역,[61] 왜인 사신 내지 외교교섭단체,[62] 교역기관,[63] 군사기관[64] 등으로 그 성격을

---

57) 李萬烈, 1976 「日帝官學者들의 植民主義史觀」『讀書生活』7월호 ; 1981 『韓國近代 歷史學의 理解』, 문학과지성사, pp.259~286 ; 金泰植, 1988 「후기 가야연맹의 성장과 쇠퇴」『韓國古代史論』, 한길사, p.90.

58) 末松保和, 1949 『任那興亡史』, 大八洲出版 ; 1956 『任那興亡史』(再版), 吉川弘文館.

59) 김현구, 1988 「임나일본부의 실체」『韓國古代史論』, 한길사, pp.126~127.

60) 金泰植, 1993 앞의 책, p.4.

61) 井上秀雄, 1973 『任那日本府と倭』, 東出版.

62) 鈴木靖民, 1974 「いわゆる任那日本府および倭問題」『歷史學研究』405 ; 鬼頭清明, 1974 「加羅諸國の史的發展について」『古代朝鮮と日本』, 龍溪書舍 ; 奥田尚, 1976 「任那日本府と新羅の倭典」『古代國家の形成と展開』, 吉川弘文館.

달리 추정했다. 또한 임나일본부의 존속 기간도 축소해 보기도 하지만, 모든 관점은 '임나일본부'라는 기구의 성격 문제에 집중되었고, 정작 가야사 자체에 대한 관심[65]은 상대적으로 소홀한 경향을 띤다.

한편 일제의 식민사학에 저항하고 그것을 극복하기 위한 노력은 1920년대 들어 본격적으로 이루어졌다. 이 시기의 한국고대사 연구는 민족의식을 고취하면서 다른 한편 항일운동의 정신적인 바탕이 되었다. 여기에는 민족주의 역사학계열의 신채호를 비롯한 일련의 연구 성과가 주목된다.[66] 그는 조선 후기 실학자와 박은식의 연구[67]를 계승하여, 식민주의 역사학이 지어낸 '일선동조론'은 물론 '한사군의 한반도 내재설', '임나일본부' 문제 등에 대해 통렬하게 논박했다. 실제로 그는 백제사의 전개과정에서 근구수왕대의 요서 경략이나 동성왕대의 위군(魏軍) 격퇴 사실, 그리고 고대일본의 백제 속국화 등을 논거로 하는 해외경략설을 주장하여 임나일본부설에 맞섰던, 이른바 '반식민사학론'을 전개했던 대표적인 인물이다.[68]

신채호는 한국고대사에서 고구려·백제·신라의 삼국과 함께 동부여와 가라6국을 포함하여, '삼국시대'를 '열국쟁웅시대(列國爭雄時代)'로 파

63) 吉田晶, 1975 「古代國家の形成」 『日本歷史 (古代 2)』, 岩波書店.

64) 大山誠一, 1980 「所謂任那日本府の成立について」 『古代文化』 32, 古代學協會.

65) 田中俊明, 1990 「于勒十二曲と大加耶連盟」 『東洋史研究』 48-4 ; 1992 『大加耶の連盟興亡と任那』, 吉川弘文館.

66) 金容燮, 1976 「우리나라 近代 歷史學의 成立」 『韓國의 歷史認識 (下)』, 창작과 비평사, p.439.

67) 朴殷植은 中國에서 간행된 『韓國痛史』 등에서 星州의 성산가야국(星山加耶國)을 언급하고, 金海는 金首露王이 도읍한 곳임을 밝혔다(이영식, 2006 앞의 논문, p.200).

68) 姜萬吉, 1985 「日帝時代의 反植民史學論」 『韓國史學史의 研究』, 乙酉文化社, pp.241~243.

악하면서 가야사의 존재를 부각했다. 이와 함께 삼한의 성립과정을 연나라 장수 진개의 요하 방면 침입으로 인한 '조선족의 이동'이라는 관점에서 살폈다. 곧 그는 단군으로부터 준왕의 남천 이전까지 존재했던 북방의 '전삼한' 단계, 이후 한반도로 이동하여 준왕의 남천으로 익산방면에 세웠던 모한(莫韓, 마한)과 함께 진(眞, 진한)·번(番, 변한)의 이주민이 세웠던 진한·변한의 '중삼한' 단계, 그리고 이동을 모두 마친 뒤에 삼한이 각각 백제·신라·가야로 발전했던 '후삼한' 단계로 구분했다.[69]

따라서 삼한의 종족은 조선족(고조선) 계열과 직접 연결되고, 마한→백제, 진한→신라, 변한→가야로 각각 발전한다는 견해를 제시했다. 특히 위만조선의 멸망을 계기로 변한의 가락국 등 소국들이 성립했다는 견해는 현재 학계의 통설과 맥이 닿는다. 그의 '삼한이동설'은 일제강점기 우리 역사의 시·공간 확장을 통한 민족적 자긍심 고취와 식민사학의 극복이라는 점에서 의미를 갖는다. 나아가 당시 치중했던 지리고증 차원의 연구경향에서 벗어나 이동설에 입각한 가야의 성립과정과 위만 이전의 고조선으로 소급되는 가야의 종족문제 해명에까지 관심의 폭을 넓혔다는 점에서도 의미가 있다.

신채호의 역사의식은 '유교적 중세사학'의 한계를 극복하고 근대적 역사학을 성립시키는 계기를 마련한 것으로 평가되는데,[70] 그의 뒤를 잇는 정인보, 안재홍 등 민족주의 계열 역사가에게 직·간접적인 영향을 끼쳤다. 정인보의 삼한 인식은 단재가 제시한 '삼한이동설'에 바탕을 두고 진한 중심의 전삼한 단계와 마한 중심의 후삼한 단계로 요약되는 이른바 '전·후삼한설'을 제시했다.[71] 또한 그는 마한을 경기·충청·전라도지역

---

69) 申采浩, 1929 「前後三韓考」『朝鮮史研究草』; 2007 독립기념관독립운동사연구소 편, 『단재 신채호전집 (제2권)』, pp.370~393.

70) 李萬烈, 1980 『丹齋 申采浩의 歷史學 硏究』, 문학과지성사, pp.48~55.

에, 변한과 진한은 경상도지역에 비정했으며, 마한(백제국)에서 백제로, 진한(사로국)에서 신라로, 변한(구야국)에서 가야로의 계승관계를 각각 설정했다. 가야라는 명칭은 '가운데 내'를 뜻하는 '갑우내'의 준말로 풀어 가야제국이 낙동강에 접했기 때문으로 생긴 것으로 보았다. 이와 함께 『삼국사기』 신라본기에 수록된 가야 관련 사료를 바탕으로 가야와 신라의 전쟁 및 외교관계를 정리했다. 그리고 안재홍은 "삼한에 관하여 역대의 사가(史家)가 많이 이를 설(說)한 바 있으니 … 오인(吾人)은 우선 단재의 전삼한·후삼한의 말·신·불 설을 그 원형에서 수긍 및 승인할 바이다"라고 하여 신채호의 삼한인식을 전적으로 수용했다.[72]

한편 사회경제사학적 입장에서 한국사의 보편성을 추구한 백남운 역시 한국사 전개과정의 체계화를 시도하면서 식민사학의 극복을 위해 노력했다. 곧 그는 "조선민족의 발전사는 그 과정이 아무리 아시아적이라고 해도 사회구성의 내면적 발전법칙 그것은 전적으로 세계사적인 것으로서"라는 세계사적 발전법칙이 구현된 한국고대사의 보편성을 상정했다.[73] 그리하여 그는 유물사관에 입각하여 가야의 전신인 변한을 원시부족국가 및 부족동맹의 형태로 파악했다. 이와 관련하여 신민족주의를 내세운 손진태 역시 세계사적 발전론을 바탕으로 전기가야에 해당하는 변한은 3세기 말까지 소부족국가 단계에 머물렀으며, 이후 부족연맹 단계로 진전했을 것으로 상정했다.[74]

광복 이후 본격적인 가야사 연구는 이병도에서 비롯되었다.[75] 그는

71) 鄭寅普, 1947 『朝鮮史硏究 (上)』 ; 1983 『薝園 鄭寅普全集 3』, 연세대학교출판부, pp.68~73.
72) 安在鴻, 1947 『朝鮮上古史鑑 (上)』, 民友社.
73) 白南雲, 1933 『朝鮮社會經濟史』, 改造社.
74) 孫晉泰, 1948 『朝鮮民族史槪論』, 乙酉文化社.
75) 이하 관련 연구 동향의 논지 전개는 다음 논고를 참고하여 보완 정리했다(이영

가야의 건국신화에 주목하여 김해와 고령을 중심으로 두 가지 전승 사실을 통해서 가야 역사의 전개과정을 전기와 후기로 나누었다. 곧 서기전 2세기 이전 낙동강 유역의 김해지역에 부족국가로서 가락국이 성립되었고, 가락국과 주변의 소국들이 당시 마한의 맹주였던 진왕의 세력권에 속했던 것으로 상정했다. 기원 후 어느 시기에 변진 소국 중에 일부가 진왕의 세력권에서 벗어나면서 서기 2세기 말까지는 고령 대가야를 중심으로 전기 6가야 연맹체를 형성했다고 본다. 이후 3세기 전반 경에는 김해 본가야를 맹주로 하는 후기 6가야 연맹체가 결성된 것으로 파악했다.[76] 그의 연구는 관련 사료를 망라하여 가야사 전개의 큰 틀을 제시한 점에서 의미를 갖는다.

그 뒤 정중환은 가야사 관련 문헌자료를 광범위하게 수집·정리하여 『가라사초(加羅史草)』를 펴냈는데, 관련 연구에 친절한 길잡이 역할을 했다.[77] 또한 그는 '염사치설화'와 '가락국기'의 검토를 통해서 변진과 금관가야의 역사상에 접근하고, 가락국과 대가야의 역사를 중심으로 가야사의 전개과정을 정리하여 가야사 대강을 조망했다.

김철준은 우리나라 고대국가발달사를 살펴보는 과정에서 가야사의 전개과정을 정리했다.[78] 곧 변한지역은 기원을 전후한 시기부터 유입된

식, 2006 앞의 논문, pp.202~206 ; 남재우, 2011 앞의 논문 ; 2017 앞의 논문, pp.36~56 ; 문창로, 2012 앞의 논문, pp.4~26).

76) 李丙燾, 1959 『韓國史 (古代篇)』, 震檀學會, pp.376~389 ; 1976 「加羅史上의 諸 問題」 『韓國古代史研究』, 博英社, pp.303~350.

77) 丁仲煥, 1962 『加羅史草』, 釜山大學校 韓日文化研究所 ; 1973 「廉斯鑡說話考」 『大丘史學』 7·8合 ; 1990 「駕洛國記의 文獻學的 考察」 『伽倻文化』 3, 伽倻文化研究院(모두 2000 『加羅史研究』, 혜안 재수록).

78) 金哲埈, 1964 「韓國古代國家發達史」 『韓國文化史大系 Ⅰ(民族·國家史)』, 高麗大學校民族文化研究所, pp.484~487 ; 1977 「부족연맹 세력의 대두」 『韓國史 2』, 國史編纂委員會, pp.138~140.

북방 유이민의 철기문화가 확산되면서 서기 3세기경에는 부족국가들이 형성되었다고 본다. 김해의 가락국은 3세기 중엽에 유이민 계통의 수로족(首露族)과 허왕후족(許王后族)이 결합하여 세워진 것으로 파악했다. 이후 낙동강 하류에서 성장한 금관가야와 중류의 대가야가 서로 대등하게 결속하여 '상·하 가야연맹'을 성립했지만, 아직 고대국가에 도달하지 못했다고 보았다.

이병도 이래로 삼한의 위치 문제는 한강 이남지역으로 한정하여 접근하는 입장이 대세를 이루었다. 그러다가 천관우는 신채호의 삼한이동설을 계승하여 가야사의 복원을 새롭게 시도했다. 본래 요동일대에 분포했던 변한이 남하하여 낙동강 서쪽지역과 경상도 남해안 방면에 정착한 것으로 보았다. 그리하여 김해의 구야국을 중심으로 하는 '조기가야'가 성립되었고, 4세기경 백제에 편입되었다가 그 뒤 백제와 신라 사이에서 각축을 벌이다가 소멸되었다고 본다.[79] 특히 그는 가야사의 복원을 위해 『일본서기』에 자주 나오는 '임나' 관계 사료의 활용이 가능하다는 입장을 가졌다. 곧 『일본서기』를 근거로 하는 약 200년간 '왜의 임나(가야) 지배'의 실상은 '백제의 가야(임나) 지배'로 접근했다. 그 결과 '임나일본부'의 실체는 가야 방면에 파견되었던 백제군 총사령부와 같은 것이라고 주장했다. 광복이후 금기시되었던 『일본서기』 기사에 대해 비판적 접근은 그 뒤 가야사 연구에서 보충자료로 활용할 수 있는 계기가 되었다.[80]

1970년대 들어 김정학은 영남지역에서 출토된 고고학자료를 활용하

---

79) 千寬宇, 1977~1978 「復元加耶史 (上)·(中)·(下)」, 『문학과 지성』 28·29·30 ; 1991 『加耶史研究』, 一潮閣, pp.3~54.

80) 金鉉球, 1992 「'任那日本府' 연구의 현황과 문제점」 『韓國史市民講座』 11, 一潮閣, pp.1~16 ; 金泰植, 1993 「任那日本府問題의 研究史的 檢討」 『加耶聯盟史』, 一潮閣, pp.321~355 ; 金鉉球 외, 2002~2004 『日本書紀 韓國關係記事 研究 (I~III)』, 一志社.

여 가야사의 전개과정을 복원했다.[81] 그는 가야사를 '선(先)가야시대(서기전 2세기~기원전후)', '가야시대 전기(서기 1~3세기)', '가야시대 후기(서기 4~6세기)'로 각각 구분했다. 이에 짝하여 가야의 사회발전단계는 각각 읍락국가(선가야시대)→읍락국가연맹(가야시대 전기)→가야연맹(가야시대 후기)로 상정했으며, 가야는 고대왕국 형성 이전 단계에 신라로 편입되었다고 본다.

한편 광복 이후 이루어진 북한의 변한과 가야 연구의 연구성과는『조선전사』제4권(1979)을 통해서 개관할 수 있다.[82] 북한에서는『후한서』한전을 바탕으로 고대 노예제 국가였던 '진국'이 '삼한'과 동일하다는 입장에 있다. 진국의 역사적 실체는 고대 노예소유자적 경영방식을 지배형태로 하는 고대국가로서 존재했으며,[83] 진국 내의 삼한은 모두 같은 종족이며, 변한은 단지 지역적 구분에 지나지 않는 것으로 이해했다. 기원초 낙동강 하류의 변한지역에는 가야를 중심으로 하는 봉건세력이 대두했다고 본다. 곧 가야는 노예제 국가인 진국 내의 변한지역에서 성장하여 세워진 봉건제 국가로서, 노예들의 반노예적 투쟁에 의해 발생한 봉건적 사회관계를 토대로 한다는 것이다.[84]

---

81) 金廷鶴, 1982「古代國家의 發達(伽耶)」『韓國考古學報』12 ; 1983「伽耶史의 研究」『史學研究』37 ; 1987「加耶의 國家形成段階」『精神文化研究』32, pp123~139.

82) 사회과학원력사연구소, 1979『조선전사 4(중세편)』, pp.307~327. 북한은 1991년에 개정 출간한 사회과학원력사연구소,『백제·전기 신라 및 가야사』(조선전사 개정판), pp.331~407에서는 남한학계의 연구성과를 반영하고 서술내용을 대폭 보강했다. 주요 목차는 다음과 같다(가야사 : 제1장 가야국의 성립과 봉건통치제도 / 제2장 가야의 영역 / 제3장 생산의 발전, 봉건적 착취의 강화 / 제4장 가야의 백제, 신라, 고구려와의 관계 / 제5장 6가야의 형편, 가야국의 종말 / 제6장 가야사람들의 일본열도 진출과 소국형성 / 제7장 가야의 문화).

83) 文昌魯, 2006「北韓의 古代史 認識과 연구경향」『韓國學論叢』29, pp.209~210.

그리고 북한학계에서는 임나일본부설의 극복을 위해 이른바 김석형의 '분국설'로 상징되는 고대 한·일관계사 연구에도 노력을 기우렸다. 그결과 임나일본부의 실체를 선사시대 이래 일본 열도에 진출했던 변한과 가야계통의 주민들이 히로시마와 오카야마 일대에 세웠던 가야계의 분국(임나국)에서 찾았다.[85] 곧 서기 5세기 중반 야마토 왕조가 서부일본을 통합할 때 임나국에 설치했던 통치기관이 바로 '임나일본부'였으므로, 임나일본부의 존재는 일제 식민사학에서 주장했던 고대 일본의 가야지역 진출과는 관계없는 사실로 파악했다.

2) 연구 주제의 확장과 새로운 접근 모색

가야사 연구는 문헌위주의 연구경향에서 점차 고고학 자료를 적극 활용하는 방향으로 전환되어 갔다. 그동안 축적된 영남지역 일대의 가야 유적·유구에 대한 고고학적 발굴성과에 힘입어, 묘제와 토기 등의 분석을 통해 가야의 사회구조와 문화권, 세력권 설정 등의 연구가 추구되었다.[86] 그리하여 가야사 연구는 문헌자료와 함께 고고학 자료를 함께 활

---

84) 사회과학원력사연구소, 1979 앞의 책, pp.307~310.

85) 金泰植, 1991「北韓의 古代韓日關係史 研究動向」『北韓의 古代史研究』, 一潮閣, pp.104~105.

86) 李殷昌, 1980「伽耶墓制의 研究」『研究論文集』22, 대구가톨릭대학교 ; 金世基, 1983「竪穴式墓制의 研究-가야 지역을 중심으로」『韓國考古學報』17·18 ; 金鍾徹, 1988「北部地域 加耶文化의 考古學的 考察」『韓國古代史研究』1 ; 安春培, 1993『伽耶土器와 그 領域의 연구』, 東亞大學校博士學位論文 ; 金元龍, 1992「考古學에서 본 伽耶」『가야문화』5 ; 崔鐘圭, 1995『三韓考古學研究』, 書景文化社 ; 李熙俊, 1995「토기로 본 大伽耶의 圈域과 그 변천」『加耶史研究』, 경상북도 ; 이성주, 1998『新羅·伽耶社會의 政治·經濟的 起源과 成長』, 서울대 박사학위논문.

용하는 연구경향이 대세를 이루었다. 특히 1980년대 이후 변한과 가야 관련 연구는 문헌자료의 한계를 고고학 자료로 보완하면서 다양한 주제와 새로운 접근을 모색했다. 가야사 전반을 다룬 다수의 저서와 박사학위논문이 나올 정도로 활기를 띠었고,[87] 가야사 전개과정의 전체적인 맥락을 짚을 수 있었다.

일찍이 변한을 비롯한 삼한사회의 형성과정을 논하면서 청동기문화 단계 이래 진행된 읍락의 분화와 소국의 형성에 초점을 맞춰 변한지역의 사회상을 조명했다.[88] 가야지역에는 서기전 1세기 후반 변진 소국 가운데 구야국이 형성되었고, 서기 2세기경 이 지역에 산재한 여러 소국들이 개별적인 정치체로서 대내외적인 활동을 했으며, 그 뒤 4~5세기까지도 소국 간에 통합을 이루지 못하고 소멸할 때까지 소국 단위로 병존했던 것으로 상정했다.

그런가하면 문헌자료와 고고학 발굴성과를 적극 활용하여 가야 연맹체의 추이를 중심으로 가야사의 전개과정을 본격적으로 탐색했다.[89] 곧

---

87) 李賢惠, 1984 앞의 책 ; 尹錫曉, 1990 『伽耶史』, 民族文化社 ; 千寬宇, 1991 앞의 책 ; 田中俊明, 1992 앞의 책 ; 金泰植, 1993 앞의 책 ; 李永植, 1993 『加耶諸國 と任那日本府』, 吉川弘文館 ; 白承忠, 1995 『加耶의 地域聯盟史 研究』, 부산대 박사학위논문 ; 이희진, 1998 『加耶政治史研究』, 學研文化社 ; 權珠賢, 1998 『加耶文化史 研究』, 계명대 박사학위논문(2004 『가야인의 삶과 문화』, 혜안) ; 南在祐, 1998 『安羅國의 成長과 對外關係 研究』, 성균관대 박사학위논문(2003 『安羅國史』, 혜안) ; 白承玉, 2001 『加耶 各國의 成長과 發展에 관한 研究』, 부산대 박사학위논문(2003 『加耶各國史研究』, 혜안) ; 李炯基, 2009 『大加耶의 形成과 發展 研究』, 景仁文化社.

88) 李賢惠, 1984 위의 책.

89) 金泰植, 1985 「5世紀 後半 大加耶의 發展에 대한 研究」 『韓國史論』 13, 서울大 國史學科 ; 1988 「6世紀 前半 加耶南部諸國의 消滅過程 考察」 『韓國古代史研究』 1 ; 1990 「加耶의 社會發展段階」 『한국 고대국가의 형성』, 民音社 ; 1991 「가야사 연구의 시간적·공간적 범위」 『韓國古代史論叢 2』, 가락국사적개발연구원(1993

가야는 기원을 전후한 때부터 서기 3세기까지 김해 금관가야를 중심으로 가야 소국들이 결속한 '전기가야연맹'을 형성했으며, 그 뒤에 연맹체가 이완되면서 소국 분립 상태로 있다가 5세기 후반 고령 대가야를 중심으로 '후기가야연맹'을 결성했다고 본다. 그리하여 가야사의 전개과정은 크게 기원 전후 소국의 성립→서기 4세기 말까지 금관가야 중심의 '전기가야연맹'→5세기 소국의 분립→5세기 말~멸망 때까지 대가야 중심의 '후기가야연맹'으로 설정했다.[90] 이 연구를 통해 가야사가 한국고대사에서 차지하는 본래의 위상을 되찾을 수 있도록 밑돌 역할을 했다는 점에서 학사적 의미를 갖는다.

다른 한편 가야 전시기에 걸친 단일연맹체의 존재와 '연맹'의 개념에 대한 재검토가 이루어졌다. 먼저 『삼국사기』 신라본기에 수록된 신라와 가야의 전쟁기사에 주목하여 기존의 '가야 연맹설'에 비판적인 견해가 제기되었다.[91] 곧 신진화 인류학 모델을 적용하여, 기록에 전하는 가야의 대외전쟁 규모와 양상 등을 고려할 때, 가야는 서기 4세기 말 이전에는 군장사회(Chiefdom) 단계에, 이후 대가야와 아라가야는 1만 명이 넘는

앞의 책, 일조각) ; 1994 「咸安 安羅國의 成長과 變遷」 『韓國史研究』 86 ; 1996 「大加耶의 世系와 道設智」 『震檀學報』 81 ; 1998 「駕洛國記 所載 許皇后 說話의 性格」 『韓國史研究』 102 ; 2002 『미완의 문명 7백년 가야사 (1~3)』, 푸른역사.

90) 김태식, 1990 앞의 논문, pp.41~51. 그 뒤 가야의 정치적 전개과정을 세분화하여, 전기가야시대[①가야문화 기반 형성기(B.C.1~A.D. 1세기) ②가야제국 성립기(A.D. 2세기) ③전기가야연맹 전성기(3~4세기)], 후기가야시대[①가야제국 복구시기(5세기 전반) ②후기가야연맹 중흥기(5세기 후반~520년대) ③가야연맹 소멸기(530년대~562년)]로 파악했다(金泰植, 1993 앞의 책, pp.310~320).

91) 李永植, 1985 「伽倻諸國의 國家形成問題-'伽倻聯盟說'의 再檢討와 戰爭記事分析을 中心으로-」 『白山學報』 32 ; 1994 「九干社會와 駕洛國의 成立」 『伽倻文化』 7, 伽倻文化研究院 ; 1997 「大加耶의 領域과 國際關係」 『伽倻文化』 10, 伽倻文化研究院.

인원을 전쟁에 동원한 것으로 보아 도시국가(State) 단계로 상정했다. 특히 변한과 관련된 '전기가야연맹'은 문헌과 고고학 자료 모두 증거가 부족하므로 그 존재를 회의적으로 보았다. 그런가 하면 가야 전체를 포괄하는 단일연맹체설에 입장을 달리하기도 했다.[92] 이에 전기가야는 김해 지역을 중심으로, 후기가야는 고령과 함안 등을 중심으로, 보다 제한된 시기의 소지역별 연맹으로서 '지역연맹체'라는 개념을 설정하여 가야의 역사상에 접근했다.

한편 가야 전시기에 걸친 항존적 연맹체의 존재를 비판하는 입장에서, 가야 제국의 존재 형태와 함께 개별 소국의 구체적인 역사상 복원을 진행했다.[93] 곧 가라국과 안라국은 물론 고성의 고자국(古自國)와 창녕의 비사벌국(比斯伐國) 등에 대한 이해를 심화시켰다. 종래 김해의 '금관국사'와 고령의 '가라국사'에 편중된 경향에서 벗어나 안라국사(安羅國史)의 복원에 초점을 맞춘 연구도 이루어졌다.[94] 실제로 함안지역에는 서기전 1세기 말경 형성된 전기가야의 변진안야국(弁辰安邪國)이 대국으로 성장했으며, 이후 후기가야의 안라국은 5세기경부터 본격적으로 발전하여 6세기 대에는 대외교섭을 주도하는 정치체였음을 부각했다.

---

92) 白承忠, 1989 「1~3세기 가야세력의 성격과 그 추이」『釜大史學』13 ; 1995 앞의 논문 ; 1999 「가야의 개국설화에 대한 검토」『역사와 현실』33 ; 2000 「가야의 정치구조−'부체제' 논의와 관련하여」『韓國古代史硏究』17 ; 2001 「가야 건국신화의 재조명」『한국고대사 속의 가야』, 혜안.

93) 白承玉, 1992 「新羅·百濟 각축기의 比斯伐加耶」『釜大史學』15·16합 ; 1995 「比斯伐加耶의 形成과 國家的 性格」『韓國文化硏究』7 ; 1997 「固城 古資國의 성장과 변천」『韓國古代史硏究』11 ; 1999 「加羅 擬制縣의 존재와 그 정치적 성격」『伽倻文化』12, 伽倻文化硏究院 ; 2001 앞의 논문 ; 2001 「전기 가야소국의 성립과 발전」『한국고대사 속의 가야』, 혜안 ; 2003 앞의 책, 혜안 ; 2014 「加耶諸國의 존재형태와 '加耶地域國家論'」『지역과 역사』34.

94) 南在祐, 1998 앞의 논문 ; 2003 앞의 책.

이밖에 그동안 정치 및 대외관계에 편중되었던 연구경향을 벗어나 가야
문화사에 주목하기도 했다. 이를 통해 가야인의 생활문화와 관련된 의복
문화·음식문화·주거문화는 물론 혼인 및 장송 의례, 신앙과 습속, 그리
고 미의식과 음악 등 제반 문화상을 살펴보았다.[95]

가야사와 관련된 새로운 물질자료가 더해지면서 연구 주제와 내용이
세분화되고 심화되었다. 실제로 금관가야(가락국)의 성립과 9간사회를
비롯하여 시조전승과 성씨 문제, 동아시아와 가야의 관계 및 대외 교
역,[96] 대가야의 성립과 정치·사회구조, 강역의 범위와 변천[97] 등에 접근
하였다. 또한 가야 제국의 역사를 재구성하려는 연구가 이어지면서,[98]
아라가야[99]는 물론 비화가야·소가야·성산가야·다라국·변진주조마국

---

95) 權珠賢, 1998 앞의 논문 ; 2004 앞의 책.
96) 金泰植, 1993 앞의 책 ; 李永植, 1994 「九干社會와 駕洛國의 成立」『伽倻文化』
    7, 伽倻文化研究院 ; 2001 「文獻으로 본 駕洛國史」『가야각국사의 재구성』, 혜
    안 ; 백승충, 1995 앞의 논문 ; 신경철, 1995 「금관가야의 성립과 전개」『김해의
    고분문화』 ; 李鎔賢, 1998 「加耶의 姓氏와 '金官'國」『史叢』 48 ; 홍보식, 2000 「考
    古學으로 본 金官伽耶」『考古學을 통해 본 伽耶』, 한국고고학회 ; 李文基, 2004
    「金官伽耶系의 始祖出自傳承과 稱姓의 변화」『신라문화제학술대회논문집』 25 ;
    이재현, 2005 「금관가야의 성장과 대외교역─교역로 변화를 중심으로」『加耶의
    海上勢力』, 김해시 ; 白承玉, 2009 「韓과 加耶의 譯人」『歷史敎育論集』 42.
97) 李明植, 1995 「大伽耶의 歷史·地理的 環境과 境域」 ; 金貞淑, 1995 「大伽耶의
    성립과 발전」 ; 盧重國, 1995 「大伽耶의 政治·社會構造」 ; 李文基, 1995 「大伽耶
    의 對外關係」 ; 李熙濬, 1995 「토기로 본 大伽耶의 圈域과 그 변천」(이상『加耶
    史研究』, 慶尙北道) ; 박천수, 1998 「大加耶圈 墳墓의 編年」『韓國考古學報』 39 ;
    李炯基, 2009 「大加耶의 聯盟構造에 관한 試論」『韓國古代史研究』 18 ; 2009 앞
    의 책, 경인문화사.
98) 부산대학교 한국문화연구소 편, 2000『가야 각국사의 재구성』, 혜안.
99) 金泰植, 1994 「咸安 安羅國의 成長과 變遷」『韓國史研究』 86 ; 權珠賢, 1994 「阿
    羅加耶의 成立과 發展」『啓明史學』 4 ; 李永植, 1995 「6세기 安羅國史 研究」『國
    史館論叢』 62 ; 김형곤, 1995 「阿羅加耶의 형성과정 연구」『加羅文化』 12 ; 尹錫

등[100] 이른바 '가야 각국'의 성립배경과 발전과정, 왕권과 국가적 성격 문제 등에 접근하여 역사상 복원을 위해 노력했다. 이와 함께 가야의 토착신앙 및 불교, 순장 등의 해명을 통해 가야인의 정신세계에 접근하기도 했으며,[101] 우륵과 가야금을 통한 가야의 문화와 정치사회상을 고찰했다.[102]

曉, 1996 「阿羅伽耶에 관한 硏究」 『漢城史學』 8 ; 南在祐, 1998 앞의 논문(2003 앞의 책) ; 李炯基, 1999 「阿羅伽耶聯盟體의 成立과 그 推移」 『史學硏究』 57 ; 李盛周, 2000 「考古學을 통해 본 阿羅伽耶」 『考古學을 통해 본 伽耶』, 韓國考古學會.

100) 白承玉, 1995 「比斯伐加耶의 形成과 國家的 性格」 『韓國文化硏究』 7 ; 1997 「固城 古資國의 성장과 변천」 『韓國古代史硏究』 11 ; 2003 『加耶各國史硏究』, 혜안 ; 조영제, 1995 「다라국의 경제적 기반」 『加耶諸國의 鐵』, 신서원 ; 李炯基, 1997 「小伽耶聯盟體의 成立과 그 推移」 『民族文化論叢』 17 ; 1998 「星山加耶聯盟體의 成立과 그 推移」 『民族文化論叢』 18·19합 ; 인제대학교 가야문화연구소, 1997 『加耶諸國의 王權』, 신서원 ; 權珠賢, 2000 「古自國의 역사적 전개와 그 문화」 『가야 각국사의 재구성』, 혜안 ; 안홍좌, 2016 「弁辰走漕馬國의 형성과 변천」 『지역과 역사』 38.

101) 金煐泰, 1991 「駕洛佛敎의 傳來와 그 展開」 『佛敎學報』 27 ; 洪潤植, 1992 「伽倻佛敎에 대한 諸問題와 그 史的 意義」 『伽倻考古學論叢 1』 ; 전호태, 1992 「伽倻古墳壁畵에 관한 일고찰」 『韓國古代史論叢』 4 ; 金福順, 1995 「大加倻의 佛敎」 『加耶史硏究』, 경상북도 ; 李永植, 1998 「가야불교의 전래와 문제점」 『伽倻文化』 11 ; 2001 「가야인의 정신세계」 『한국 고대사 속의 가야』, 혜안 ; 崔光植, 1995 「大伽耶의 信仰과 祭儀」 『加耶史硏究』, 경상북도 ; 權五榮, 1992 「古代 嶺南地方의 殉葬」 『韓國古代史論叢 4』 ; 金世基, 1997 「加耶의 殉葬과 王權」 『加耶諸國의 王權』, 신서원 ; 노중국 외, 2009 『대가야의 정신세계』(대가야학술총서7), 계명대학교 한국학연구원·고령군 대가야박물관.

102) 田中俊明, 1990 「于勒十二曲と大加耶連盟」 『東洋史硏究』 48-4 ; 白承忠, 1995 「駕洛國과 于勒12曲」 『釜大史學』 19 ; 권주현, 2000 「于勒을 통해 본 大加耶의 文化」 『韓國古代史硏究』 18 ; 노중국 외, 2006 『악성 우륵의 생애와 대가야의 문화』(대가야학술총서 3), 계명대학교 한국학연구원·고령군 대가야박물관 ; 김태식 편, 2009 『악사 우륵과 의령지역의 가야사』, 홍익대학교 인문과학연구소·우륵문화발전연구회.

나아가 삼한의 대외교역체계를 비롯하여 가야의 대외관계가 변화하는 구체적 양상을 살펴보거나, 낙동강 하구의 지정학적인 위치에 주목하여 교역의 주체와 재분배 문제 등 가야의 해상권 및 교역체계 등을 규명하려는 일련의 작업이 이어졌다.[103] 또한 변한 및 가야 제국을 둘러싼 고대 동아시아 세계의 국제정세와 연동하여 가야의 대외교섭 문제를 해명하려는 연구도 진행되었다.[104]

이와 같이 가야사 연구가 진전되면서 일반대중을 위한 개설적인 성격의 연구서가 연이어 출간되었고,[105] 이를 통해 연구 성과를 일반시민

---

103) 李賢惠, 1988 「4세기 加耶지역의 交易體系의 변천」『韓國古代史研究』1 ; 1994 「三韓의 對外交易體系」『李基白先生古稀紀念韓國史學論叢』, 一潮閣(모두 1998 『韓國 古代의 생산과 교역』, 一潮閣 재수록) ; 2001 「加耶의 交易과 經濟」『한국 고대사 속의 가야』, 혜안 ; 金廷鶴, 1990 「加耶와 日本」『古代韓日文化交流研究』, 한국정신문화연구원 ; 申敬澈, 1992 「金官加耶의 成立과 對外關係」『가야와 동아시아』, 김해시 ; 金鉉球, 1994 「4세기 加耶와 百濟・야마토倭와의 關係」 『韓國古代史論叢 6』 ; 李文基, 1995 「大伽耶의 外交關係」『加耶史研究』, 慶尙北道 ; 尹龍九, 1999 「三韓의 朝貢貿易에 대한 一考察」『歷史學報』162 ; 白承忠, 2000 「文獻에서 본 加耶・三國과 倭」『韓國民族文化』12 ; 김창석 2012 「고대 교역장의 중립성과 연맹의 성립−3~4세기 加耶聯盟體를 중심으로−」『歷史學報』216 ; 백진재, 2015 「加耶諸國의 對外交涉과 浦上八國戰爭」『지역과 역사』37.

104) 李永植, 1996 「加耶의 國際關係」『가야사의 새로운 이해』, 慶尙北道 高靈郡 ; 李成市, 1999 「加耶의 國際環境과 外交」『가야의 대외교섭』(김해시 제5회 가야사학술회의), 金海市 ; 李鎔賢, 1999 『加耶と東アジア諸國』, 國學院大學 博士學位論文 ; 2000 「加羅(大加耶)를 둘러싼 國際的 環境과 그 對外交涉」『韓國古代史研究』18 ; 2001 「가야의 대외관계」『한국 고대사 속의 가야』, 혜안 ; 연민수, 2001 「加耶諸國과 東아시아」『한국 고대사 속의 가야』, 혜안 ; 金泰植, 2006 「韓國 古代諸國의 對外交易−가야를 중심으로−」『震檀學報』101 ; 선석열, 2015 「3세기 구야국의 대군현 교섭과 진왕」 ; 연민수, 2015 「변진시대 가락국의 성장과 외교」 ; 張學鋒, 2015 「狗邪에서 加羅로」(이상 『구야국과 고대 동아시아』, 주류성).

105) 李基白 편, 1992 『韓國史市民講座』11, 一潮閣 ; 부산경남연구소, 1996 『시민을

과 공유할 수 있는 자리를 마련했다는 점에서 평가할 만하다. 나아가 가야사 분야에서 축적된 연구 성과는 확장되어 이웃한 백제와 신라의 대외관계사에 대한 이해를 심화시키는 데에 도움이 되었다는 점에서도 의미를 갖는다.

4. 주요쟁점과 과제

변한과 전기가야 관련 연구의 성과와 과제는 주요쟁점 별로 이미 살펴본 바가 있어 정리에 도움이 된다.[106] 변한과 가야 관련 연구의 주요쟁점으로 먼저 가야사의 시기구분 문제를 꼽을 수 있다. 그동안 변한의 소멸시기에 주목하여 서기 3세기 말~4세기 초를 가야사 전개의 변곡점으로 설정하거나,[107] 혹은 가야 중심세력이 변화하는 서기 4세기 말~5세

위한 가야사』, 집문당 ; 부산대학교 한국민족문화연구소 편, 2001 『한국 고대사 속의 가야』, 혜안 ; 2002 『학교교육과 사회교육으로서의 가야사』, 혜안 ; 김태식, 2002 앞의 책 ; 가야사정책연구위원회 엮음, 2004 『가야, 잊혀진 이름 빛나는 유산』, 혜안 ; 고령군 대가야박물관·계명대학교 한국학연구원, 2006 『대가야 들여다보기』, 서울기획.

106) 이영식, 2006 앞의 논문, pp.207~213에서 가야사의 쟁점으로 '전기론과 전사론', '가야연맹설의 비판적 검토', 그리고 전기가야의 문제로 '구간사회와 가락국의 성립', '해상왕국과 철의 왕국' 문제를 검토했다. 또한 남재우, 2017 앞의 논문, pp.36~60에서 전기가야사 연구의 성과를 '사회발전단계', '변한과 가야', '가야사 시기구분', '각국사 연구', '포상팔국 전쟁', '발전원인', '대외관계'로 나누어 살폈고, 향후 과제로서 '가야의 정치적 발전단계 재인식', '문헌자료의 재검토와 정리', '당대 한국사의 흐름 속에서 가야사 이해', '고고자료의 의존과 자의적 해석 문제' 등을 제시했다.

107) 李基東, 1982 「加耶諸國의 興亡」 『韓國史講座 1(古代篇)』, 一潮閣 ; 金廷鶴, 1987 「加耶의 國家形成段階」 『精神文化研究』 32.

기 초[108]를 시기구분의 기준으로 삼기도 했다.

사실 가야사의 시기구분 문제는 변한과 가야 관계에 대한 인식과 표리관계에 있다. 시간적으로 변한을 가야사의 범주에 포함할 것인지, 따로 구분할 것인지에 따라 이른바 '전기론'과 '전사론'으로 나뉜다.[109] '전기론'은 가야사의 출발을 변한지역의 소국 형성시기로 소급할 수 있기 때문에, 가야사는 기원을 전후한 시기 혹은 그 이전에 시작한 것으로 상정한다. 반면 '전사론'은 변한과 가야를 따로 나누어 보기 때문에, 가야사의 실질적인 출발을 변한의 소멸과 맞물리는 서기 3세기 중반 이후로 삼는 경향이 강하다.

그런데 '전기론'과 '전사론'은 삼한의 성립 또는 삼한이 삼국으로 전이되는 과정에 대한 설명에서는 접점이 적지 않은 것으로 보았다.[110] 곧 전통적 입장의 '전대론'을 '전사론'으로, 그리고 '전사론'과 '전기론'의 공통점을 되짚어 양자를 묶어 크게 '원사론'으로 이해할 것을 제안했다. 그리하여 향후 생산적인 논의를 위해 마한, 진한, 변한을 백제, 신라, 가야의 기원으로 삼국시대에 포괄하여 '원사(原史)'로서 상정하자는 의견을 제시했다.

변한 제국(諸國)과 가야 제국은 서로 '죽순'과 '대나무'의 관계처럼 연속선상에 있고,[111] 문화의 담당자나 내용 면에서 계통을 달리하거나 획기적인 교체 내지는 발전 양상을 확인하기 어려운 형편이다.[112] 곧 가야 제국의 연원은 변한 소국에서 찾을 수 있기 때문에, 양자를 서로 단절된 것으로 보기보다는 변한의 역사를 가야사의 연장선에서 접근하는 것이

---

108) 千寬宇, 1976 「三國志」 韓傳의 再檢討」『震檀學報』41 ; 金泰植, 1985 앞의 논문.
109) 朱甫暾, 1995 앞의 논문.
110) 박대재, 2017 「삼한의 시기를 둘러싼 논의의 접점」『한국고대사연구』87.
111) 千寬宇, 1991 앞의 책.
112) 이영식, 2006 앞의 논문, p.208.

좋을 듯싶다.

변한의 변화과정과 가야의 성립에 대한 폭넓은 이해를 위해서는 삼한 전체의 변화과정에서 가야의 성립을 살펴볼 필요가 있다. 특히 변진은 이웃한 진한과 기록상 뚜렷한 차이를 확인하기 어려운 것이 사실이다. 실제로 한전에는 변한소국의 국명 앞에 '변진(弁辰)'자를 더했지만, 변·진한 제국의 이름을 하나로 묶어 소개했다. 물론 변·진한 국명을 뒤섞어 나열했는데, 이는 '변진과 진한이 잡거했다'는 서술과 맥이 닿는다. 또한 의복과 주택, 언어와 法俗이 서로 같다고 하여, 변진과 진한을 마한과는 뚜렷이 구분했다. 따라서 영남지역을 하나의 권역으로 삼아 변진과 진한의 변화과정을 가야와 신라의 변동 속에서 이해하자는 제안은 귀담아 들을 만하다.[113]

'변한에서 가야'로의 변화과정을 설명하기 위해서는 진한과 마한지역에서 소국연맹체의 한계를 극복하고 백제와 신라라는 연맹왕국으로 성장하는 과정에 견주어 접근할 필요가 있다고 본다.[114] 이를 위해 '포상팔국'의 난에서 유추할 수 있는 통합조직의 역사 경험은 물론, 광개토왕릉비에 등장하는 '임나가라'를 통한 4세기대 가야지역 중심세력의 실체, 그 통합 범위 및 강도 등의 해명이 뒤따라야 할 것으로 보았다. 이는 삼한이라는 같은 뿌리에서 성장 발전한 백제, 신라와의 비교사적 관점의 접근을 통해서 변한과 가야 연구가 갖는 한계를 극복하는데 유용하다고 보았으며, 결국 각 시기별 변한 소국들과 가야 각국 간의 역사전개과정에서 그들만의 특수성과 공통점을 드러내는 것으로 귀결된다. 이와 관련하여 가야사가 시간적으로 약 600년 가까이 전개되었으므로, 이를 보다 동태

---

113) 남재우, 2017 앞의 논문, p.41.
114) 이현혜, 2017 「〈변한과 가야〉 연구의 동향과 과제〉 토론문」『가야사 연구의 기본문제』(2017 한국고대사학회 가야사 학술회의 발표문), pp.81~83.

적으로 파악하기 위해서는 크게 전기와 후기로 구분하는 경향에서 벗어 나 보다 세분화시켜 접근해야 한다는 지적도 유념해야 할 것이다.[115]

가야 제국의 사회발전단계와 관련된 '가야연맹'설의 존부 문제도 주 목할 수 있다. 가야가 전체를 포괄하는 하나의 단일한 연맹체를 이루었 다는 입장은 일찍이 '6가야연맹'설[116]이 제기된 이래 '상·하가야연맹' 설,[117] 그리고 '전·후기가야연맹'설로 이어졌다.[118] 그런가 하면 변한은 구야국 중심의 단일연맹체로 상정하면서도 그 안에 복수의 지역연맹체 가 형성되어 맹주국인 구야국을 중심으로 일정한 관계를 맺어 결속되었 던 것으로 보기도 한다.[119]

한편 가야 제국은 구야국을 중심으로 단일한 연맹체를 형성하지 못 했고 유력한 세력이 일정한 지역세력권, 곧 '지역연맹체'를 형성한 것으 로 이해하는 경향이 대두했다. 곧 김해 구야국·함안 안야국 등을 중심으 로 하는 복수의 지역연맹체를 설정하거나,[120] 변한 제국은 단일한 연맹 체는 아니었지만 경제적 네트워크를 기반으로 하는 지역연맹체를 형성 했으며, 어떤 경우에는 변진한 소국이 섞여 있었던 '혼합형 지역연맹체' 도 존재했던 것으로 보기도 한다.[121] 나아가 변한 12국을 대표하는 변한 왕은 대외교섭체계상의 왕자(王者)로 파악하고, 변한사회는 각국의 원심

---

115) 노중국, 2001 「가야사연구의 어제와 오늘」 『한국고대사 속의 가야』, 혜안, p.72.
116) 李丙燾, 1959 앞의 책 ; 1976 앞의 논문.
117) 김철준, 1977 앞의 논문.
118) 金泰植, 1993 앞의 책.
119) 盧重國, 2002 「辰·弁韓의 政治·社會구조와 그 운영」 『진·변한사 연구』, 경상 북도·계명대 한국학연구원.
120) 白承忠, 1995 앞의 논문 ; 李炯基, 1997 앞의 논문 ; 白承玉, 2001 앞의 논문.
121) 백승옥, 2010 「변·진한 및 가야·신라의 경계」 『한국고대사연구』 58, pp.66 ~67.

력이 작용하는 '은하정치체(galactic polity)'와 같은 분산적 구조를 지닌 것으로 추정했다.[122] 이밖에 변한의 여러 소국들은 김해지역의 구야국을 중심으로 하는 연맹체를 형성하지 못했으며, 소국 단위로 병립했을 것이라는 견해도 제시되었다.[123] 이처럼 구야국 중심의 단일연맹체설에 비판적이었던 견해는 변한 내에 산재했던 다른 소국 내지는 지역 세력권의 역사상을 부각하여 변한 제국에 대한 관심과 이해의 폭을 넓히는데 보탬이 되었다.

사실 가야사의 연맹체 존부 문제는 『삼국지』 한전에 변진 제국이 대국과 소국으로 나뉘고, 그 지배자들로 신지, 읍차 등의 거수가 있었으며, 또한 변진 12국에도 왕이 있었다는 기록의 해석과도 무관하지 않다. 변진의 여러 소국들을 모두 균질적인 정치체로 파악하기보다는 대국으로 상정되는 구야국이나 안야국이 여타 소국들보다 사회 발전이 앞선 단계로 보는 경향이 강하다.[124] 또한 변한 12국의 '왕'호는 변한 전체를 대표하는 왕으로서,[125] 국가(state)단계의 왕(king)으로 보는가 하면,[126] 변한 각국의 거수를 가리키는 것으로 해석하기도 한다.[127]

그간 진행된 '가야연맹'설에 대한 논의는 가야를 구성하는 소국 간의 관계를 비롯하여 사회발전단계 등 가야의 역사상을 심화시키는데 보탬이 되었던 면도 있다. 다만 '연맹'이라는 개념이 중심부 소국과 주변부 소국 사이의 영속 관계를 전제로 한다면, 그것은 가야의 국가발전단계 논

---

122) 박대재, 2006 「弁韓의 왕과 浦上八國 전쟁」, 앞의 책.

123) 李賢惠, 1984 앞의 책 ; 李永植, 1985 앞의 논문.

124) 김두진, 1985 「三韓 別邑社會의 蘇塗信仰」 『韓國古代의 國家와 社會』, 一潮閣 ; 최광식, 1994 『고대한국의 국가와 사회』, 한길사.

125) 노중국, 2002 앞의 논문.

126) 박대재, 2006 앞의 책.

127) 김정학, 1990 앞의 책 ; 김태식, 1993 앞의 책.

의에 적용하기보다 가야 제국의 지배체제 해명에 유용할 수 있다는 지적에 유념할 필요가 있다.[128] 물론 사회발전단계가 서로 다른 정치집단 간에도 연맹이 성립할 수 있으므로, 가야사 전시기에 걸친 연맹 단계의 적용에 한계가 있다는 점도 주의를 요한다.[129] 사실 가야의 여러 소국 간에도 발전 정도에 편차가 있었을 것이므로, 앞으로 '가야연맹' 혹은 '지역연맹체' 등에 적용되는 연맹의 개념은 가야사 전개와 긴밀한 관계를 맺은 백제 및 신라의 사회발전상과의 비교를 통한 접근이 요구된다.

변진 소국 및 가야의 성립과 관련하여 가야의 건국신화를 어떻게 이해할 것인가 하는 문제도 관심의 대상이 된다. 한국고대의 건국신화는 대체로 우세한 부족의 시조전승을 중심으로 성립되었다가, 그 후 피정복 부족의 시조전승이 국가의 사전(祀典)체계에 편제되었던 것으로 본다.[130] 가야의 건국신화에서 「가락국기」에 전하는 금관가야의 건국신화는 수로 시조전승을 중심으로 허왕후와의 혼인담이 더해졌지만, 그 안에는 9간의 시조전승과 다른 5가야의 개국신화 등이 얽혀 있는 것으로 이해된다. 실제로 금관가야의 수로 시조전승은 그 뒤 유교문화와 연관되어 중국 황제의 권위를 빌려와 신성화되면서 소호금천씨(少昊金天氏)의 후예를 자처했으며, 허왕후 시조전승은 인도 아유타국 공주로서 파사석탑을 가져 오는 등 불교의 권위를 빌어 신성화 관념을 모색했던 것으로 보았다.

이와 함께 금관가야의 건국신화는 '9간사회에서 가락국으로의 이행'이라는 김해지역 소국성립의 모델로 접근하였다.[131] 이 지역의 고고학

---

128) 김영하, 1991 「韓國古代國家의 政治體制發展論」『韓國古代史研究』 17, p.74.

129) 이영식, 2006 앞의 논문, p.209 ; 남재우, 2011 앞의 논문, p.185.

130) 金杜珍, 1999 「加耶 建國神話의 성립과 그 변화」『韓國古代의 建國神話와 祭儀』, 一潮閣.

131) 李永植, 1994 「九干社會와 駕洛國의 成立」『伽倻文化』 7, 伽倻文化研究院.

자료와 대비하여 가락9촌을 이끌었던 9간은 청동기문화 단계의 재지세력이며, 수로왕은 서북한 지역에서 도래한 철기문화인으로 본다. 그리하여 9간에 영도되었던 9간사회는 부족연합의 단계, 가락국의 성립은 군장사회(Chifdom) 단계로 상정했다. 기록상 천강의 명분을 지닌 수로왕은 9간의 추대로 등극했기 때문에 재지세력의 합의를 전제로 한 것으로 이해되지만,[132] 오히려 수로의 왕권 창출에 강제성이 작용했던 것으로 보기도 한다.[133]

또한 대가야의 건국신화에서는 천신과 가야산신 사이에서 탄생한 대가야 시조 이진아시왕과 금관가야 시조 수로왕이 서로 형제관계였음을 전한다. 일찍이 이를 상·하 가야연맹체의 성립 사실로 해석하기도 했지만,[134] 가야지역의 연맹장 교체 이념이 본래의 시조전승에 더해져 성립한 것으로 보기도 한다.[135] 대가야의 건국신화가 조성된 시기는 해인사 창건을 계기로 정리되었다고 보는 견해가 있는가 하면,[136] 수로왕 신화를 고려할 때 가야연맹의 패권이 김해의 금관국에서 고령의 대가야국으로 옮겨갔던 서기 5세기 후반 이후로 상정하기도 한다.[137]

한편 제의 행위는 시조전승을 바탕으로 이루어지기 때문에 건국신화와 제의는 밀접하게 얽혀있는 것으로 이해된다.[138] 지금까지 가야의 건국신화와 그곳에서 이루어진 제의행위가 어떠한 사회구조 속에서 성립

---

132) 金泰植, 1998「駕洛國記 所載 許皇后 說話의 性格」『韓國史研究』102 ; 金杜珍, 1999 앞의 논문.
133) 白承忠, 2001「가야 건국신화의 재조명」『한국고대사 속의 가야』, 혜안.
134) 金哲埈, 1977「부족연맹 세력의 대두」『韓國史 2』, 國史編纂委員會.
135) 金泰植, 1993 앞의 책.
136) 白承忠, 2001 앞의 논문.
137) 金泰植, 1993 앞의 책.
138) 金杜珍, 1999 앞의 책.

되고 시행되었는가를 추구하는 노력은 다소 미흡한 형편이었다. 곧 가야의 건국신화와 제의에 관한 연구를 사회사상사로 정립하여 그것의 객관적인 보편성을 부각해내는 접근이 필요하다. 기실 고대사회에서 이루어지는 제의 행위는 토착적인 성격을 강하게 내포하기 때문에 그것의 보편성을 찾아야 하며, 궁극적으로 한국 고대의 특수한 문화양상에 내재한 보편성을 찾아내는 노력으로 이어져야 할 것이다. 이와 함께 건국신화와 제의에 대해 깊은 관심을 가져 왔던 국문학 등 인근 학문분야에서 축적한 연구 방법론과 성과에도 관심이 요구된다.

한편 변한 및 가야 제국의 위치와 세력 범위에 대한 문제도 주목된다. 가야의 강역과 관련하여 『삼국유사』「가락국기」에는 가야의 경계를 동쪽으로는 황산강(낙동강 하류), 서남쪽은 창해(滄海, 남해), 서북쪽은 지리산, 그리고 동북쪽은 가야산으로 전한다. 그런가 하면 같은 책의「오가야」에서는 비화가야와 성산가야를 각기 낙동강 동쪽과 가야산 북쪽으로 비정하여 차이난다. 그래서「가락국기」에 전하는 가야의 경계는 특정 시기의 축소된 범위를 수록한 것으로 이해하면서,[139]「오가야」의 전승을 가야의 경계를 설정하는 기준으로 삼기도 했다.

그런데「오가야」의 기록은 나말여초의 정치적 상황을 배경으로 하는 후대의 산물로 비판하고,[140] 『삼국지』한전 및 『삼국사기』신라본기의 초기기록을 활용하여 전기가야의 세력범위를 상정했다.[141] 실제로 『삼국지』한전에 전하는 변진 12국의 위치를 비정하여, 전기가야의 세력범위를 낙동강 유역과 경남해안 일대로 추정했다. 변진 12국의 위치비정에서 구야국(김해)과 안야국(함안) 등은 이견이 없지만, 미오야마국(창원 혹은

---

139) 李丙燾, 1976「加羅諸國의 聯盟體」앞의 책.
140) 金泰植, 1993 앞의 책.
141) 千寬宇, 1976 앞의 논문 ; 安春培, 1993 앞의 논문 ; 金泰植, 1993 앞의 책.

고령)·반로국(성주 혹은 고령)·독로국(부산 혹은 거제) 등은 견해를 달리 한다. 창녕의 비화가야와 성주의 성산가야를 전기가야의 범주에 포함하는 문제는 여전히 논란이 된다.

또한『삼국사기』신라본기에 전하는 초기신라와 가야의 전쟁기사에서 당시 가야는 전쟁지역 인근의 변진계 가야소국으로 보았다.[142] 그런가하면 관련 기사를 서기 3세기 후반 낙동강을 경계로 신라와 가야의 대치 상황을 반영한 것으로 보고,[143] 양국의 경계를 추정했다. 사실 가야사의 전개과정에서 가야 전체가 정치적으로 통합된 적이 없기 때문에, 후대 역사적 인식의 산물이라 할 수 있는『삼국유사』오가야조의 내용이나 『삼국유사』가락국기의 가야 경역 기사로 가야의 영역을 논하는 것은 사실상 무의미하며,[144] 일정한 시기에 형성된 연맹체의 세력범위 혹은 가야 각국의 영역을 논할 수 있다는 입장을 피력했다.

가야의 세력범위를 설정하는 접근은 주로 영남지역의 분묘와 토기 양식의 분포를 활용한 방법으로 이루어졌다. 처음 분묘 양식은 크게 신라계통의 적석목곽분과 가야계통의 수혈식석곽분으로 나누었는데,[145] 점차 수혈식석곽분의 내부구조를 유형화하고 분포지역을 세분화하는 방향으로 진행되었다.[146] 토기 양식은 이 지역에서 출토된 도질토기를 낙동강을 경계로 가야양식과 신라양식으로 구분하고, 분포양상에 따라 신라와 가야의 세력권을 설정하기도 했다.[147]

그런데 가야를 '지역연맹체'로 보는 경우에 분묘와 토기 양식 등으로

---

142) 李永植, 1985 앞의 논문 ; 白承忠, 1989 앞의 논문.
143) 김태식, 1993 앞의 책.
144) 백승옥, 2010 앞의 논문. pp.75~76.
145) 李殷昌, 1982 앞의 논문.
146) 金鍾徹, 1988「北部地域 加耶文化의 考古學的 考察」『韓國古代史研究』1.
147) 金元龍, 1987『韓國考古學研究』, 一志社.

구분되는 범고령권, 함안권, 김해부산권, 고성진주권 등은 문화권역인 셈인데, 이를 과연 바로 정치권역으로 설정할 수 있겠는가에 대해 의문이 제기되었다.[148] 곧 고분이나 토기양식의 분포권이 반드시 정치적 세력범위와 일치한다고 볼 수는 없다. 따라서 특정한 고고학 자료의 분포를 기준으로 삼기보다는 문헌자료를 바탕으로 개별 소국의 세력범위의 윤곽을 설정한 뒤에, 고분과 토기 등의 고고학 자료를 종합적으로 활용하여 지역적 범위를 구체화시키는 방법이 필요할 것이다.[149]

---

148) 백승옥, 2010 앞의 논문, pp.72~73.
149) 朱甫暾, 1995 앞의 논문, pp.28~29.

참고문헌

權珠賢, 2004 『가야인의 삶과 문화』, 혜안

權鶴洙, 1985 「加耶諸國의 成長과 環境」 『白山學報』 30 · 31合

權鶴洙, 1994 「加耶諸國의 相互關係와 聯盟構造」 『韓國考古學報』 31

金杜珍, 1996 「加耶 建國神話의 성립과 그 변화」 『韓國學論叢』 19

金炳坤, 2005 「崔致遠의 三韓觀에 대한 認識과 評價」 『韓國古代史研究』 40

김석형, 1966 『초기조일관계사』, 사회과학원출판사

金世基, 2003 『고분자료로 본 대가야 연구』, 학연문화사

김세기, 2017 「대가야 고대국가론」 『韓國古代史研究』 87

金煐泰, 1997 「伽耶佛敎의 史的 考察」 『伽耶文化』 10

金元龍, 1992 「考古學에서 본 伽耶」 『가야문화』 5

金廷鶴, 1987 「加耶의 國家形成段階」 『精神文化研究』 32

金泰植, 1990 「加耶의 社會發展段階」 『한국 고대국가의 형성』, 民音社

金泰植, 1993 『加耶聯盟史』, 一潮閣

金泰植, 2003 「초기 고대국가론」 『강좌 한국고대사 2』, 가락국사적개발원

金泰植, 2006 「韓國 古代諸國의 對外交易-가야를 중심으로-」 『震檀學報』 101

김태식, 2007 「가야」 『한국고대사 연구의 새 동향』, 서경문화사

金鉉球 외, 2003 『日本書紀 韓國關係記事 研究 (2)』, 一志社

金鉉球, 1992 「任那日本府' 연구의 현황과 문제점」 『韓國史市民講座』 11, 一潮閣

金鉉球, 1997 「가야의 대외관계」 『한국사 7』, 국사편찬위원회

김창석, 2012 「고대 교역장의 중립성과 연맹의 성립-3~4세기 加耶聯盟體를 중심
으로-」 『歷史學報』 216

南在祐, 2003 『安羅國史』, 혜안

南在祐, 2011 「식민사관에 의한 가야사연구와 그 극복」 『韓國古代史研究』 61

南在祐, 2017 「전기 가야사 연구의 성과와 과제」 『한국고대사연구』 85

노명호, 2009 「삼한일통의식과 고려국가」 『고려국가와 집단의식』, 서울대학교출판
문화원

노중국 외, 2009 『대가야의 정신세계』, 계명대학교 한국학연구원 · 고령군 대가야박
물관

盧重國, 1995 「大加耶의 政治 · 社會構造」 『加耶史研究』, 慶尙北道

노중국, 2001 「가야사연구의 어제와 오늘」『한국고대사 속의 가야』, 혜안

盧泰敦, 1982 「三韓에 대한 認識의 變遷」『韓國史研究』 38

李丙燾, 1962 「首露王考」『歷史學報』 17·18合

文昌魯, 1997 「'三韓社會' 研究의 成果와 課題」『韓國史研究』 96

문창로, 2007 「한국 고대사 연구의 주요 성과와 과제」『한국역사학의 성과와 과제』,
　　　　　일조각

文昌魯, 2011 「조선 후기 실학자들의 삼한 연구」『韓國古代史研究』 62

文昌魯, 2012 「광복 이후 가야사 연구의 동향과 과제」『한국학논총』 37

문창로, 2014 「星湖 李瀷(1861~1763)의 삼한 인식」『韓國古代史研究』 74

박대재, 2017 「삼한의 시기를 둘러싼 논의의 접점」『한국고대사연구』 87

박인호, 2003 『조선시기 역사가와 역사지리인식』, 이회

白承玉, 2003 『加耶各國史研究』, 혜안

백승옥, 2014 「加耶諸國의 존재형태와 '加耶地域國家論'」『지역과 역사』 34

白承忠, 1989 「1~3세기 가야세력의 성격과 그 추이」『釜大史學』 13

白承忠, 1995 『加耶의 地域聯盟史 研究』, 釜山大學校 博士學位論文

白承忠, 2006 「가야의 '고대국가론' 비판」『釜大史學』 30

백진재, 2015 「加耶諸國의 對外交涉과 浦上八國戰爭」『지역과 역사』 37

부산대학교 한국민족문화연구소, 2002 『가야고고학의 새로운 조명』, 혜안

부산대학교 한국민족문화연구소, 2002 『학교교육과 사회교육으로서의 가야사』, 혜안

부산대학교한국민족문화연구소, 2000, 『가야각국사의 재구성』, 혜안

선석열, 2015 「3세기 구야국의 대군현 교섭과 진왕」『구야국과 고대 동아시아』, 주
　　　　　류성

申敬澈, 1992 「金官加耶의 成立과 對外關係」『伽耶와 東아시아』, 김해시

申敬澈, 2000 「금관가야의 성립과 연맹의 형성」『가야각국사의 재구성』, 혜안

안홍좌, 2016 「弁辰走漕馬國의 형성과 변천」『지역과 역사』 38

延敏洙, 1998 『고대한일관계사』, 혜안

연민수, 2015 「변진시대 가락국의 성장과 외교」『구야국과 고대 동아시아』, 주류성

尹錫曉, 1990 『伽倻史』, 民族文化社

李基東, 1982 「加耶諸國의 興亡」『韓國史講座 1(古代篇)』, 一潮閣

李基東, 1991 「伽倻史 研究의 諸問題」『伽倻文化』 4

李萬烈, 1980 『丹齋 申采浩의 歷史學 硏究』, 文學과 知性社

李文基, 1995「大加耶의 對外關係」『加耶史研究』, 慶尙北道

李文基, 2004「金官伽耶系의 始祖出自傳承과 稱姓의 변화」『신라문화제학술대회논
　　　　　문집』 25

李丙燾, 1976「加羅史上의 諸問題」『韓國古代史研究』, 博英社

이성주, 1998『新羅·伽耶社會의 政治·經濟的 起源과 成長』, 서울大學校 博士學位
　　　　　論文

李永植, 1985「加耶諸國의 國家形成問題」『白山學報』 32

李永植, 1994「九干社會와 駕洛國의 成立」『伽耶文化』 7, 伽耶文化研究院

李永植, 2006「가야사연구의 성과와 전망」『한국고대사입문 2』, 신서원

이영식, 2016『가야제국사연구』, 생각과종이

李鎔賢, 1998「加耶의 姓氏와 '金官'國」『史叢』 48

李鎔賢, 2001「가야의 대외관계」『한국 고대사 속의 가야』, 혜안

李鍾旭, 1999『한국의 초기국가』, 아르케

李賢惠, 1983「崔致遠의 歷史認識」『明知史論』創刊號

李賢惠, 1984『三韓社會形成過程研究』, 一潮閣

李賢惠, 1998『韓國 古代의 생산과 교역』, 一潮閣

李賢惠, 2001「加耶의 交易과 經濟」『한국 고대사 속의 가야』, 혜안

李炯基, 2000「大加耶의 聯盟構造에 관한 試論」『韓國古代史研究』 18

李炯基, 2009『大加耶의 形成과 發展 研究』, 景仁文化社

이희진, 1998『加耶政治史研究』, 學研文化社

인제대학교 가야문화연구소, 1995『加耶諸國의 鐵』, 신서원

인제대학교 가야문화연구소, 1997『加耶諸國의 王權』, 신서원

張學鋒, 2015「狗邪에서 加羅로」『구야국과 고대 동아시아』, 주류성

田中俊明, 1990「于勒十二曲과 大加耶連盟」『東洋史研究』 48-4

丁仲煥, 1962『加羅史草』, 釜山大學校 韓日文化研究所

丁仲煥, 1990「駕洛國記의 文獻學的 考察」『伽耶文化』 3, 伽耶文化研究院

조인성, 1982「崔致遠의 歷史敍述」『歷史學報』 94·95合

조희승, 1994『가야사연구』, 사회과학원출판사

朱甫暾, 2000「가야사 인식과 사료문제」『한국고대사와 고고학』

주보돈, 2017「가야사 연구의 새로운 進展을 위한 제언」『한국고대사연구』 85

주보돈, 2017『가야사 새로 읽기』, 주류성

千寬宇, 1989 『古朝鮮史·三韓史硏究』, 一潮閣

千寬宇, 1991 『加耶史硏究』, 一潮閣

崔光植, 1995 「대가야의 신앙과 제의」 『加耶史硏究』, 慶尙北道

韓永愚, 1989 『朝鮮後期史學史硏究』, 一志社

홍보식, 2017 「전기 가야의 고고학적 연구 쟁점과 전망」 『한국고대사연구』 85

洪潤植, 1992 「伽倻佛敎에 대한 諸問題와 그 史的 位置」 『伽耶考古學論叢 1』, 伽耶
　　　　文化硏究所

가야 제국諸國의
발전단계와
초기고대국가론

· 이영식 ·

1. 머리말

　가야의 사회발전단계론으로서 부족국가론, 연맹체론, 성읍국가론, 군장사회론, 부체제론, 영역국가론, 고대국가론, 지역국가론 등 실로 다양한 해석과 모델들이 제시되어 왔다. 원래 사회발전단계론이란 한국사를 세계사적 발전단계론에 자리매김함으로써 한국사의 세계사적 보편성을 획득하려는 시도에서 시작되었다. 따라서 초기의 발전단계론은 서양고대사 · 사회학 · 인류학 등에서 제시되었던 지표와 모델이 한국고대사에서 어떻게 확인되며 어떤 모델들을 적용할 수 있을까에 초점이 모아졌다. 다만 확인과 적용의 과정에서 적지 않은 괴리가 발견되었고, 이후 문헌 · 고고자료에 나타나는 사회발전단계의 구체적 차이와 진전에 대한 검토에 주력하는 방향으로 전개되었다. 연맹체론이나 군장사회론 등이 전자와 같은 경향을 대표한다면, 부체제론과 '고대국가론'은 후자의 특징을 대변하는 것처럼 보인다.

　물론 이러한 시도에서 적지 않은 문제점이 노출된 것도 사실이다. 전자에서는 원래의 용어나 개념에 대한 천착 부족에서 적용단계의 차이를 양산했으며, 후자는 부체제로 파악하면서도 '고대국가'로 정의했던 것처럼 사회발전단계론에서 제시되었던 '고대국가'의 용어를 자의적으로 상이한 단계에 대한 용어와 개념으로 사용했던 문제점을 노출했다. 가야사 연구는 물론 한국고대사 연구에서 연맹체론은 고대국가형성 이전 단계를 설명하고 정의하는 용어와 개념으로 도배되었다. 광복 이후 현재까지 '천하(天下)의 보도(寶刀)'처럼 휘둘러졌던 연맹체론은 개념 규정과 적용의 원칙에 대한 특별한 고민도 없이 사용되었고, 고대국가형성 이전의 사회라면 삼국과 가야가 서로 상이한 사회 구조와 발전단계였음에도 불구하고 동일한 연맹의 용어로 규정하였다.

특히 마지막까지 분열돼 있던 가야제국사의 연구에서 연맹체론은 사회발전단계론나 개념적 정의에 대한 검토와 검증도 없이 제국의 관계를 설명하는 개념으로도 사용되었다. 그렇게 가야사 연구에서 연맹체론은 어떤 때는 발전단계론이라 하다가 어떤 때는 관계론처럼 설명되기도 했지만, 사회과학사전 정도의 연맹이란 용어와 개념에 대한 정의나 적용이 이루어진 예는 거의 없었다. 가야사를 가야제국의 역사로 파악하고 정의해야하는 것처럼, 가야제국의 사회발전단계 역시 일률적으로 규정할 수 없다. 더구나 가야제국의 사회발전단계론은 고구려·백제·신라의 삼국과 다를 수밖에 없다. 그러나 그동안 우리는 삼국사에서 고안되었던 사회발전단계론을 특별한 검토도 없이 가야 사회에 적용하기도 하였다. 현재까지 국사교과서의 통설로 기술되고 있는 가야연맹설이 바로 그것이다.[1]

근년 발전단계론의 대세라고도 할 수 있는 부체제론에서도 같은 문제점은 지적되어야 한다. 부(部)에 대한 기록이 전무에 가까운 가야사에

---

1) 윤선태, 2017 「『대가야 고대국가론(김세기)』에 대한 토론문」『제11회 대가야사학술회의 쟁점 대가야사 대가야의 국가발전단계』, 고령군·대가야박물관.

고구려사나 신라사의 연구에서 도출된 모델을 강제로 적용시켜 보려 했다는 느낌을 지울 수 없다. 가야제국 중 어디나 왕권, 관료제, 율령, 지방제도, 불교 등과 같은 지표에서 고대국가적 수준에 도달하지 못한 것은 주지의 사실이다. 이러한 상황에서 대가야의 가라국을 신라 마립간기의 '고대국가'와 같은 수준의 사회로 정의하는 것은 또 다른 혼란을 초래한다. 전통적 고대국가론에 대한 비판을 내세우면서도 비판적 연구에서는 자의적인 의미로서 동일한 '고대국가'의 용어를 사용하고 있기 때문에,[2] 양자 간에 논쟁이 성립할 여지조차 없다.

가야의 사회발전단계에 대한 연구 역시 고대국가 이전의 단계에서 고대국가적 지표나 맹아를 얼마나 어떻게 확인할 수 있는가에 집중되고 있다. 가야의 사회발전단계론에서 지금까지 대세를 이루고 있는 연맹체론과 부체제론 등을 간단히 정리하고, 가락국과 가라국의 사회발전단계에 대한 종전의 생각을 다시 정리하면서, 약간의 진전을 보족해보고자 한다. 특별하고 새로운 가야사회발전단계론의 주장이라기보다 어떤 사실들이 '고대국가적 지표'로 확인될 수 있을까하는 논의의 바탕이라도 마련될 수 있으면 다행이겠다.

2. 가야 사회발전단계론의 전개

1) 가야연맹체론의 태동

가야연맹설의 시작은 가야의 건국신화에서 비롯되었다. 가야의 건국신화가 '6란신화'와 '가야산신신화'처럼 김해와 고령 중심으로 나뉘어 있

---

2) 백승충, 2006「가야의 '고대국가론' 비판」『釜大史學』30.

음을 근거로 가야사를 전·후기로 나누면서 '6란설화'에 의지해 가라제국(加羅諸國)의 연맹체를 상정하였다. 『삼국유사』 가락국기와 오가야 조, 특히 5가야의 나열에서 금관가야와 대가야의 출입을 근거로 2국을 맹주로 설정한 가야연맹체론이었다. 부족국가의 수로왕을 연맹형성의 시조로 두고, 3세기경부터 가라연맹체가 형성되었을 것으로 추론하였다. 여기에서 연맹이란 용어는 상가라(上加羅)와 하가라(下加羅)를 낙동강 동일 수계로 전제하고 이집트의 상왕조와 하왕조에 빗댄 것을 보면 아무래도 그리스 도시국가연맹을 염두에 있었던 것으로 보이지만 개념이나 모델에 대해 이렇다 할 정의가 선행된 것은 아니었다.[3]

가야연맹설에는 한국고대사를 세계사적 보편적 발전론에 위치시키려는 신민족주의사관에 따라 3세기 말까지의 변한을 소부족국가로 정의하고, 6세기 중엽의 귀족국가확립기에 이르기까지를 부족연맹으로 파악했던 견해도 있었다. 가야를 삼국의 부족연맹왕국과 비슷한 것으로 파악했던 것으로 보이는데 세계사적 발전법칙이라지만 그 발전법칙에 연맹이란 단계가 있는지도 알지 못하겠고, 연맹의 개념에 대해 특별한 정의가 없었던 것은 마찬가지였다.[4]

가야연맹설에서 고고자료를 활용했던 최초의 연구는 가야시대를 철기와 도작문화가 시작되는 1~3세기를 전기로, 고총고분이 등장하는 4~6세기를 후기로 구분하면서, 읍락국가(1세기 이전)→읍락국가연맹(1~3세기)→가야연맹(4~6세기)의 발전단계를 설정하였다. 읍락국가의 집합을 가야로 해석한 것으로 보이지만 양쪽 모두 같은 연맹의 용어로 정의함으로써 사회발전단계의 진전이 전혀 없었던 것처럼 되었다. 서로 다른 발전단계에도 동일한 연맹의 용어와 개념을 적용해도 좋을 것 같은

---

3) 이병도, 1976 『한국고대사연구』, 박영사.
4) 손진태, 1948 『조선민족사개론』, 을유문화사.

오해를 불러일으키기도 하였다.[5]

2) 가야연맹체론의 정형화, 단일연맹체론

전기의 금관가야와 후기의 대가야가 각각 맹주가 되어 모든 가야제국을 아우르는 단일한 가야연맹체를 구성했다는 가야연맹체론을 새로운 고고자료와 문헌자료의 활용을 통해 일단 가야연맹설의 통설화에 성공했다. 『일본서기』의 비판적 활용과 고고자료의 보강을 통해 가야사가 한국고대사연구에서 시민권을 획득할 수 있게 했던 연구이기도 했지만, 서명으로도 사용했던 연맹의 용어와 개념에 대한 정의가 전제되거나 연맹체의 구조에 대한 설명이 제시된 바는 없다. 심지어 가야연맹사의 전개과정을 가락구촌연맹→변한제국연맹→전기야연맹→후기가야연맹과 같이 규정하여 가야사의 모든 발전단계를 동일한 용어와 개념으로 도배하고 있음이 눈에 띈다.[6] 이러한 연맹체론은 가야제국의 관계에 대한 설명으로서도 비판의 여지가 적지 않지만, 사회발전단계론에서 볼 때는 연맹이란 동일한 용어와 개념의 천편일률적 사용 때문에 가야는 사회발전단계에 전혀 진전이 없었던 사회처럼 보이기도 한다.

근년에는 가야의 부체제에 대한 논의에서 맹주국이 소속국의 외교권을 박탈한 것으로는 보이지 않는다며 부체제론을 부정하기도 하고, 신라 마립간기 연맹체의 중앙집권능력 정도라면 가야에도 부체제는 성립했을 것이라는 이중적 입장을 취하면서,[7] 소국→소국연맹체→초기고대국가

---

5) 김정학, 1982 「고대국가의 발달(가야)」 『한국고고학보』 12.
6) 김태식, 1993 『가야연맹사』, 일조각.
7) 김태식, 2000 「가야연맹체의 부체제 성립여부에 대한 소론」 『한국고대사연구』 17.

(부체제)의 발전단계를 설정하기도 했다.[8] 고구려 부체제론에서 제시되었던 '초기고대국가론'[9]을 수용하는 것처럼 보이지만,[10] 초기고대국가는 대가야에만 적용되고 김해·함안·고성 등의 가야국은 소국연맹체단계에 머물고 있었던 것으로 파악하였다. 단일연맹체론에 대한 비판과 지역연맹체론 같은 수정론에 영향을 받은 것처럼 보이지만, 단일연맹체론으로 가야제국의 관계를 파악하고 사회발전단계론을 논하려는 것 자체를 포기한 것은 아닌 듯하다.

전기가야에서 금관가야를 맹주로 하는 연맹체를 확인할 수는 없지만, 고령의 대가야가 서부경남지역을 아우르는 단일한 '대가야연맹체'가 존재했다는 주장은 단일연맹체론 보다 높은 지지를 얻고 있는 것처럼 보인다.[11] 가야금12곡명에 대한 새로운 해석을 바탕으로 대가야문화권의 고고자료와 지명전승자료, 그리고 『일본서기』 관련기사에 대한 이해를 바탕으로 합천·거창·함양·산청·의령·하동·진주 등의 서부경남일원과 남원·광양·순천의 전라도동부지역에서 가야계통 소국의 존재를 밝히면서, 이 가야제국들이 대가야를 맹주로 하는 대가야연맹체를 구성하고 있었다는 연구였다.[12] 본래 연맹의 정치·군사·외교적 정의와 실상에 충실한 연맹체론 성립의 가능성은 비로소 이 주장에서만 충분하다고 생각된다.[13]

---

8) 김태식, 2014 「초기고대국가론」 『사국시대의 가야사연구』.

9) 노태돈, 2000 「초기 고대국가의 국가구조와 정치운영」 『한국고대사연구』 17.

10) 백승옥, 2017 「'가야'연맹체설'의 비판과 '지역국가론' 제창」 『제11회 대가야사학술회의 쟁점 대가야사 대가야의 국가발전단계』, 고령군·대가야박물관.

11) 田中俊明, 1990 「于勒十二曲と大加耶連盟」 『東洋史硏究』 48-4 (1992 『大伽耶連盟の興亡と「任那」』, 吉川弘文館 재수록).

12) 田中俊明, 1990 앞의 논문 (1992 앞의 책 재수록).

13) 이영식, 1997 「대가야의 영역과 국제관계」 『伽倻文化』 10.

단일연맹체론은 고고학에서 제시되기도 하였다. 3세기 말~5세기 전반에 금관가야의 특징적 도질토기인 외절구연고배의 중심 분포지역을 김해·부산으로 설정하여 김해·부산지역을 금관가야연맹체의 중추부로 상정하고, 낙동강 양안 공통양식의 고식도질토기문화권에서 신라권을 제외한 모든 지역을 외곽관할지로 설정하면서 이 모두를 포함하는 금관가야연맹체를 상정하였다. 후기가야의 단계에서는 대가야연맹체, 아라가야연맹체, 소가야연맹체가 분립 경영되고 있었다면서 지역연맹체론을 주장하기도 하였다.[14] 그렇다고 김해·부산의 외절구연고배가 전기가야의 다른 지역에서 저명하게 확인되는 것도 아니고, 후기가야에서 창녕·경산·대구·성주를 친 신라계 가야제국으로 보는 것에는 이견이 적지 않다.[15] 고고학에서 제시된 금관가야연맹체론으로서 의미가 있을지 모르겠다.

3) 가야연맹체론의 수정안, 지역연맹체론

단일연맹체론에 대한 문제제기와 수정론과 같은 위치에 '지역연맹체론'이 있다. 논자가 제기했던 비판을[16] 의식한 연구로 연맹의 용어와 개념적 정의에 천착하면서 연맹이란 용어가 우리 문헌기록에 보이는 것은 아니지만 반드시 운명공동체적이며 항구적인 것만을 의미하지 않는다고 정의하고, 일정 기간의 동맹이나 회의체에도 사용할 수 있다고 주장하였다. 전기가야에서 김해를 중심으로, 후기가야에서 고령과 함안을 중심으

---

14) 신경철, 2012 「가야유적의 역사적 위상」 『가야유적의 역사적 위상과 세계유산 가치 연구』, 경남발전 연구원역사문화센터.

15) 백승옥, 2017 앞의 논문.

16) 이영식, 1985 「가야제국의 국가형성문제」 『백산학보』 32.

로 하는 보다 좁은 범위와 제한된 시기의 지역연맹체론이 전개되었다.[17]
그러나 범위와 시기가 좁혀졌다고는 하나 각 지역연맹체에서는 전기가
야와 후기가야에 동일한 연맹체론을 적용함으로써 역시 사회발전단계론
으로서 유효하지 못한 문제점을 노출하기도 하였다.[18]

또한 고고학적으로 김해·함안·고성·창녕·고령 출토의 가야고배가
보여 주는 형식적 차별성에서 볼 때 가야제국의 발전단계를 단일연맹체
론으로는 설명할 수 없다고 하면서 소지역권 단위의 다수의 지역연맹체
가 같은 시기에 존재했다고 정의한 연구도 있었다.[19]

4) 고대국가론과 연맹체론

역시 단일연맹체론에 대한 비판으로 제시된 것으로 몇 개의 지역연
맹체 중에서 가라국만이 유일하게 고대국가로 발전할 수 있었다는 주장
이다. 직접 고대국가 또는 초기국가로 정의한 연구도 있고,[20] 부체제로
표현한 연구도 있지만,[21] 영역국가와 같은 명칭이 주로 사용되었다.[22] 5
세기 전반부터 고분과 통형기대·환두대도·금동관·금관 등 위신재를 통
한 위계질서가 확립되고, 5세기 중반 이후부터 원거리 지역까지 그 사용
을 규제하게 되는데, 곧 간접지배에서 직접지배로 나가는 과정에서 고대

---

17) 백승충, 1995 『加耶의 地域聯盟史 硏究』, 부산대학교박사학위논문.

18) 백승옥, 2017 앞의 논문.

19) 권학수, 1994 「가야제국의 상관관계와 연맹구조」『한국고고학보』 31.

20) 박천수, 1996 「대가야의 고대국가 형성」『碩晤尹容鎭敎授停年退任紀念論叢』.

21) 김세기, 1995 「대가야 묘제의 변천」『加耶史硏究-대가야의 정치와 문화-』, 경
상북도.

22) 이희준, 1995 「토기로 본 대가야의 권역과 그 변천」『加耶史硏究-대가야의 정
치와 문화-』, 경상북도 ; 이영식, 1997 앞의 논문.

국가적 특징은 현저해지고 그것을 반영하는 것이 대가야 토기의 확산과 정이라는 해석이다.

　다만 가라국의 최종적 발전단계는 고대국가로 규정하면서도 다른 가야제국과의 관계는 여전히 가야연맹체로 보는 입장이다. 가야연맹체론에서 본다면 변형 단일연맹체론이라고도 할 수 있으며, 고대국가 성립 이전의 단계는 지역연맹체로서 이해했기 때문에 지역연맹체론으로 규정할 수도 있다. 고령·합천 서부·거창·함양·산청 북부·장수·남원 서부·하동 등을 아우르는 가라국의 대가야를 국가단계에 진입했다고 보지만, 고성·진주·단성 등은 연맹체로 구성돼 있었다는 것이다. 문헌사학 쪽의 이른바 대가야론도 비슷한 내용인데 6가야를 지역연맹체로 파악하고, 가라국이 대가야라는 고대국가로 발전했다고 보기도 했다.[23]

5) 부체제론

　고구려사나 신라사의 연구에서 도출되었던 논의와 모델을 가야사에도 적용시켜보려 했던 선개념 후적용과 같은 과정에서 출현한 것이 가야의 부체제론이었다. 합천 저포리 E지구 4호분의 봉토에서 출토된 단경호 구연부의 각자명인 '하부사리(리)기(下部思利(利)己)'의 하부(下部)에 대한 대칭으로 고령 가라국에 상부(上部)를 상정하고 나아가 대가야 5부의 존재를 추정했던 연구가 선두를 열었다.[24] 가라국이 지역연맹체를 초

---

23) 이형기, 1997 「小伽倻聯盟體의 成立과 그 推移」『민족문화논총』17 ; 1998 「성산 가야연맹체의 성립과 그 추이」『민족문화논총』18·19 ; 2000 「가야 지역연맹체의 구조와 성격」『국사관논총』88 ; 2000 「대가야 연맹구조에 대한 시론」『한국고대사연구』18 ; 2009 『대가야의 형성과 발전 연구』, 경인문화사.
24) 노중국, 1995 「대가야의 정치와 사회구조」『加耶史研究－대가야의 정치와 문화－』, 경상북도.

월해 중앙집권국가로 발전해 가는 과정에서 제한기회의체(諸旱岐會議體), 대외교섭권의 단일화, 중층적 신분제도의 확립, 상비군사조직과 지배조직의 존재 등을 통해 부체제의 성립을 논하였다. 하부의 위치에 대해서는 옥전고분군의 쌍책면 일대로 보기도 하고,[25] 출토지의 합천군 봉산면 일대로 보기도 하지만,[26] 오직 단 하나만 확인되었던 부(部)의 용례에 가야사회발전단계론 전체의 운명을 걸고 있는 것 같은 느낌을 지울 수 없다.

부체제론에서 대가야의 국가형성론에 대해서는 1~3세기 삼한소국단계(반로국)→4세기 지역연맹체단계→5세기 중엽 부체제(고대국가 직전)의 단계를 설정하면서, 중앙과 지방의 구분이 있는 영역국가와 같이 정의하기도 했다.[27] 4세기 지역연맹체의 형성은 개진~쌍림 일원의 반로국이 우곡면의 신복현(新複縣)과 야로~묘산의 야로현(冶爐縣)을 복속시킨 것에서 비롯되었다 했지만, 이런 상황이라면 반로국이 주변세력을 영역으로 확보한 것으로 해석하는 게 좋을 듯하고, 『삼국지』 한전의 '소국(小國)'에서 '대국(大國)'으로의 발전에 대비시키는 게 보다 더 정합적인 해석으로 생각된다. 이런 역사적 전개과정과 발전단계를 왜 굳이 연맹체로 이해하려는지 이해하기 어렵다.

부체제의 증거로 제시하는 토기각자명문 하부사리(리)기의 하부를 가야금12곡의 하가라도(下加羅都)로 추정하고 상가라도(上加羅都)=상부에서 5부의 존재를 강변하거나,[28] 2부체제의 흔적과 같이 주장하지만,[29] 대가야가 전체를 통합하려던 작곡의 목적에서 본다면 차라리 12부체제

25) 노중국, 1995 앞의 논문 ; 백승충, 2000 「가야의 정치구조-'부체제' 논의와 관련하여-」『한국고대사연구』 17.
26) 이형기, 2009 앞의 책.
27) 이형기, 2009 앞의 책.
28) 노중국, 1995 앞의 논문.

로 주장되어야 할 것이다. 상·하가라도 이외에 합천 서부의 거창·함양·남원(운봉고원)에까지 대가야 토기의 확산이 인정되는 만큼 이들 지역에도 부의 존재를 상정함이 순리적이고, 그렇다면 가야금12곡명에 대한 해석대로 12부체제가 주장되어야 하는 것은 아닌지 궁금하다.

『일본서기』흠명(欽明) 2·5년 조의 이른바 임나부흥기사에 등장하는 한기층과 수위층을 가라왕이나 아라왕의 신하적인 존재로 파악하고, 다라국의 하한기(下旱岐)가 3년 뒤에 이수위(二首位)로 바꾸어 표기된 것에 대해 가라국에서 상수위(上首位)가 확인되니까 다라국이 가라국의 관위제에 편제된 것으로 파악하고 부체제 상의 직속지배에 편입된 증거로 보았다.[30] 그러나 이 기사는 아라국에서 진행되었던 국제회의의 기술로 가라국왕이 아니라 아라국왕 중심으로 기록된 것이며, 일반적으로는 아라국과 같이 낮은 관등인 차한기·이한기·하수위 등을 파견한 가야국이 군(君)·군아(君兒)·한기·상수위처럼 높은 관등을 파견한 가야국보다 우위에 있다는 해석이 지배적이었다.[31] 이렇게 본다면 오히려 가라국왕은 아라국왕은 물론 다라국왕보다 하위로 기록되었던 것으로 해석되어야 한다. 인용사료 해석에 견해 차이가 크다.

더구나 여기 참가한 가야 사절들은 신라의 훼부(喙部)나 사훼부(沙喙部)와 같은 부(部)가 아니라 가야제국의 국(國)으로 표기되어 있다. 가야제국을 나열한 것이지 가야의 부를 나열한 것이 아니다. 이른바 고당회의나 임나부흥회의에서는 신라왕처럼 7왕과 같은 부장(部長)들과 의논해 사안을 결정했던 것이 아니고 각국 대표사절이 자발적으로 회의에 참가하고 있는 것이다. 아라국왕이 회의를 리드하고는 있지만 가야제국의

---

29) 백승충, 2000 앞의 논문 ; 이형기, 2009 앞의 책.

30) 이형기, 2009 앞의 책.

31) 田中俊明, 1992 앞의 책 ; 李永植, 1993 『加耶諸国と任那日本府』, 吉川弘文館.

외교권이나 군사권이 아라왕이나 가라왕에게 박탈된 것으로 보이지 않는다. 가라국(加羅國) 사절 역시 일국의 대표로서 참석하고 있을 뿐, 가라국왕은 물론 회의를 주재했던 아라국왕이 결정권을 독점하고 있던 상황으로는 보이지 않는다.

이러한 상황은 아라국에서 회의에서 뿐만 아니라, 백제의 사비회의에도 외교권을 독점한 아라국왕이나 가라국왕 또는 그 사절만 참가하는 것이 아니라, 아라국에서의 회의와 비슷한 구성원들 모두가 참가했으며, 그들은 백제왕이 주는 선물을 각각 받아 들고 기쁘게 돌아갔다. 가라국왕이나 아라국왕이 가야제국의 외교권은 물론 무역권이나 전쟁권을 박탈하거나 대표권을 행사한 것 같은 상황으로 보기는 어려울 것 같다. 다만 가라국의 자료만 본다면 이러한 지표의 일부가 확인될 수 있을 것으로 생각되기도 한다. 같은 부체제론자 사이에도 어떤 연구는 지역연맹체론으로,[32] 어떤 연구는 고대국가론을[33] 주장해 사회발전단계론의 차이를 보이고 있다. 앞의 지적처럼 전자가 전통적 고대국가의 지표와 기준에 따른 데 비해, 후자는 자의적인 고대국가의 개념을 사용했기 때문이 아닌가 한다.

그러나 어느 부체제론을 막론하고 유일하며 결정적인 단서로 삼는 것이 합천 저포리 E유적 제4호분의 봉토에서 출토된 하부사리(리)기의 각자명이다. 더구나 사리기(思利己)란 인물을 대가야인으로 보았을 때만 그런 추정이 가능하다. 반면에 대가야가 아닌 백제인으로 보는 견해도 있고,[34] 문물교류로 이입된 토기로 보는 견해도 있었던 것처럼,[35] 만일

---

32) 백승충, 2000 앞의 논문.

33) 주보돈, 2017 「가야사의 체계적 이해를 위한 提言」 『제11회 대가야사학술회의 쟁점 대가야사 대가야의 국가발전단계』, 고령군·대가야박물관.

34) 김태식, 1990 「가야의 사회발전단계」 『한국고대국가의 형성』, 민음사 ; 田中俊明, 1992 앞의 책.

가라국의 인명이 아니라면 대가야 부체제론은 붕괴될 수밖에 없다. 따라서 이 명문에 대해 약간의 고찰을 진행시켜 볼 필요가 있다.

첫째, 이 토기는 대가야문화권에서 무수히 출토되는 대가야 토기 중 하나이다. 대가야 토기는 무수한데 단 하나의 부와 인명(人名) 표기라는 점이 치명적 약점이다. 우선 지금까지의 출토사례로 보아 토기에 부명이나 인명을 각자하는 관습이 가라국에 존재했었던 것으로는 보이지 않는다. 충남대박물관 소장의 '대왕명'과 창녕지역에서 출토되는 '대간(大干)'의 사례, 함안 우거리가마유적에서 출토되는 부호와 같은 내용들에 불과하다. 구체적인 인명으로 각자된 사례 역시 극히 드물게 확인될 뿐이다.[36]

더구나 가야사회가 부체제를 근간으로 하고 있었다고 할 때 대가야 왕권 지배실현의 근간이 되었을 부의 흔적이 이것 하나뿐이라는 것은 너무나 빈곤하다. 상부(上部)·중부(中部)·전부(前部)·후부(後部)도 없고 방위 부도 없다. 단 하나의 사례로 대가야 사회의 보편적 질서였을 사회발전단계로 설명하기에는 너무 부족한 느낌을 지울 수 없다.

둘째, 이 명문토기의 출토는 부체제론의 일부에서 하가라도이자 하부로 주장하는 옥전고분군의 쌍책면이 아니라, 서쪽으로 합천읍을 넘어 정반대 방위, 전혀 다른 세계의 봉산면 저포리였다. 정작 하부의 증거는 현재 합천군 서단의 봉산면 지역에서 출토되었는데, 가야금12곡명에 다라국이 보이지 않는다는 등의 이유로 합천군 동단의 쌍책면 지역에 하부를 비정하는 것은 문제가 있다. 더구나 하부를 가야금12곡의 하가라도에

---

35) 鈴木靖民, 1990 「六世紀の朝鮮三国と伽耶と倭」 『東アジアの古代文化』 62.

36) 경남 산청군 하촌리유적의 하촌리1B지구 7호주거지 출토 파수부완에서 '二得知'의 각자 1예가 확인되었을 뿐이다(경남발전연구원, 2011 『산청하촌리유적(1지구)』).

상당하는 것으로 보아 상·하가라도가 왕기(王畿)를 구성하고 있던 2부 체제가 확인되는 것이라 했으나,[37] 가라국의 고도(古都) 대가야읍과 다라국(多羅國)의 고도 합천군 쌍책면은 경계를 접한 아주 가까운 이웃 동네이다.

이런 지근거리에 지역연맹체나 부체제의 중심이 둘씩이나 위치한다는 것과 그것이 서울을 뜻하는 도(都)로 표기되었다고 생각하기는 어려울 것 같다. 지근거리에 서울을 둘이나 상정하는 것 자체가 연맹체론에서는 성립할 수 있을지 몰라도, 왕이 전쟁·군사·외교권을 독점하는 고대국가의 부체제에서는 성립할 수 없을 것이다. 하가라도와 상가라도는 개념상 평행의 권력으로 표현된 용례로 밖에 생각할 수 없기 때문이다.

셋째, 대가야 권역에서 출토된 대가야 토기의 각자명이라 하더라도 반드시 대가야인명을 가리켜야 할 필요는 없다. 물론 이 하부를 부명 이외의 것으로 해석할 방도는 없다. 그러나 소속부명(출신부명)+성명+관등이란 고대 금석문의 일반적 표기방식에서 볼 때 관등이 표기되지 않았음에 주목할 필요가 있다. 백제의 관등이 표기되지 않았기 때문에 백제인설은 성립하지 않는다고도 했지만, 사리기가 이제 백제에서 파견된 외교관이나 관리가 아니라 이 지역에서 오랫동안 거주하던 백제계 가야인이었다면 오히려 표기되어야 할 백제의 관등이 없었던 것이 당연하다. 백제에서 이주해 봉산면 저포리 인근에서 살던 자가 4호분 봉토의 축조과정에서 베풀어졌던 제의에 단경호를 바친 것으로 볼 수 있는 여지도 있다.

넷째, 백제의 관등이 함께 표기되지 않은 하부라면 당대의 소속부명이 아니라 조상 대부터의 출신부명으로 보는 것이 정합적이다. 따라서 이 하부는 백제에서 이주하기 전에 조상 대부터 사용하던 출신부명으로

---

37) 백승충, 2000 앞의 논문.

이주 후에 성(姓)과 같이 사용 표기되었던 것으로 볼 수 있다. 출신지명(地名)을 성(姓)처럼 사용하던 전통과 사례는 삼한·삼국과 가야의 주민들이 일본열도로 이주했을 때 흔하게 확인된다. 예를 들어 고구려·백제 출신은 정착지를 고려군(高麗郡)·백제촌(百濟村)과 같이 칭하고, 성(姓)으로 고려(高麗)·고려왕(高麗王)과 백제(百濟)·백제왕(百濟王)을 칭했으며, 진한·신라 출신은 종착지를 신라촌(新羅村)으로 칭하고 진(辰)과 같은 진(秦)을 성으로 사용하면서 진시황제의 후손으로 주장하기도 했다. 마찬가지로 가야 출신은 가야(可也)·문옥(蚊屋)·가열(加悅)·하양(賀陽) 등을 거주지 명으로 삼으면서 카야(加耶)·문옥(蚊屋)·하양(賀陽)·카라(加羅)·가량(加良)·한(韓)·아야(漢)·아라(安羅) 등의 출신지명을 성처럼 사용했다.

다섯째, 『일본서기』 계체(繼体) 3년 2월조는 "임나일본현읍(任那日本縣邑)에 사는 백제으로 부랑하거나 도망해서 본래의 호적에서 떨어진 지 3~4세대 되는 자를 옮겨서 백제의 관적에 올리게 했음"을 전한다. 백제에서 가야지역으로 이주해 3~4세대 동안 거주하고 있었던 사람들의 존재가 확인되며, 그 수효 또한 적지 않았을 것이다. 하부사리(리)기가 이런 사람들 중 하나였을 가능성은 충분하다. 따라서 가야지역에서 3~4세대 이상 거주하던 인물이 출신지를 자기 성으로 하고 거기에 이름을 부쳐 쓴 것으로 볼 여지가 있다. 이런 사람이 대가야 양식의 토기를 가야고분의 봉토제사에 바쳤다 해도 이상할 것이 없다. 더구나 이 명문 단경호는 소성상태가 좋지 못해 찌그러진 채로 봉토제사에 매납되었다. 이주민의 어려움을 떠올리기에 좋은 형상이다.

여섯째, 가야지역에서 확인된 또 다른 부의 명문으로 창녕 교동11호분 출토의 상감대도명문이 유명하다. 판독 초기에는 상부로 읽는 견해가 유력했으나 이후 하부로 보는 판독에 무게가 실리고 있다고 한다.[38] 특히 이 부명 아래에서는 선인(先人)이라는 고구려의 제11관등명이 확실하게 판독되고 있다. 고구려 5부의 용례가 가야지역에서 확인된 사례로 가야고분에서 출토되었다고 무조건 가야의 부명으로 생각할 수 없는 예가 된다. 더구나 이 합천군 봉산면을 하부로 볼 때 서부(西部)의 용례와 통할 수 있는 가능성이 제기되기도 했지만,[39] 이 경우 창녕은 동쪽이기 때문에 맞지 않고 상부로 읽을 경우에 원래 상부였을 가라국과 모순이 된다. 가야지역에서 백제나 고구려의 부명이 출토될 수도 있는 것이다. 창녕 교동11호분 출토 상감명문대도는 신라화가 진행되던 가야고분에서 출토된 것으로, 고구려를 등에 업고 창녕의 가야지역으로 진출하던 신라가 가야의 비사벌국을 회유하던 증거물로 보인다.[40]

6) 지역국가론

지역연맹체론과 고대국가론의 결합처럼 보인다. 가라국과 아라국에는 왕의 칭호와 존재, 초보적 지방제도의 존재, 전략적 요충지의 확보, 산성배치에서 보이는 특정지역 고수 경향 등을 추출하면서 현재의 1~2개 시·군 정도의 범위로 추정하였다. 가야사회발전단계를 삼한소국→소국연맹체(지역연맹체)→지역국가의 형성과정으로 파악할 수 있어 가야사 전체를 '동일한 개념'으로 볼 수 있다고 하였다.[41] '동일한 개념'이 무슨 뜻인지는 알기 어려우나 산과 강으로 분절된 각각 특정지역에서의 성

---

38) 鈴木靖民씨 교시에 따른다.

39) 이영식, 1997 앞의 논문 ; 이형기, 2017 「대가야의 부체제에 대한 고찰」 『제11회 대가야사학술회의 쟁점 대가야사 대가야의 국가발전단계』, 고령군·대가야박물관.

40) 이영식, 2016 『가야제국사연구』, 생각과 종이.

41) 백승옥, 2003 『加耶 各國史 硏究』, 혜안 ; 2007 「加耶 '縣'의 성격과 省熱縣의 위치」 『한국민족문화』 30 ; 2017 앞의 논문.

장과정을 하나의 개념으로 말하려는 것 같다.

그렇다면 차라리 지역국가 1단계→2단계→3단계와 같이 정의 구분해 어떤 가야국은 몇 번 째 단계까지 등으로 구분하는 것이 명료하지 않을 까? 더구나 아라국과 고자국도 그렇지만 서부경남과 전라도 동부지역까 지 영향력을 확보한 대가야의 가라국을 1~2개 시·군 정도의 가야국과 동일한 지역국가로 규정하는 것은 문제가 있다. "가야제국의 발전단계를 일률적으로 규정하려는 시도였다면 부질없는 시도였다"고 맹비난한 이 유를 알 듯하다.[42]

지역연맹체로 가락국지역연맹체과 포상팔국지역연맹체를 상정하고 있으나 가락국에 의한 통합의 노력이나 단일한 목적을 위한 단기간의 이 합집산을 연맹체로 해석하는 것도 무리일 듯하다. 554년에 백제와 가량 이 신라와 치룬 전쟁에서는 '백제가라연맹체'를 상정하려는 것과 같은 것 이고, 가라와 신라가 왕실결혼을 통해 7년 동안 유지했던 동맹관계를 '신 라가라연맹체'라 할 수 없는 것과 같다. 더구나 상이한 발전단계사회의 연합을 일정한 사회발전단계론으로 정의할 수는 없다. 일정기간 운명공 동체 같은 '연맹체'보다 일시적이며 특정한 목적의 '동맹'으로 정의하는 것이 적절할 것이다.

『일본서기』 흠명(欽明) 23년 조에 보이는 가야제국의 대부분은 지역 국가로 정의할 수 있다고 하면서도, 구체적으로는 가라국과 아라국을 지 역국가라 하였다. 가야제국 간 발전단계의 차이를 확인할 수 없으며, 가 라국과 아라국의 지역국가가 고대국가에 도달한 것인지 아닌지에 대한 판단도 확실치 않다. 5~6세기의 가라국과 아라국은 신라사에서 부체제

---

42) 이희준, 2017 「『가야연맹설의 비판과 지역국가론 제창』에 대한 토론문」『제11회 대가야사학술회의 쟁점 대가야사 대가야의 국가발전단계』, 고령군·대가야박 물관.

의 마립간 기를 고대국가라 한다면 고대국가라 해도 좋을 것이고, 율령·관제·조세·지방제도·불교와 같은 이데올로기적 통일을 전제로 하는 전형적인 고대국가의 정의라면 초기고대국가나 준고대국가 등의 설정이 더 바람직하지 않을까 한다.

3. 가야제국의 사회발전단계론

가야에는 두 종류의 건국신화가 있다. 가락국(駕洛國)을 중심으로 한 '육란신화'와 가라국(加羅國)을 중심으로 한 '가야산신신화'다. 지금까지 이 건국신화들은 연맹체론에서와 같이 가야제국의 관계로 해석하기도 하고 『삼국지』 단계 소국(小國) 성립으로서의 가락국이나 후기가야 가라국 건국의 반영으로 해석되었다. 그러나 건국신화를 만든 주체는 당연히 가락국과 가라국이다. 건국신화를 창출한 중심국의 의도와 시각에서 보면 "처음 나타나서 수로(首露)라 했다"거나 자신의 정통성 확보를 위해 금관국(가락국)과의 형제전승을 만들어 전기가야의 전통계승을 주장하면서도 가라국 본국왕은 형님나라의 '붉은 태양(朱日)'으로 하고 금관국주의 가락국왕은 동생나라의 '새파란 후예(靑裔)'에 위치시켰던 것이다.

이렇게 전·후기 '대가야'의 건국신화에서 부연으로 등장하는 5가야나 금관국은 전혀 타율적인 존재로 실상은 독립적인 정치체였지만 가락국과 가라국이 관리해야 할 대상처럼 서술되었을 뿐이다. 건국신화의 일반적인 속성처럼 가야의 건국신화 역시 건국 후에 만들어지는 '용비어천가'다. 전기의 가락국과 후기의 가라국이 가야제국의 통합을 지향하거나 부분적 통합을 자부하던 역사가 반영되었던 것으로 보아야 할 것이다.

따라서 두 계통의 건국신화는 가야연맹체의 존재를 보여 주는 것이 아니라 가락국과 가라국이 중심국이 되어 주변의 가야제국을 통합해 가던 역사의 반영으로 이해하는 것이 타당하다. 오히려 가야라고 하는 공통의 단위체로서의 인식은 근접한 지역적 범위나 문화적 공통성 같이 애매한 것에서 발생한 것이 아니라, 하나의 왕국으로 통합해 가려던 시도와 과정에서 생겨났고 전승되었던 결과였던 것이다. 그렇기에 두 계통의 건국신화는 전기의 가락국과 후기의 가라국이 가야제국과 연맹체를 결성하고 있던 전승이 아니고, 가야제국의 통합과 병합을 통해 고대국가를 지향하던 모습으로 이해하는 것이 타당할 것으로 생각한다.

1) 가락국의 사회발전단계론

가락국의 사회발전단계론에 대해서는 이전에 정리한 것이 있어 〈표 1〉과 같이 제시해 본다.

다만 초기 가락국에도 초기 고구려의 부(部)와 같은 존재가 확인된다. 수로왕을 계루부와 같은 왕족이라 한다면 허왕후는 소노부와 같은 왕비족으로 상정된다. 『삼국유사』 가락국기가 전하는 것처럼 허왕후는 신하 신보(申輔)와 조광(趙匡), 그들의 부인 모정(慕貞)과 모량(慕良)을 비롯한 20여 인과 함께 이주한 집단이었다. 허왕후 자신이 수로왕비가 되었을 뿐만 아니라, 2대 거등왕(居登王)에게는 신보의 딸인 모정을 왕비로 들였고, 3대 마품왕(麻品王)에게도 조광의 손녀인 호구(好仇)를 왕비로 들였던 왕비족의 수장이었다.

더구나 딸을 왕비로 들였던 신보는 천부경(泉府卿)으로, 손녀를 왕비로 들였던 조광은 종정감(宗正監)으로 표현되었다. 이 명칭의 특징에서 신보와 조광을 허황후 집단 내에서 활동하던 수장과 같은 인물로 해석하면서 허황후 집단 내의 제의나 의례를 관장하던 위치를 보여주는 것으로 해석하기도 하였다.[43] 초기 고구려의 부체제에서 왕족과 왕비족이 독립된 제사를 영위하고 있었을 것으로 보이는 것과 비슷한 상황이다.

〈표 1〉 가락국의 사회발전단계

시기	구분	문헌기록	문화	유적	유구	유물	사회발전단계
B.C25 ~10C	최초의 김해인		신석기	수가리 패총	패총	덧띠무토기 빗살무늬토기	무리사회 (Bands)
B.C10 ~1C	九干社會	九干 酋長 駕洛九村 集會 耕田	청동기	회현리 패총D구	패총 지석묘 옹관묘 석관묘	細形銅劍 玉 磨製石劍 磨製石鏃 紅陶	부족연합사회 (confederacy of tribes)
B.C1 ~AD2C 말	駕洛國	小國 首露王	가야 철기 I기	구지로12호 양동427호 내덕리19호	토광 목관묘	瓦質土器 鐵製冠 加耶式銅劍 加耶倣製鏡 方格規矩四神鏡	군장사회 (Chiefdom Society)
3C ~6C 전반	駕洛國	大國 狗邪國 秦支 國出鐵 浦上八國	가야 철기 II기	양동162호 대성동29호	토광 목곽묘	陶質土器 板狀鐵斧 威勢品 殉葬	복합군장사회 (Complex Chiefdom Society)
		滅 樂浪帶方 廣開土王陵碑		양동· 대성동 고분군	수혈식 석실	器臺 鐵鋌 甲冑 馬具	
532년~	新羅	金官國 來降 金官郡 金官小京		구산동 유하리 고분	횡혈식 석실		고대국가 (State)

또한 현재 김해시에서 허왕후릉으로 전해지는 고분은 왕과 부부관계로 기록되었음에도 불구하고 수로왕릉으로부터 직선거리 800m 이상이나 되는 곳에 멀리 떨어져 있다. 동일 지역의 구산동백운대고분의 발굴성과를 참고로 할 때, 횡혈식 석실이 주체를 이루고 있을 것으로 추정되는 구산동고분군의 1기임에도 불구하고 허왕후릉으로 전승되고 있는 것이다.

---

43) 김두진, 1999 『한국 고대의 건국신화와 제의』, 일조각.

더구나 『김해읍지』는 수로왕릉에 가까운 왕궁지 이외에 이곳에는 허왕후의 중궁(中宮)이 있었다는 전승을 전하고 있다.

이러한 사실을 종합할 때 허왕후 집단은 초기 가락국왕권의 1/2을 구성하던 왕비족으로서 허왕후는 왕비족 집단의 수장과 같은 위치에 있었다고 할 것이다. 결국 현 김해 시내의 남부를 수로왕 집단이 장악하였고, 북부에서는 허왕후 집단이 세력을 발휘하던 상황으로 초기 고구려 왕권의 5부와 같은 2부가 존재했던 것으로 해석할 수 있다.[44] 이러한 수로왕 집단과 허왕후 집단의 결합이 건국신화의 혼인담으로 남은 것으로 초기 가락국의 2부체제라 해도 좋을 것 같다.

2) 가라국의 사회발전단계론

고령의 가라국을 중심으로 전개되는 후기가야의 역사는 전기가야와는 매우 다른 양상으로 전개되었다. 전기에서는 가락국과 아라국이라는 대국이 존재하면서도 강한 독립성이 유지되던 가야제국의 역사로 전개되었지만, 후기가야에서는 가라국이라는 초월적 왕권이 합천·거창·함양·산청·진주·의령 등의 서부 경남지역과 진안·장수·임실·남원·하동·광양·순천·여수 등과 같은 전남·전북의 동부지역에 대한 영향력을 점진적으로 확대해 나가면서 영역국가를 지향하는 역사로 전개되었다. 5~6세기 후기가야의 역사는 가라국이 대가야로 성장해 나가는 과정이었다. 이러한 과정을 보여 주는 문자기록인 가야금12곡명에 대한 해석, 가라국왕 하지의 남제에 대한 외교와 책봉, 대왕(大王) 명문으로 대표되는 대가야식 토기와 문물의 확산, 전쟁 수행 방식의 변화, 지방제도의 발생, 관제의 맹아 등이 거론되고 있다.

---

44) 이영식, 2009 『이야기로 떠나는 가야 역사 여행』, 지식산업사.

먼저 가야국의 가실왕은『삼국사기』악지(樂志)가 전하는 바와 같이 우륵에게 명하여 가야금12곡을 작곡케 하였다. 우륵이 작곡한 가야금12 곡명에서 가야제국과의 관계와 대가야의 통합추진이란 정치적 의미를 추출하고자 했던 연구가 제시된 지 오래 되었지만 모두 일치된 해석을 보이는 것은 아니다. 대가야와 가야제국과의 관계에 대한 규정이나 12곡 명에 대한 구체적 지명비정에 대해서는 아래 〈표 2〉와 같은 견해들이 있다.

〈표 2〉 가야금 12곡명의 지명비정

곡번	곡 명	관련국명	지명 비정			
			김태식	田中俊明	백승충	이영식
1	下加羅都	多羅·多伐·下部	김해시	합천군 쌍책면	합천 저포	김해
2	上加羅都	大加耶	대가야읍	고령군 대가야읍	고령	고령
3	寶伎	(浦村)	*伎樂	사천군 곤양면	*伎樂	사천 *舞曲
4	達巳	多沙·滯沙, 多利		하동군 하동읍	하동	하동
5	思勿	史勿	사천읍	사천군 사천읍	사천	사천
6	勿慧	(蚊火良)		고성군 상리면	군위?	고성
7	下奇物	下己汶	남원시	남원시	남원	곡성~구례
8	師子伎	(三支)	*伎樂	합천군 대병면	*伎樂	합천 *舞曲
9	居烈	居烈	거창읍	거창군 거창읍	진주거창?	거창
10	沙八兮	草八兮·散半奚	초계면	합천군 초계면	초계	부림~초계
11	爾赦	(斯二岐)		의령군 부림면		의령읍
12	上奇物	上己汶	임실읍	장수군 번암면	남원	남원

12곡명에 가야지역의 전부가 포함되어 있다고 보아 단일한 '후기가야 연맹'의 근거로 파악하는 견해,[45] 서부경남 일원의 지역만이 포함되어 있다고 보아 '대가야연맹'[46] 또는 '고령지역연맹'의 근거로 파악하는 견해

---

45) 김태식, 1993 앞의 책.

가 있으며,[47] 하가라도(下加羅都)와 상가라도(上加羅都)의 일부만 의미를 부여하여 '2부체제'로 주장했던 견해가 있었다.[48] 이러한 견해의 차이는 12곡명에 김해와 함안과 같은 남부가야가 포함되는가의 여부에 있다고 할 수 있는데, 좁혀 말하면 하가라도를 어디로 보는가의 문제로 국한된다고 할 수 있다.

우선 12곡명의 나열순서에서 하가라도가 상가라도에 앞서 제1곡명으로 되어 있음이 눈에 띤다. 상식적으로는 상가라도가 먼저 나오는 것이 보통일 것이고, 더욱이 상가라도가 고령을 가리키는데 이의가 없다면 대가야 왕의 입장에서 제작된 가야금12곡의 제1곡명으로 상가라도가 먼저 등장하는 것이 순리 일듯 하나 그렇게 되어 있지 않다. 다만 12곡명 중의 하나인 기물(奇物)도 상하의 순서가 뒤 바뀌어 있긴 하다. 제7곡명에 하기물(下奇物)이 먼저 나오고 제12곡명에 상기물(上奇物)이 기술되어 있어 원래 하(下)를 먼저 놓는 문장 상 관례가 있었던지는 모르겠으나, 가라도(加羅都)의 경우에 제1곡과 제2곡으로 연접해 있고, 아무래도 제1곡이라는 상징성을 생각할 때 별도로 생각해 보지 않을 수 없다. 가야사의 전개에 비추어 보면 전기가야의 대국이었던 가락국과의 관계에서 이해하는 방법이 있을 것으로 보인다.

하가라도를 김해로 비정한다 해서 김해지역에서는 적극적인 대가야 문물의 확산 과정이 인정되지 않기 때문에 대가야 중심의 단일한 '후기가야연맹'의 상정될 수 있는 것은 아니다. 역사적 사실의 반영이 아니라 건국신화처럼 금관국(가락국)이 대가야 왕에게 예속되어 있었음을 주장하려는 것으로 해석될 수 있기 때문이다. 더구나 같은 단일연맹체의 논

---

46) 田中俊明, 1992 앞의 책.
47) 백승충, 1995 앞의 논문.
48) 이형기, 2017 앞의 논문.

리라면 함안의 아라국도 12곡명에 포함시켜야겠지만 〈표 2〉처럼 함안 비정의 곡명은 보이지 않는다.

『일본서기』흠명(欽明) 4년 11월과 5년 11월조에는 백제가 군령성주(郡令城主)를 주둔시키는 진주~함안 지역이 하한(下韓) 또는 남한(南韓)으로 표기되고 있는데, 각각 '아루시 카라쿠니' 또는 '아리히시 노 카라쿠니'로 읽혀지고 있다. 하(下) 또는 남(南)에 대한 훈독인 '아루'와 '아리'가 아라국의 '아라'와 음통인 점, 후기가야에서 남부의 아라국이 북부의 대가야와 양대 세력을 형성하고 있었던 점을 고려한다면 하가라도가 함안을 가리킬 가능성도 남겨야 할지도 모르겠다. 그러나 하가라도가 아라국을 가리킨다 하더라도 적극적인 대가야 문물의 확산이 확인되지 않는 한 대가야 왕의 정치적 주장으로 이해해야 함은 마찬가지이다.

'후기가야연맹론'에 비해 하가라도를 합천지역에 비정하고 12곡명을 서부경남 일대로 국한시켜 '대가야연맹' 내지는 '고령지역연맹'의 근거로 삼았던 주장은 대가야계 문물의 확산범위와 일치하고 있다는 점에서는 우선 설득력을 가질 수 있다. 그러나 합천설의 쌍책면은 고령에 바로 인접한 지역으로 서부경남일대와 전라도동부지역까지 강한 영향력을 미치고 있던 대가야가 인접해 있던 합천지역에 어느 정도의 독립성이 인정되는 연맹의 관계를 허용하고 있었다고 생각하기는 어렵고, 동일한 도(都)로 대등하게 표현될 수도 없었다고 생각한다. 합천군 봉산면에 하가라도를 비정해 2부체제의 근거로 삼는 '부체제론' 역시 마찬가지 비판이 가능하다.

따라서 가야금12곡명에서 추출되는 고대국가형성의 몇 가지 지표를 정리해 보면 다음과 같다.

첫째, 대가야의 가실왕이 가야금12곡을 작곡시킨 정치적 의미는 우선 고대사회에서 음악이 가지는 치국적 의미를 생각하지 않을 수 없다. 가실왕은 제작 동기를 "제국(諸國)의 방언이 각기 다르니 어찌 소리를 일정하게 할 것이냐"라 하였다. 이것은 『예기』 악기(樂記) 편에 '성음의 길은 치도와 통한다'라든지, '소리를 살펴 음(音)을 알고, 음을 살펴 악(樂)을 알며, 악을 살펴 정치(政治)를 안다'는 내용과 상통하는 것이다. 고대 왕자(王者)의 치국(治國)에 음악이 가장 중요한 덕목임을 강조하는 것으로 대가야의 가실왕이 고대국가를 지향하던 의지가 드러난다.

둘째, 합천 저포리유적 E-4호분의 봉토에서 출토된 단경호의 구연부 내측에는 '하부사리(리)기(기)(下部思利(利)己(己))'의 명문이 새겨져 있다.[49] 논자도 합천을 의식한 표기였을 가능성에 무게를 두기도 했지만,[50] 위의 부체제론 비판에서 서술한 바와 같이 백제에서 가야로 이주해 3~4세대 이상 지난 백제계 가야인의 물건으로 해석하는 것이 타당할 것으로 생각한다. 서부경남일대에 세력을 뻗쳐가는 대가야가 가장 근접한 지배지에 서울을 뜻하는 동일한 도(都)를 부쳤다는 것은 이해하기 어렵다. 더구나 하부(下部) 명의 단경호가 대가야권역에서 출토된 대가야 토기라 하더라도 대가야 부(部)의 용례로 쓰였다고 보기에는 대가야권역에서 출토되는 수많은 토기에서 하부는 물론 어떤 부명표기가 출토된 사례가 아직 없기 때문이다.

그래서 위에서 논한 것 같은 가야금12곡 작곡의 정치적 의미와 대가야 중심 통합의 정당성 확보를 위한 의지를 생각한다면 제1곡에 하가라도를 위치시켰던 의미에 대해 건국신화에 포함되었던 대가야왕권의 역사의식과 정당성의 확보 노력과 같은 맥락에서 해석되어야 함이 타당할 것이다. 가야산신 신화에서 가락국의 금관국을 '새파란 후예'처럼 낮추어보고 동생의 자리에 위치시키면서도 굳이 금관국과의 형제전승을 구성

---

49) 채상식, 1987 「4호분 출토 토기의 명문」 『합천 저포리E지구 유적』, 부산대박물관.
50) 이영식, 1993 앞의 책 ; 1997 앞의 논문.

하려 했던 대가야왕권의 의도를 가야금12곡명의 배열 순서에서도 동일하게 읽어야 할 것으로 생각한다. 가야금12곡의 제정을 통해 가야통합을 추진해 가는데 다른 가야제국에게 통합 중심국의 정통성을 계승 주장하기 위해 가야전기의 대국이었던 김해의 금관국(가락국)을 제1곡명에 놓았던 것이 아닐까 하는데, 직접 당사자인 가락국에 대한 회유의 의미도 포함되었을 것으로 생각한다.

셋째, 가실왕의 명령을 받아 12곡을 작곡했던 우륵의 출신지는 성열현(省熱縣)으로 되어 있다. 성열현은 의령군 부림면으로 보는 것이 다수의 견해인 듯하다. 물론 이 현(縣)의 표기가 대가야의 군현 자체를 보여주는 것으로 생각할 수는 없고『삼국사기』악지의 후대적 표현임은 분명하다. 그러나 그렇게 기록될 수 있었던 원형의 존재까지는 부정할 필요가 없다.[51] 비슷한 관계와 상황이 후대 신라 지방조직의 관념과 용어로 기록되었을 가능성을 생각한다. 우륵의 성열현이 지방조직처럼 기록될 수 있었던 상황이란 의령군 부림면 일대가 대가야 왕의 종속적인 위치에 있었던 것을 말해 주는 것이다. 그렇기에 대가야 왕은 의령군 부림면 지역~합천군 초계면 지역으로 비정되는 산반해국(散半亥國)의 인민(人民)인 우륵을 고령의 대가야로 불러들여 가야금12곡을 작곡시킬 수 있었던 강제력을 가지고 있었다.

『일본서기』계체(繼体) 23년(522) 3월조에 보이는 대가야왕의 산치제현(散置諸縣)도 비슷한 사례이다. 법흥왕 9년(522)에 신라왕녀가 가라왕(대가야 왕)에게 시집올 때, 종자로 따라 왔던 백여 명의 신라인을 대가야의 '여러 현에 흩어 두었다'는 기술이 그것이다. 여기에서도 현은 대가야 왕의 통제력이 미치는 지역으로 표현되었다. 더구나 이 현은 하나가 아니라 복수지역의 제현(諸縣)으로 기록되었다. 이것은 대가야 왕이 가

---

51) 이영식, 1997 앞의 논문 ; 백승옥, 2007 앞의 논문.

야금12곡의 제작 동기를 말할 때 '제국의 방언을 하나로 하기 위함'이라 했던 '제국'과 통하는 표현이다. 대가야왕의 입장에서 보면 통합해 가고자 하는 '제국'과 종자로 따라 온 신라인들을 혼인의 '폐백'처럼 나누어 줄 수 있는 '제현'을 동일한 대상으로 파악하고 있었음을 알 수 있다.[52] 대가야왕은 가야제국을 통합추진의 대상으로 여기고 있었고, 왕녀를 따라 온 신라인들을 가야제국에 나누어 줌으로써 대신라 외교의 대표성을 과시하려했으며, 대가야왕은 '제국'을 '제현'같이 인식하고 있었기에 신라인들의 자의적으로 나누어 배치해 둘 수 있었다.

『삼국사기』는 대가야 왕이 불러들인 우륵의 출신지를 성열현으로 표기하였고, 『일본서기』는 가야 제국을 대가야의 영역처럼 제현으로 표기하였다. 신라 주군현제의 현이나 일본 율령제의 현과 같은 군현제도의 존재 자체는 인정하기 어렵다 하더라도 원초적인 지방제도나 가야제국을 지방으로 편제해 가던 대가야왕의 실력은 인정해도 좋을 것으로 생각한다.

고령의 대가야왕은 의령 산반해국의 우륵을 신하와 같이 부리고 있었고, 우륵은 대가야왕의 명령에 따라 작곡하지 않을 수 없었다. 더구나 우륵은 대가야가 멸망하기도 전에 고향으로 돌아가는 것이 아니라 신라에 투항하였다. 당시 대가야 왕권의 친 백제 정책에 반대한 그가 이미 대가야왕의 세력권이 돼 버린 의령지역으로 돌아가는 것은 의미가 없었기 때문이었을 것이다.

『일본서기』계체 6년(512) 12월조에 보이는 이른바 '임나사현(任那四縣)'도 비슷한 사례가 아닐까한다. 백제가 사신을 보내 왜왕에게 청했다고 하는 상다리(上多唎)·하다리(下多唎)·사타(娑陀)·모루(牟婁) 등 4현(縣)의 앞에는 '임나국(任那國)'이 관칭되어 있다. 물론 이 기사는 백제의

---

52) 이영식, 2013 「대가야와 신라, 혼인동맹의 전개와 성격」 『역사와 세계』 44.

임나4현, 곧 전남 동부지역에 대한 진출을 왜왕권이 인정할 수밖에 없었던 사실을 왜왕의 하사와 같이 서술한 『일본서기』 역사관의 전형적 기술이지만 임나가 가야를 가리킴에는 틀림이 없다. 『일본서기』 편찬 당시 일본의 율령용어인 '아가타(縣)'를 빌려 가야의 4현이 지방행정단위였던 것처럼 서술되었던 것이 분명하다. 더구나 이러한 백제의 진출에 대응한 것은 반파(伴跛)로 기록된 대가야였다. 따라서 임나가 가야전체를 가리키는 용례도 있지만 가라국만을 지칭하는 경우도 있음을 고려해 이 임나가 대가야를 가리키는 것으로 볼 수도 있으며, 그럴 때 임나4현이란 대가야가 영향력을 확보하고 있었던 4현이 된다.

사타로 비정되는 순천의 운평리고분군, 모루로 비정되는 광양의 도월리분구묘, 다리(多利)로 비정되는 여수의 미평동유적과 고락산성 등에서는 대가야문물 일색의 양상이 확인되거나 다수의 대가야 토기가 백제의 문물과 함께 출토되고 있다.[53] 이 현의 사례 또한 대가야가 지방과 같은 강한 영향력을 미치고 있던 대상으로 추정할 수 있다고 생각한다.

넷째, 『일본서기』 계체 8년(514) 3월조는 백제가 12곡명의 기물(奇物)로 표기된 기문(己汶) 지역에 진출하자 반파국(半跛國)이 자탄(子呑)·체사(滯沙)·만해(滿奚)·이열비(爾列比)·마수비(麻須比)·마차해(麻且奚)·추봉(推封) 등에 백제와 왜에 대비하기 위해 축성(築城)하고 봉수(烽燧)체계를 설치했다고 전한다. 자탄은 거창, 체사는 하동, 이열비는 의령, 마수비는 합천 삼가로 가야금 12곡명에 포함되어 있는 가야국명과 대개 일치하고 있다. 또한 우륵이 12곡을 작곡했던 것으로 생각되는 510~520년경은[54] 이러한 축성시기와 대체로 일치한다. 이와 같이 514년경에 서

---

53) 이동희, 2004 「전남동부지역 가야계 토기와 역사적 성격」 『한국상고사학보』 46 ; 2017 『전남 동부지역의 가야와 백제문화』, 누리기획.
54) 田中俊明, 1992 앞의 책.

부경남의 가야지역에 축성했던 주체는 대가야 왕이었다. 특정지역에서의 축성기록과 봉수체제의 경영은 영역화의 진전을 웅변하는 사실이다.

반면에 이 26년 전에 해당하는 『일본서기』 현종(顯宗) 3년(487) 시세(是歲)조는 백제의 진출에 대해 대가야가 전면에 나서는 것이 아니라 해당 지역 가야계통 소국의 전쟁을 다만 후원하던 형태로 진행되었다. 475년 웅진에 천도한 백제가 국세를 회복하면서 금강을 따라 북상해 금강 상류지역을 거쳐 섬진강 상류지역에 대한 진출을 감행하게 되는데 이 과정의 첫 번째 충돌에서 임나의 좌로나기타갑배(左魯那奇他甲背) 등이 백제의 장수를 죽이고 대산성(帶山城)을 축조해 저항하다 백제에게 패해 좌로나기타갑배 등 300여 명이 참살 당했던 전쟁이었다.

분쟁지가 되었던 가야계 소국은 관련의 이림(爾林)과 대산성 등의 지명과 백제가 다시 26년 후의 513년에 기문을 공략하고 있는 것, 그리고 웅진으로부터 금강 상류를 거슬러 다시 섬진강 상류지역으로 진출하던 방향성을 고려할 때 기문국(己汶國)의 서부나 북부에 위치하고 있었던 것으로 보인다. 근년에 전북 동부지역에서 가야계통 고고자료가 확인되고 있는 진안~임실~장수의 어느 곳에 위치했던 서부 가야국으로 생각되는데, 남원시 아영면 운봉고원 일대로 추정되는 기문국과 구별될 정도의 세력을 가지고 있었던 가야계 소국이었다. 아직 구체적인 비정은 쉽지 않지만 가야계통의 황산리고분군이 조사된 진안이나 삼고리고분군과 삼봉리고분군이 발굴조사된 장수 일대로 생각해 두는 것이 타당할 듯하다.

그런데 장수군 남쪽 남원시 아영면 운봉고원의 기문국(上己汶)의 월산리고분군, 두락리고분군·건지리고분군, 초촌리고분군 등의 발굴조사 결과를 종합하면 대체로 대가야 계통의 월산리고분군, 대가야 계통 위에 백제 계통 문물이 등장하는 두락리고분군과 건지리고분군, 다시 백제 계통의 초촌리고분군으로의 변천상이 확인되고 있다.[55] 이른 단계의 고분군에서 대가야문화의 강한 영향이 확인되다가 백제화 되어 가는 현상으로 정리해 볼 수 있는데, 이러한 경향은 장수지역과 같은 서부가야에서도 비슷한 양상이 확인되고 있다.[56]

이러한 고고자료의 변화상을 「현종기(顯宗紀)」의 487년과 「계체기(繼體紀)」의 513년의 백제와 가야와의 충돌기사에 비추어 볼 필요가 있다. 이전에 좌로나기타갑배 같은 장수 지역의 가야계 수장이 전쟁을 담당하다가 백제에게 패해 좌로나기타갑배 등 300여명의 사살된 것으로 기록되었다. 그러나 26년 후 기문(국) 공방전 이후부터 백제가 다사(多沙)의 하동지역까지 진출하는 529년까지는 반파국으로 표기된 대가야 왕권이 직접 대 백제 전쟁의 일선에 나서는 형태로 변하게 되었다.

기문국과 다사국이라는 가야계 소국, 또는 사이기국(의령)이나 산반해국(신반)이라는 가야계 소국이 있었음에도 불구하고 해당 지역에서 대가야 왕권이 직접 축성하고 봉수 체계를 정비하는 것 같은 직접적인 군사행동에 나서게 되었다. 곧 1세대 정도의 기간이 경과하는 동안에 간접지배의 형태로 서부가야를 후원하던 대가야가 축성하고 봉수 체계를 정비하는 직접지배에 가까운 형태로 변해 갔음을 추정해 볼 수 있다. 대가야 영역화의 진전과 영역을 추구하기 시작했던 고대국가적 지표의 하나로 확인할 수 있다고 생각한다.

근년에 처음 가야의 석축산성으로서 대가야의 주산성이 확인되었던 것처럼 이열비(爾列比)로 비정되는 의령에 위치한 호미산성은 이때 대가야가 축성했던 유력한 후보지의 하나로 생각된다.[57] 낙동강 합류지점에

---

55) 이영식, 1995 「백제의 가야진출 과정」『한국고대사논총』 7.

56) 곽장근, 1999 『호남 동부지역 석곽묘 연구』, 서경문화사.

57) 이영식, 2017 「가야사와 가야고고학 자료 발굴 현황」『김해시 제1차 가야사학술대회 겸 동국대 세계불교학연구소 제8차 학술대회 가야사와 가야불교사의 재조명』, 동국대세계불교연구원.

가까운 남강 변의 돌출구릉 위에 위치해 남강과 낙동강 수계를 동시에 감시할 수 있으며, 하동에서 진주방면을 거쳐 합천이나 고령 또는 함안 방면으로 진출하는 길목을 차단하기에 최적의 입지조건을 갖추고 있다. 발굴조사단은 체성부에서 출토된 아라가야와 대가야 양식의 토기와 인접하고 있는 가야계통의 죽전리고분군과의 비교를 통해 6세기 중엽에 대가야 세력이 초축했던 것으로 추정하고 있다.[58] 인근의 의령 운곡리고분군이나 경산리고분군에서 대가야·신라·왜 등의 요소가 함께 나타나는 것을 아울러 고려할 때 당시 대가야의 축성으로 추정하기에 좋은 후보지로 생각되는데 차후 본격적인 발굴성과를 기대해 보고 싶다.

다섯째, 479년에 가라왕 하지(荷知)는 중국 남제까지 사신을 파견해 보국장국·본국왕(輔國將軍·本國王)의 칭호를 받는 대 중국 외교를 전개하였다. 전기가야에서 구야국 등이 한군현과 통교하면서 의책(衣幘)과 인수(印綬)의 수수를 통해 중랑장(中朗將)·귀의후(歸義侯)·읍군(邑君) 등의 책봉칭호를 받았던 것을 제외하면 가야에서 유일하게 동아시아 책봉외교 무대에 등장했던 것은 5세기 후반의 가라국왕 뿐이었다. 이때 가라국왕에게 수여된 보국장군은 남송의 관제에서 제3품에 해당하는 장군호로 비슷한 시기에 수여되었던 고구려의 정동대장군(征東大將軍), 백제의 진동대장군(鎭東大將軍), 왜의 안동대장군(安東大將軍)보다 1품 낮은 것이었다. 백제왕과 왜왕이 최초의 책봉부터 제2품의 안동장군과 진동장군을 받았고, 가라왕의 보국장군은 같은 제3품이라도 백제왕과 왜왕의 신하가 받았던 정로장군(征虜將軍)이나 관군장군(冠軍將軍)보다 낮은 칭호이다. 대가야 왕에게 제수되었던 장군호가 높은 칭호였다고 말하기는 어렵다.

그러나 399년에 서융(西戎)의 무도왕(武都王)과 457년에 탕창왕(宕昌

---

58) 의령군·경상문화재연구원, 2011『의령 호미산성』.

王) 같은 대국의 경우에도 최초 사신 파견의 외교에서는 가라국왕과 같은 보국장군의 칭호가 제수되기도 했다. 가라국왕이 최초의 중국외교에서 받았던 보국장군의 칭호를 이례적으로 저급한 것으로 볼 필요도 없다. 백제왕이나 왜왕에 비해 1품 낮은 것이긴 하지만 당시 중원에 대해 상당한 군사적 영향력을 행사하던 서융과 같이 동이의 군장이 최초의 대중국 책봉외교에서 받을 수 있었던 관례적 칭호로 이해해야 할 것이다.

그런데 본국왕의 왕호는 가야제국을 아우르는 칭호가 아니었다. 가라(加羅) 1국만의 왕으로 인정된 것이었다. 같은 시기에 백제왕의 신하 중에는 면중왕(面中王)·도한왕(都漢王)·아착왕(阿錯王)·만려왕(萬盧王)·만라왕(萬羅王)·벽중왕(辟中王) 등의 왕호를 제수 받는 자들도 있어 백제왕이 이들을 아우르는 왕중왕(王中王) 곧 대왕(大王)의 위치에 있었음과 차이를 보인다. 더구나 같은 시기에 백제왕과 왜왕은 실제적 권한을 가지지 못했음에도 불구하고 대외적 권리의 주장을 위해 백제왕은 중국 산동지역의 동청주자사(東靑州刺史)란 행정호를 요구해 책봉 받았고, 왜왕은 신라(新羅)·임나(任那)·가라(加羅)·진한(秦韓)·모한(慕韓)을 포함하는 도독제군사(都督諸軍事)의 군사호를 요청 제수 받았다. 이와 같은 중국 남조의 책봉관례에 비추어 볼 때 가라국왕이 후기가야연맹이나 대가야연맹의 맹주와 같은 위치에 있었다면 다수의 소속국명을 포함하는 군사호나 왕호를 요청하고 다른 동이제국과 아무런 중복관계가 없는 가야제국의 대부분을 포함하는 칭호를 받을 수 있었을 것이다. 그러나 가라국왕 하지의 칭호는 본국왕 곧 가라국왕에 한정되고 있다.

가라국왕 하지가 남제에 사신을 파견했던 루트는 문헌과 고고 자료를 아울러 보면 추정이 가능하다. 문헌기록은 앞에서 소개한 바와 같이 섬진강 수계를 둘러싸고 백제와 쟁탈전을 벌였던 반파국 또는 가라국의 내용으로 짐작되지만, 고고자료는 이른바 '가라국왕 하지의 세기(世紀)'를 대표하는 고령 지산동44호분과 45호분의 출토유물이 해당된다. 44호분 주석실과 순장석곽에는 모두 22개의 토기에 음식물이 들어 있었는데, 44-21호와 44-30호 순장석곽에서는 담수어의 누치가 확인되었지만, 44호 남석실에서 출토된 2매패는 바다조개였다. 45-2호 석곽의 개배에는 청어류 1마리분이 들어 있었고, 45-2호·45-3호·45-6호 석곽에서 출토된 4개의 고배에서는 바다생선뼈가 확인되었다.[59] 이외에 연결석곽에서 고둥이 가득 담긴 개배와 지산동32SE-3호 출토 고배에서는 대구 반 토막이 확인되었다. 이렇게 출토된 생선뼈는 대가야의 영역적 팽창을 살필 수 있는 자료가 된다.

고대 일본의 사시제(四時祭)에 공납되는 물품 중 제기류 다음으로 가장 많은 비중을 차지하는 것이 해산물이었던 것처럼,[60] 대가야 왕의 영향력 하에 있던 가야제국의 여러 지역에서 왕의 장례를 위해 공납되어진 물품들로 보아야 할 것이다. 이렇게 대가야왕의 무덤에 바다생선과 고둥이 포함되어 있다는 사실은 대가야왕의 세력권 또는 영향력의 범위를 짐작할 수 있는 자료가 된다. 물론 대가야의 고령지역은 바다에 접해 있지 않다. 그런데도 대가야 왕의 무덤에 바다 생선이나 조개가 부장되고 있다는 사실은 남해안 가야제국의 공납과 같은 형태로 들어 왔을 가능성을 추정할 할 수 있게 한다. 44호분과 45호분의 연대가 가야금12곡 제작과 대가야왕 하지가 중국 남조에 사신을 파견했던 시기와 중복되고 있음을 중시할 필요가 있다. 대가야 사절단이 이용했을 고령→합천→함양→거창→남원(운봉)→곡성→하동의 육로와 남해의 항구는 대가야에 정치적으로 예속되어 있었고, 이런 남해안 가야국의 해산물이 공납되었을 가능

---

59) 楊洪準, 1979「池山洞 44號墳 出土 魚類遺骸에 대한 考察」『大加耶古墳發掘調査報告書』, 高靈郡 ; 楊洪準, 1981「高靈池山洞古墳에서 出土된 動物遺骸에 관한 考察」『高靈池山洞古墳群』, 啓明大博物館 ; 김세기, 1996「加耶人의 삶과 죽음」『加耶史의 새로운 이해』, 한국고대사연구회·경상북도·고령군.

60) 阿部武彦, 1984『日本古代の氏族と祭祀』, 吉川弘文館.

성을 상정할 수밖에 없다. 어떤 연구자는 대가야의 지방관 파견에 의한 직할통치를 논하기도 했다.[61]

고령의 개진나루나 옥전고분군이 있는 합천 쌍책나루에서 낙동강으로 나가는 수로가 편리했을 것이지만, 이미 5세기 중엽에 부산 동래와 경남 양산의 낙동강 동안지역을 확보한 신라가 낙동강 건너 김해지역에 군사적 압박을 증가시키고 있었던 상황을 고려한다면 5세기 중 후엽에 대가야가 낙동강을 교통로로 이용했을 가능성은 그리 크지 않다. 섬진강 하구에 근접한 하동(達已, 滯沙, 多沙)이나 사천(思勿, 史勿)과 같은 남해안 가야국에서 공납과 같은 형태로 고령지역에 공급되었을 가능성을 생각한다.

한편 대가야왕의 칭호획득 외교에 타국의 도움은 상정되기 어렵다. 479년 전후 신라왕의 대 중국외교를 보면 377년 전진(前秦)과의 외교는 고구려의 중개로, 521년 양(梁)과의 통교는 백제의 중개로 각각 성립할 수 있었다. 479년에 남제는 가라국 외에도 토곡혼(吐谷渾), 탕창국(宕昌國)과 함께 왜왕에게도 칭호를 제수했으나, 남제 스스로 건국을 기념하는 일방적이며 관례적인 책봉에 불과했던 것이었다. 왜의 사절단 파견도 확인되지 않는다. 초기 왜왕의 대 중국외교에서 백제가 안내자가 되었던 사실과 대가야와 백제의 지리적 인접성을 고려할 때 백제가 대가야를 안내했을 가능성도 있지만 479년에 백제는 남제에 사신을 파견하지 않았다. 이듬해인 480년에 사신을 보내 고구려와 함께 책봉을 받았을 뿐이었다. 479년 대가야 왕 하지가 남제에 사신을 파견해 표문(表文)을 올리고 보국장군·본국왕의 칭호를 획득했던 것은 대가야의 독자적인 외교교섭

---

61) 김세기, 2003 『고분자료로 본 대가야연구』, 학연문화사 ; 박천수, 2006 「임나사현과 기문 대사를 둘러싼 백제와 대가야」 『제12회 가야사국제학술회의 가야, 낙동강에서 영산강으로』, 김해시.

의 결과였다. 결국 대가야는 이미 479년 이전부터 중국의 책봉관례를 숙지하고 있었으며, 남제의 건국과 같은 동아시아의 최신 정치동향까지 알고 있었으며, 상표문 작성 등의 국제적 외교 능력을 갖추고 있었다. 가라왕 하지 곧 가실왕이 중국 당(唐)의 악기를 본 따 가야금을 만들었다는 것도 대가야의 중국문화에 대한 이해나 남제와의 통교가 가능했던 상황이 반영된 것으로 볼 수 있다. 사실 가야금과 유사한 금(琴)은 이미 『삼국지』 변진조의 기록과 광주 신창동유적, 경산 임당동유적 등의 유물 출토로 확인되고 있다. 시기적으로도 맞지 않는 당의 악기를 본 따 만들었다기보다 이전부터 전래되던 금(琴)을 개량한 정도였을 것인데, 오히려 가실왕 대의 대 중국외교의 인식이 덮여 씌워져 이렇게 기록되었을 가능성도 있다.

1991년에 발굴조사 된 전북 부안의 죽막동유적은 대가야의 외교사절이 남해로 빠져 나와 서해안을 따라 북상하면서 이용했던 해상교통로의 일부를 보여주었다. 변산반도가 서해로 뻗어 나간 절벽 위에 항해의 안전을 기원하는 수성당이 지금도 있는데, 그 뒤쪽 평탄면에서 삼국~조선시대에 이르는 수많은 제사유물들이 출토되었다. 삼국시대 유물층에서는 대가야 계통의 금속유물들이 대가야의 대응에서 출토되었다. 구연단 외면 하부에 한 줄의 돌대가 돌아가는 광구장경용, 철모, 검릉형행엽, 안교 등은 5세기 후반~6세기 전반의 고령·합천·함양 등의 대가야문물과 연결된다.[62] 479년에 대가야 사절단이 이곳을 지나면서 항해의 안전과 외교의 성공을 기원했던 제의의 흔적이다.

대가야가 남해의 항구로 이용했던 곳은 다사진(多沙津) 곧 섬진강 하구의 하동이었다. 『일본서기』 계체 23년(529) 3월에 대가야 왕은 "다사진은 우리가 사용하던 곳이다"라 하였다. 529년 백제에 빼앗기기 전까지

---

62) 국립전주박물관, 1995 『특별전 바다와 제사—부안 죽막동 제사유적』.

다사진=하동은 대가야의 항구였다. 이런 사실은 대가야 토기를 비롯한 대가야 계통 문물이 서부경남지역으로 확산돼 가던 과정과 일치하고 있다.[63] 최소한 479년 남제로의 사신 파견부터 529년 백제의 탈취까지 대가야는 하동은 물론 이 교통로 상의 가야제국에 대해 절대적인 영향력을 미치고 있었음이 확인된다. 그렇기 때문에 이 기간 동안 이 지역의 가야국들은 국명을 유지하는 '제국'이었지만 대가야의 '제현'과 같은 위치에 있었던 것으로 파악된다.

이런 대가야왕의 위상을 보여주는 유물이 충남대박물관 소장의 유개장경호 명문이다. 정확한 출토지는 전하지 않지만 긴 목 부분에 돌아가는 3조의 돌대와 그 사이에 시문된 2줄의 파상문, 전형적인 꼭지의 뚜껑 등은 대가야 토기의 특징을 그대로 보여 준다.[64] 이 유개장경호의 뚜껑과 몸통 상부에 새김 새의 차이는 있지만 각각 '대왕'이 새겨져 있다. 대왕에는 타국의 왕을 칭하거나 신하가 왕을 높여 부르던 용례도 있지만 가야금12곡명의 상황, 남제에 대한 외교, 아래에 정리하는 서부경남과 전라 동부지역에 대한 대가야 토기의 확산 등을 고려할 때 가야제국의 왕들 위에 섰던 '왕중왕'의 의미로 해석해 좋을 것이다.

대가야 토기의 확산과정은 다음과 같이 확인된다. 5세기 1/4분기 대가야 토기 양식의 성립. 5세기 2/4분기 합천 남원 등에 확산 시작, 5세기 전반 합천 옥전28호분에 대가야 양식 출현, 남원 월산리고분군에 재지계통 유물과 대등 비율로 출현. 5세기 3/4분기 합천 옥전70호분·M3호분·반계제고분군·창리고분군·거창 등 대가야토기 일색으로 변화. 5세기 4/4분기 합천 옥전고분군에 대가야토기 비중 확대, 함양 백천리고분군

---

63) 이희준, 1995 앞의 논문 ; 김세기, 1995 앞의 논문 ; 박천수, 1998 「대가야권 분묘의 편년」『한국고고학보』39.

64) 박천수, 2006 앞의 논문.

과 남원 월산리고분군 대가야토기 일색으로 변화. 6세기 2/4분기 남원 두락리 고분군과 건지리 고분군이 대가야 토기 일색으로 변화. 대가야 멸망기의 6세기 3/4분기에 전북 동부와 서부 경남의 대가야 양식은 신라 계 문물로 대체되지만, 고성 율대리고분군에서 고성계통·신라계통과 함 께 대가야 양식이 확인되며, 진주 수정봉고분군과 옥봉고분군에서 재지 계통 위에 대가야 양식과 백제계 문물이 동시에 출현. 함안의 말산고분 군에서 함안 양식이 주류를 이루는 가운데 약간의 대가야 양식도 확인된 다.[65]

이러한 대가야 양식 토기의 확산과정에 전남 동부지역 순천의 운평 리고분군, 광양의 도월리분구묘, 여수의 미평동유적과 고락산성 등에서 확인되는 대가야 토기의 확산을 포함하면 가야제국에 대한 대가야의 진 출은 다음의 세 단계로 구별된다. 5세기 중엽에 전북 동부와 서부 경남 지역에 경제적 교역권을 형성 시작, 5세기 후반 간접지배의 단계로의 전 환을 거쳐, 6세기 초에 합천·삼가·거창·함양·하동 등을 직접지배하고, 광양·순천·여수 등에도 강력한 영향을 미치는 '대가야'로 성장하였고, 이러한 영역적 팽창이 대왕의 지위를 자부하게 했던 것이었다.

전북 일부와 서부경남을 석권하고 전남 동부지역에 강한 영향력을 미치면서 영역국가로 성장하던 대가야의 위상은 고령 지산동 고분군에 서 유감없이 확인되는데 대가야 관제의 맹아로 파악할 수 있는 특징이 있다. 5세기 2/4분기의 73호분에서는 서쪽 순장석곽에서 금동제 조익형 관식(鳥翼形冠飾)이 출토되었고, 75호분 봉분1순장곽에서는 철제관식 (鐵製冠飾)이 출토되었다. 5세기 4/4분기 44호분에서는 중앙에 매장된 왕의 주곽과 부곽을 방사선식으로 둘러싸듯이 32개의 순장석곽(殉葬石 槨)이 축조되었는데 60인 이상 되는 남녀노소의 순장이 추정되고 있다.

---

65) 이희준, 1995 앞의 논문.

순장석곽에는 3인이 포개져 있기도 하고, 남녀 어린이가 머리를 마주대고 누워있기도 하였다. 철제 갑옷과 무기가 부장된 석곽에는 왕의 무사가 순장되었고, 등자와 재갈 등 마구가 부장되어 있는 25호 순장곽에는 마부와 같은 사람이 순장되었을 것이다.

닭뼈·생선뼈·바다고둥 등의 음식물이 있는 석곽에는 왕의 식사를 책임지는 사람들이 순장되었을 것이며, 옷감 등 섬유질이 확인된 석곽에는 왕의 의복을 담당하던 사람들이 순장되었을 것으로 추정된다. 특히 6세기 전반의 45호분에서는 2·3·6·7·11호 순장석곽에서 금동제이식(金銅製耳飾)이 출토되고 있다. 이렇게 순장석곽에서 출토되는 유물 중에는 금동제 관식과 이식, 그리고 무기와 마구처럼 등급에서 보아 함양의 백천리고분군이나 남원의 월산리고분군 정도의 지방수장이 보유할 수 있었던 위세품에 해당되는 것들이 있어, 지산동44호분의 경우에 이와 같은 부장유물 상으로 보아 당연하게 높은 신분의 순장자들이 있었으며 순장자들 사이에도 큰 위계적 격차가 있었을 것으로 판단하고 있다.[66]

『삼국사기』 직관지에는 고대국가 성립 후의 신라에는 국가와 왕실의 업무를 분장하면서, 임무나 병기의 종류에 따른 부대의 당(幢)이 편성되었으며, 신발을 만드는 화전(靴典), 기와를 만드는 와전(瓦典), 직물을 염색하는 염궁(染宮), 빨래와 청소를 담당하는 세궁(洗宮)까지 나뉘어 있음이 기록되었다. 대가야가 고대국가 성립 후의 신라와 같은 수준에 도달했다고는 말할 수 없지만 5세기 후반 대가야 왕의 휘하에는 마치 국가 행정편성의 축소판 같은 위계와 직역의 구분의 존재를 인정할 수 있다. 대가야 관제의 맹아로 보아 좋을 것으로 생각한다.

마찬가지로 대가야의 남제 사신 파견 시기에 해당하는 지산동 30호분[67]은 2등급의 고분으로 분류되었는데,[68] 순장석곽에서는 금동관이 출

---

66) 김용성, 2014 「지산동고분군의 순장」 『야외고고학』 19.

토되었다. 순장자가 아니라 노비 같은 인물에게 대신 착장시켰을 것이라는 추정도 있지만, 순장곽의 금동관을 통해 주인공의 석곽에 금관의 존재를 추정할 수 있다. 관식(冠飾)에 따른 위계적 구분이 존재하던 사회였음을 추정해 볼 수 있다.

반면에 같은 지산동 30호분의 개석에서는 이전 시대의 암각화가 확인되었다. 암각화를 새기면서 제의를 벌였던 선사시대의 권위를 파괴한 것으로 보았던 해석이 흥미 있다.[69] 전통사상의 극복과 새로운 이데올로기로서 불교의 수용도 아울러 생각해 볼 수 있는 소재이다.[70] 동일한 상황은 최근 가락국의 대성동고분군 발굴에서 검출된 지석묘에서도 확인되는 것으로 생각한다. 대성동고분군 '애꼬지'의 중심 구릉부에 축조되었던 지석묘는 다음 단계에 평지에서 축조되는 목관묘 단계와는 중복되지 않다가 그 다음 단계의 목곽묘가 파괴하면서 같은 자리에 축조되기 시작하는 양상이다. 5세기 중반의 93호 목곽묘가 청동기시대의 대형 지석묘를 파괴하고 있는 것이다.[71]

물론 이러한 현상은 같은 대성동 39호분이 대성동 29호분과 중복되고 있는 것처럼 같은 목곽묘 간에 1세기 정도의 일정한 시대가 지나면서 "손자가 할아버지의 품속으로 들어가는 것 같은"[72] 곧 쇠락하는 자신의 입지를 전 시대의 권위에 의지해서 회복하려던 의도의 중복과는[73] 구분

---

67) 영남매장문화재연구원·고령군, 1998 『고령지산동30호분』.
68) 김세기, 2003 앞의 논문.
69) 이형기, 2017 앞의 논문.
70) 김복순, 1995 「대가야의 불교」 『加耶史研究-대가야의 정치와 문화-』, 경상북도 ; 이영식, 1998 「가야불교의 전래와 문제점」 『가야문화』 11.
71) 대성동고분박물관, 2016 『김해 대성동고분군-92~94호분, 지석묘-』.
72) 이영식, 2009 앞의 책.
73) 김용성, 2017 「신라고분과 비교한 가야고분의 특성」 『가야고분군 세계유산등재 추진 학술대회』.

되어야 하는 것으로, 상당한 시기 또는 사회적 단계가 달라진 다음에 전 시대의 사회적 권위를 파괴되는 현상의 하나이다. 가락국의 문헌기록에서 수로왕이 구간의 명칭이 야비하다고 개칭하는 것과 같은 사회발전단계의 변화로 해석 될 수도 있다.

지산동 30호분에서처럼 이전 시대의 권위나 이데올로기를 파괴 부정하거나 새로운 이데올로기를 추구하는 모습은 가야금 제작 동기에서도 확인된다. 가야금 12줄을 12개월에서 본 땄다고 하는 것에서 지금과 같은 역(曆, 캘린더)의 사용이 이루어지고 있음을 추찰할 수 있어 전기가야의 역 사용과는 다른 단계의 차이를 보이고 있는 것으로 해석될 수 있다. 즉 전기가야(변한)에서 는 파종과 추수의 축제를 세수(歲首)로 삼던 전통이 있었고, 따라서 1년을 2배로 계산하던 1년 2배력과 같은 고유력(固有曆)의 사용을 추정해 볼 수 있었다. 그렇다면 대가야에서 중국력(中國曆)을 수용해 지금과 같이 1년을 12개월로 계산하는 역을 사용하기 시작한 것은 이전 전기가야와는 전혀 다른 혁신이 진행된 사회이다. 새로운 역의 사용 역시 사회발전단계의 진전을 보여주는 중요 지표의 하나로 추정해 볼 수 있을 것으로 생각한다.[74] 이 역시 중요한 고대국가적 지표의 하나로 추가해야 할 것이다.

4. 맺음말

대가야 영역국가론 또는 고대국가론에 대한 비판처럼 전통적으로 생각하던 고대국가론이나 영역의 완전한 의미를 생각한다면, 지금까지 거론해 본 지표들은 오히려 고대국가나 영역국가에 이르지 못한 특징으로

---

74) 이영식, 2006 「가야인의 시간의식과 가야금12곡」 『釜大史學』 30.

판단될 수도 있다. 고대국가적인 지표도 적지 않지만 대가야가 세력을 확장하고 강한 영향력을 미치고 있던 서부경남과 전라 동부지역에는 여전히 독자적인 국명으로 표기된 가야제국이 존재했던 것도 엄연한 사실이다.

그렇다고 종래의 연맹체론으로는 간접지배에서 직접지배로 직접지배를 통한 영역화의 진전과 같은 단계를 설명할 수 없다. 원래 연맹은 소속국의 정치적 독립을 전제로 하는 것이었다. 아테네와 스파르타가 연맹 소속국에 대해 정복활동을 전개하거나 소속국의 인민을 통제하고 소속국 지역의 전쟁에 군사를 파견하고 해당 지역에서 축성하면서 봉수체제를 갖는 행위는 허락될 수 없다. 대가야에서는 이런 움직임들이 빈약한 문자기록이나 고고자료에서도 확인되고 있다.

이런 단계에 대한 설명은 역시 용어나 개념을 완전히 충족할 수는 없다. 다만 고대국가적 징표가 적지 않게 나타나는 '초기고대국가'와 같이 정의할 수 있으며, '고대국가'로 규정하려는 신라 마립간기와 같은 수준의 사회로 볼 수 있다고 생각한다.

참고문헌

곽장근, 1999 『호남 동부지역 석곽묘 연구』, 서경문화사

국립전주박물관, 1995 『특별전 바다와 제사—부안 죽막동 제사유적』

권학수, 1994 「가야제국의 상관관계와 연맹구조」 『한국고고학보』 31

김두진, 1999 『한국 고대의 건국신화와 제의』, 일조각

김복순, 1995 「대가야의 불교」 『加耶史硏究—대가야의 정치와 문화—』, 경상북도

김세기, 1995 「대가야 묘제의 변천」 『加耶史硏究—대가야의 정치와 문화—』, 경상북도

김세기, 1996 「加耶人의 삶과 죽음」 『加耶史의 새로운 이해』, 한국고대사연구회·경
　　　　상북도·고령군

김세기, 2003 『고분자료로 본 대가야연구』, 학연문화사

김용성, 2014 「지산동고분군의 순장」 『야외고고학』 19

김용성, 2017 「신라고분과 비교한 가야고분의 특성」 『가야고분군 세계유산등재추진
　　　　학술대회』

김정학, 1982 「고대국가의 발달(가야)」 『한국고고학보』 12

김태식, 1990 「가야의 사회발전단계」 『한국고대국가의 형성』, 민음사

김태식, 1993 『가야연맹사』, 일조각

김태식, 2000 「가야연맹체의 부체제 성립여부에 대한 소론」 『한국고대사연구』 17

김태식, 2014 「초기고대국가론」 『사국시대의 가야사연구』

노중국, 1995 「대가야의 정치와 사회구조」 『加耶史硏究—대가야의 정치와 문화—』,
　　　　경상북도

노태돈, 2000 「초기 고대국가의 국가구조와 정치운영」 『한국고대사연구』 17

대성동고분박물관, 2016 『김해 대성동고분군—92~94호분, 지석묘—』

鈴木靖民, 1990 「六世紀の朝鮮三国と伽耶と倭」 『東アジアの古代文化』 62

박천수, 1996 「대가야의 고대국가 형성」 『碩晤尹容鎭敎授停年退任紀念論叢』

박천수, 1998 「대가야권분묘의 편년」 『한국고고학보』 39

박천수, 2006 「임나사현과 기문 대사를 둘러싼 백제와 대가야」 『제12회 가야사국제
　　　　학술회의 가야, 낙동강에서 영산강으로』, 김해시

백승옥, 2003 『加耶 各國史 硏究』, 혜안

백승옥, 2007 「加耶 '縣'의 성격과 省熱縣의 위치」 『한국민족문화』 30

백승옥, 2017 「'가야'연맹체설'의 비판과 '지역국가론' 제창」 『제11회 대가야사학술회

의 쟁점 대가야사 대가야의 국가발전단계』, 고령군·대가야박물관

백승충, 1995『加耶의 地域聯盟史 硏究』, 부산대학교박사학위논문

백승충, 2000「가야의 정치구조-'부체제' 논의와 관련하여-」『한국고대사연구』17

백승충, 2006「가야의 '고대국가론' 비판」『釜大史學』30

손진태, 1948『조선민족사개론』, 을유문화사

신경철, 2012「가야유적의 역사적 위상」『가야유적의 역사적 위상과 세계유산가치
　　　　연구』, 경남발전연구원역사문화센터

阿部武彦, 1984『日本古代の氏族と祭祀』, 吉川弘文館

楊洪準, 1979「池山洞 44號墳 出土 魚類遺骸에 대한 考察」『大加耶古墳發掘調査報
　　　　告書』, 高靈郡

楊洪準, 1981「高靈池山洞古墳에서 出土된 動物遺骸에 관한 考察」『高靈池山洞古墳
　　　　群』, 啓明大博物館

영남매장문화재연구원·고령군, 1998『고령지산동30호분』

윤선태, 2017「대가야 고대국가론(김세기)에 대한 토론문」『제11회 대가야사학술회
　　　　의 쟁점 대가야사 대가야의 국가발전단계』, 고령군·대가야박물관

의령군·경상문화재연구원, 2011『의령 호미산성』

이동희, 2004「전남동부지역 가야계 토기와 역사적 성격」『한국상고사학보』46

이동희, 2014『전남 동부지역의 가야와 백제문화』, 누리기획

이병도, 1948『한국사대관』, 동지사

이병도, 1976『한국고대사연구』, 박영사

이영식, 1993『加耶諸国と任那日本府』, 吉川弘文館

이영식, 1995「百濟의 加耶進出 過程」『韓國古代史論叢 7』

이영식, 1997「대가야의 영역과 국제관계」『伽倻文化』10

이영식, 1998「가야불교의 전래와 문제점」『가야문화』11

이영식, 2006「가야인의 시간의식과 가야금12곡」『부대사학』30

이영식, 2009『이야기로 떠나는 가야역사 여행』, 지식산업사

이영식, 2013「대가야와 신라, 혼인동맹의 전개와 성격」『역사와 세계』44

이영식, 2016『가야제국사연구』, 생각과 종이

이영식, 2017「가야사와 가야고고학 자료 발굴 현황」『김해시 제1차 가야사학술대
　　　　회 겸 동국대 세계 불교학연구소 제8차 학술대회 가야사와 가야불교
　　　　사의 재조명』

이형기, 1997「小伽倻聯盟體의 成立과 그 推移」『민족문화논총』17

이형기, 1998「星山伽耶聯盟체의 成立과 그 推移」『민족문화논총』18·19

이형기, 2000「大加耶 聯盟構造에 대한 試論」『한국고대사연구』18

이형기, 2000「加耶 地域聯盟體의 構造와 性格」『國史館論叢』88

이형기, 2009『대가야의 형성과 발전 연구』, 경인문화사

이형기, 2017「대가야의 부체제에 대한 고찰」『제11회 대가야사학술회의 쟁점 대가
          야사 대가야의 국가발전단계』, 고령군·대가야박물관

이희준, 1995「토기로 본 대가야의 권역과 그 변천」『加耶史研究-대가야의 정치와
          문화—』, 경상북도

이희준, 2017「「가야연맹설의 비판과 지역국가론 제창」에 대한 토론문」『제11회 대
          가야사학술 회의 쟁점 대가야사 대가야의 국가발전단계』, 고령군·대
          가야박물관

田中俊明, 1990「于勒十二曲と大加耶連盟」『東洋史研究』48-4

田中俊明, 1992『大伽耶連盟の興亡と「任那」』, 吉川弘文館

주보돈, 2017「가야사의 체계적 이해를 위한 提言」『제11회 대가야사학술회의 쟁점
          대가야사 대가야의 국가발전단계』, 고령군·대가야박물관

채상식, 1987「4호분 출토 토기의 명문」『합천 저포리E지구 유적』, 부산대박물관

대가야 멸망 과정에 대한 새로운 이해
-'가야반加耶叛' 기사를 중심으로-

· 신가영 ·

1. 머리말

대가야 멸망과 관련된 문헌자료는 『삼국사기』 진흥왕 23년 기사[1]와 『일본서기』 흠명 23년 기사[2]가 있다. 이를 근거로 대체로 대가야가 562년 에 멸망하였다고 이해하지만, 대가야의 멸망 시기와 과정은 여전히 논란 이 되고 있다. 두 기사에서는 멸망 시기에 약간의 차이가 있어 562년 9월 에 멸망하였다고 보거나 그 이전에 멸망하였다고 파악한다. 또한 신라에 의해 대가야가 소멸되었음만 뚜렷할 뿐 그 과정에 대해서는 기록되지 않 아서 대가야의 멸망이 일시에 이루어졌다는 이해가 일반적이다.

이러한 논의에서 쟁점이 되는 것은 『삼국사기』 진흥왕 23년 기사에서

---

[1] "九月 加耶叛 王命異斯夫討之 斯多含副之 斯多含領五千騎先馳 入栴檀門 立白旗 城中恐懼 不知所爲 異斯夫引兵臨之 一時盡降"(『삼국사기』 권4, 신라본기4 진흥 왕 23년).

[2] "廿三年 春正月 新羅打滅任那官家[一本云 廿一年 任那滅焉 總言任那 別言加羅 國·安羅國·斯二岐國·多羅國·卒麻國·古嵯國·子他國·散半下國·乞湌國·稔禮 國 合十國]"(『일본서기』 권19, 흠명 23년).

의 '가야반(加耶叛)'이라는 구절이다. 562년 9월 가야, 즉 대가야가 신라에 반(叛)하였고 이에 진흥왕이 군대를 보내 대가야의 항복을 받아냈다고 한다. '가야반'은 대가야가 신라에 복속되어 있음을 전제한 표현이다. 대부분의 연구에서는 562년 9월 이전에 대가야가 신라에 복속된 적이 없었다고 보기 때문에 대가야가 신라에 반(叛)했다는 것을 인정하지 않는다.[3] 이와 달리 '가야반'을 인정하여 대가야가 562년 9월 이전에 멸망하였을 것으로 파악하기도 한다.[4]

『삼국사기』신라본기는 신라인에 의해 정리된 내용에 기반을 둔 것이며, '가야반'은 신라인의 입장을 반영한 표현이라고 생각된다. 하지만 독

---

3) '加耶叛'은 대가야를 532년에 멸망한 금관국으로 오인한 『삼국사기』 찬자의 가필로 파악하거나(李丙燾, 1977 『國譯 三國史記』, 乙酉文化社, p.59 주1과 p.655 주8 ; 金泰植, 1992 「6세기 중엽 加耶의 멸망에 대한 연구」 『韓國古代史論叢』 4, pp.267~268), 신라인의 명분이나(李熙眞, 1994 「加耶의 消滅過程을 통해 본 加耶-百濟-新羅關係」 『歷史學報』 141, p.45) 인식이 반영된 것으로 이해한다(白承忠, 1995 『加耶의 地域聯盟史 硏究』, 부산대 박사학위논문, pp.293~294 ; 1997 「安羅·加羅의 멸망과정에 대한 검토」 『지역과 역사』 4, pp.168~170 ; 李炯基, 2009 『大加耶의 形成과 發展 硏究』, 景仁文化社, pp.127~129).
한편 '加耶叛'의 '叛'을 「양직공도」에 보이는 '叛波'의 약자로 추정하는 견해가 있는데(유우창, 2017 「6세기 加羅의 對 羅·濟 관계」 『韓國古代史硏究』 88, pp.359~360), 이는 「양직공도」 방소국 기사 중 "旁小國有叛波" 구절을 "旁小國叛波"로 '有'를 빼고 해석한 것이기에 '加耶叛'을 곧 '加耶 叛波'로 이해하기는 어렵다.
4) 林炳泰, 1967 「新羅小京考」 『歷史學報』 35·36, p.89 ; 朱甫暾, 1982 「加耶滅亡問題에 대한 一考察」 『慶北史學』 4, pp.25~26 ; 李泳鎬, 2008 「大加耶 멸망과 高靈地域의 변화」 『退溪學과 韓國文化』 42, pp.57~58.
『일본서기』의 기록에 신빙성을 두어 대가야가 562년 1월에 멸망하였다고 보는 견해가 있는데(白承忠, 1997 앞의 논문, pp.167~168 ; 李文基, 2010 「新羅의 大加耶 故地 支配에 대하여」 『歷史敎育論集』 45, p.221), 『일본서기』에서의 '임나'는 가야 제국 전체를 의미하거나, 그중 일부나 하나의 소국을 가리키기도 하므로 속단하기는 어렵다.

립된 세력끼리 시종 적대하다가 군사력으로 소멸시킨 경우에 군사 동원의 동기를 '반(叛)'이라고만 표현하지는 않았을 것이다. 즉, 562년 대가야가 신라에 '반(叛)'하였다고 하는 것도 신라와 대가야가 아무런 관계가 없는 상태에서 단순히 대가야를 공격하기 위한 명분으로만 기록될 수 있는 표현으로 보기 어렵다. 신라의 명분을 고려하더라도 '반(叛)'이라고 표현되었을 때는 그렇게 생각할 수 있었던 근거가 있었을 것이다.

'반(叛)'이란 정통의 현재 왕조에서 이탈하여 외국 또는 거짓(偽) 정권 측에 붙는 것이다. 즉, 나라를 배신하고 적국을 따르려고 꾀함을 말한다. 수와 당에서 '반(叛)'은 '반망(叛亡)', '반귀(叛歸)' 등으로도 표현되며, 배반하여 이탈해나감을 의미한다고 한다.[5] 『삼국사기』에서도 신라와의 우호적인 관계 또는 복속한 상태에 있다가 그로부터 이탈하거나 그 관계를 끊었다는 의미로 사용된 경우가 있다.[6] 이를 고려할 때 '가야반'에 대해서도 신라와의 관계 속에서 '반(叛)'을 검토하는 과정이 필요하다고 생각된다.[7]

---

5) 한영화, 2006 「7~8세기 신라의 형율과 그 운용」 『韓國古代史研究』 44, pp.235~236.
『당률소의』 권1, 名例律의 十惡에서 '謀反'은 "社稷을 위태롭게 하려고 모의하는 것[謀危社稷]을 말한다"고 하고, '謀叛'은 "국가를 배신하여 거짓에 따르는 것[背國從偽]을 말한다"고 한다(鄭炳俊, 2017 「『구당서』·『신당서』 등에 보이는 '反' 용례 비교 검토—신라사의 반란 용례와도 관련하여」 『中國古中世史研究』 46, p.311).

6) 하일식, 2006 『신라 집권 관료제 연구』, 혜안, p.192 주15 참조. 사로국 시기의 실직·압독국의 叛, 7세기 백제 부흥군의 叛과 보덕국의 叛, 9세기 장보고의 叛 등의 사례에서 살펴볼 수 있다. 2장에서 자세히 다루도록 하겠다.

7) 신라 당대에 '反'과 '叛'의 용어가 서로 엄격히 분리되어 사용되지 않았을 것으로 파악되기도 한다(洪承佑, 2004 「新羅律의 基本性格—刑罰體系를 중심으로」 『韓國史論』 50, 서울大學校 人文大學 國史學科, p.49). '反'과 '叛'을 명확히 구분하기 어려운 사례가 있겠지만, 『삼국사기』의 '叛' 용례는 『구당서』·『신당서』의 용례와

대가야 멸망 과정은 한편으로 신라의 대가야 복속·통합 과정이다. 대가야의 멸망 과정을 살펴볼 수 있는 사료가 충분하지 않기 때문에 이 글에서는 부득이 신라 쪽 사례를 바탕으로 신라의 주변 소국 통합 방식을 통해 대가야 통합 과정을 유추하고자 한다. 아울러 멸망 전후 대가야 출신 인물들의 동향을 통해 멸망 이전 대가야와 신라가 어떤 관계에 있었는지, 어떻게 신라에 통합되어 갔는지를 살펴보겠다.

또한 금관국의 멸망과 달리 대가야 지배세력의 처리에 관한 기록이 없다는 점을 주목하고자 한다. 대가야가 562년까지 온전히 독립을 유지하다가 일시에 멸망하였다면, 대가야 지배세력에 대한 처리는 특기될 만한 사안이었을 것이다. 그럼에도 이와 관련된 기록이 없다는 점은 역설적으로 단 한 번의 공격으로 일시에 대가야가 멸망되지 않았을 가능성을 보여준다고 할 수 있다.[8] 따라서 이러한 점을 염두에 두고 대가야 지배세력이 신라에 의해 어떻게 처리되었는지도 검토하고자 한다. 이를 통해 『삼국사기』의 '가야반'이라는 기록의 의미를 재검토할 수 있을 것이다.

큰 차이가 없으며, 실제로는 '反'에 해당하지만 '叛'으로 표기된 용례도 살펴볼 수 있다. 史書에 '反'과 '叛'은 글자의 원래 의미에 따라 사용된 것이며, 법제적 개념에 의해 엄밀히 구분되어 서술된 것이 아니기에, 신라에서도 '反'과 '叛'의 법제적 구별이 있었을 것으로 추정되기도 한다(鄭炳俊, 2017 앞의 논문, pp.331~338 참조). 따라서 이 글에서는 '叛'을 단순히 '반란'으로 표현하지 않고, '叛'이라는 글자의 의미에 주목하여 대가야의 '叛'을 살펴보고자 한다.

8) 낙동강의 지역 분할성으로 인하여 신라의 가야 복속은 오랜 기간에 걸쳐서 이루어졌다고 보는 견해가 참고된다(이희준, 2007 『신라고고학연구』, 사회평론, pp. 331~336).

2. 신라의 주변 소국 통합과 가야 복속

1) 신라의 주변 소국 통합 방식

6세기 이전의 신라의 복속지 지배 방식은 대체로 간접지배로 이해되며,[9] 그 지배 방식에 대해서는 여러 유형으로 분류된다.[10] 그중 신라가 주변 소국을 통합하는 데 있어서 나타나는 특징이 주목된다.

먼저 실직국과 압독국은 신라의 무력에 의해 복속된 것이 아니었다. 음즙벌국(音汁伐國)과 실직곡국(悉直谷國)의 쟁강(爭疆) 사건으로 인하여 신라는 음즙벌국을 공격하여 항복을 받아냈고, 이에 영향을 받은 실직·압독국이 신라에 항복하였다.[11] 하지만 곧 실직·압독국은 신라에 반(叛)하였다.[12] 이와 관련하여 사벌국(沙伐國)의 사례도 참고된다. 사벌국은 어느 시기엔가 사로국에 복속되었지만, 첨해왕 때 신라와의 관계를 끊고 백제로 돌아섰다가 토벌되었다.[13] 이 소국들은 신라에 복속되어 있었지만, 그 관계의 구속력이 강하지 않았던 것을 알 수 있다.[14]

신라는 실직국과 압독국의 '반(叛)'을 진압하고 나머지 주민(餘衆)을 사민시켰지만,[15] 해당 지역을 곧바로 '직접' 지배하지 않았기에 두 소국

---

9) 全德在, 1990 「新羅 州郡制의 成立背景研究」『韓國史論』 22, 서울대 국사학과 ; 하일식, 1991 「6세기 新羅의 地方支配와 外位制」『學林』 12·13, 연세대 사학과 ; 朱甫暾, 1996 「麻立干時代 新羅의 地方統治」『嶺南考古學』 19.

10) 朱甫暾, 1996 앞의 논문, pp.28~32 참조.

11) 『삼국사기』 권1, 신라본기1 파사이사금 23년 8월.

12) 『삼국사기』 권1, 신라본기1 파사이사금 25년, 일성이사금 13년.

13) 『삼국사기』 권45, 열전5 석우로.

14) 하일식, 2006 앞의 책, pp.191~192.

15) '叛'을 일으킨 복속지 주민을 사민시키는 방식은 대가야의 '叛'을 인정하지 않더라도 대가야 멸망 이후 지배세력을 처리하는 과정에서 그대로 적용되었으리라

의 지배세력이 모두 사민된 것은 아니었다. 고고자료를 살펴보면 해당 지역의 지배세력들이 여전히 존재하고 있음을 알 수 있다.[16] 신라가 여전히 복속국의 지배세력을 완전히 해체시키지 않은 채 간접적인 지배를 하고 있었던 것을 알 수 있다. 이렇게 볼 때 두 소국의 '반(叛)'은 사벌국이 신라에서 이탈하여 백제로 돌아서는 것과 유사하다. 신라에 적극적인 공격을 하였다기보다 신라와의 복속 관계에서 벗어나려고 한 것이거나, 신라의 입장에서 볼 때 복속의 질서를 충족시키지 못한 행동을 한 것이었다고 생각된다.

신라가 소국을 무력으로 정복하였을 경우에도 크게 다르지 않았다. 직접지배가 실시되기 어려웠기에 해당 소국의 지배세력을 곧바로 해체하지 않고 영향력을 행사하였다. 이처럼 신라가 주변 소국을 정복하거나 소국이 신라에 복속해 왔을 때 그 소국을 통합하는 방식은 차이가 있지만, 해당 소국의 지배세력을 곧바로 해체하지 않았다는 점을 주목할 필요가 있을 것이다. 해당 지배세력이 온존되는 기간은 다르지만, 느슨한 복속 관계를 유지하면서 영향력을 확대해 나갔다는 것을 알 수 있다.

한편 소국 지배층의 편제와 관련하여 골벌국(骨伐國)의 통합 과정을 살펴볼 필요가 있다. 골벌국이 항복하였을 때 신라는 먼저 골벌국의 지배세력을 왕경으로 이주시키고, 그 지역을 군(郡)으로 삼았다.[17] 이는 초기기사이기 때문에 중앙에서 지방관을 파견하여 직접지배가 실현된 것으로 보기 어렵다. 최상위 지배층을 신라 왕경으로 이주시킨 이후, 현지에 남아있는 중간 지배세력을 통하여 간접적으로 지배하다가 서서히 직

고 본다. 그래서 대가야의 지배세력은 사민되었고, 고령지역의 지배세력이 교체되었다고 추정하기도 한다(李炯基, 2009 앞의 책, pp.209~210).

16) 경산시 조영동 고분군과 임당동 고분군을 통해 알 수 있다(김용성, 1998 『신라의 고총과 지역집단』, 춘추각).

17) 『삼국사기』 권2, 신라본기2 조분이사금 7년.

접지배를 관철시켜 나갔을 것으로 추정된다.[18] 이러한 ① 느슨한 복속 관계를 유지하는 가운데 ② 복속국의 최상위 지배층을 신라의 왕경으로 이주시키면서 점차 신라로 편입시키는 방식은 금관국의 통합 과정에서도 적용되었다.

> ① 金官國主 金仇亥가 왕비 및 세 아들, 장남 奴宗·차남 武德·삼남 武力을 데리고 나라의 보물을 갖고서 항복해 왔다. 왕이 예를 갖추어 대접하였다. 上等의 지위를 주고, 本國을 식읍으로 삼게 하였다. 아들 무력은 벼슬을 하여 角干에 이르렀다. (『삼국사기』권4, 신라본기4 법흥왕 19년)
>
> ② 이에 왕은 同氣인 脫知尒叱今으로 하여금 본국에 머물러 있게 하고, 왕자와 上孫 卒支公 등과 함께 항복하여 신라로 들어갔다. (『삼국유사』권2, 기이 가락국기)

신라에 항복하기 이전의 금관국의 상황은 정확히 알 수 없지만, 신라의 영향력 하에 있었을 것으로 짐작된다. 이후 금관국이 항복해 오자, 신라는 금관국의 왕과 그 직계 가족을 왕경으로 이주시켰다. 금관국의 중간 지배층(탈지이질금)은 현지에 남아 신라의 직접 지배력이 미칠 때까지 과도적인 매개 역할을 맡았을 것이다. 하지만 이들에게 모든 것을 일임한 것이 아니라 중앙에서 관인(官人)을 파견하였을 것으로 추정된다.[19] 금관국이 신라에 통합된 6세기는 신라의 직접지배가 실현되던 시기였다. 그 이전 간접지배하던 시기에 복속된 소국을 대하는 방식과 다소 차이가 있을 수 있으나, 금관국의 사례는 신라가 주변 소국을 복속·

---

18) 하일식, 2006 앞의 책, p.200.

19) 하일식, 1991 앞의 논문, pp.18~19.

통합한 사례와 유사한 것을 알 수 있다.

이처럼 금관국은 골벌국의 사례와 마찬가지로 최상위 지배층이 신라 왕경으로 안치되면서 점차 신라에 통합되었다. 대가야를 비롯한 다른 가야 소국들의 지배층 편제에 대한 기록이 없는 반면, 금관국의 지배층은 상등(上等)의 지위와 본국(本國)을 식읍으로 받았다. 그렇기에 이는 대체로 금관국에 대한 우대책으로 이해되고 있지만,[20] 신라의 소국 복속·통합 방식의 대표적인 것으로 추정된다.[21] 이를 뒷받침할 수 있는 사례는 7세기 후반의 보덕국 통합 과정에서 살펴볼 수 있다.

> ① (총장) 2년(669) 2월 왕의 서자 안승이 4천여 호를 거느리고 신라에 투항하였다. (『삼국사기』 권22, 고구려본기10 보장왕 27년)
>
> ② 문무왕 10년(670) 6월 고구려 水臨城人 대형 牟岑이 유민들을 모아서 窮牟城으로부터 浿江 남쪽에 이르러 당 관리와 승려 法安 등을 죽이고 신라로 향하였다. 서해 史冶島에 이르러서 고구려 대신 淵淨土의 아들 안승을 보고 漢城 안으로 맞아들여 왕으로 받들었다. … 왕은 그들을 나라 서쪽 금마저(金馬渚)에 머물게 하였다. (『삼국사기』 권6, 신라본기6 문무왕 10년)

---

20) 朱甫暾, 1982 앞의 논문, p.13. 한편 신라가 금관국의 지배층에게 진골을 준 것은 금관국을 신라 왕족과 대등한 수준의 가야 연맹 맹주국의 왕족으로 대우하는 것을 의미하며, 훗날 가야 전역을 병합하기 위한 명분 축적을 위한 것이라 이해한다. 또한 대가야의 맹주권을 부인한다는 의미도 내포한다고 추정한다 (김태식, 2002 『미완의 문명 7백년 가야사 1』, 푸른역사, p.210).

21) 금관국의 복속 과정은 신라의 복속지 지배의 전형적인 형태 중의 하나였다고 파악되기도 한다(朱甫暾, 1996 앞의 논문, p.31 주52).

③ 문무왕 14년(674) 안승을 보덕왕으로 봉하였다.(『삼국사기』권 7, 문무왕 14년 9월)

④ 문무왕 20년(680) 3월 금과 은으로 만든 그릇과 여러 채색 비 단 1백단을 보덕왕 안승에게 하사하였다. 마침내 왕의 누이를 아내로 삼게 하였다.[잡찬 金義官의 딸이라고도 한다.] (『삼국 사기』권7, 신라본기7 문무왕 20년)

⑤ 신문왕 3년(683) 겨울 10월 보덕국왕 안승을 불러 蘇判으로 삼 고, 金씨 성을 하사하였다. 京都에 머물게 하고 집과 良田을 주었다. (『삼국사기』권8, 신라본기8 신문왕 3년)

⑥ 신문왕 4년(684) 11월 안승의 族子인 장군 大文이 금마저에서 謀叛하였는데 일이 발각되어 죽임을 당하였다. 남은 자들이 대문이 죽임을 당하는 것을 보고서 官吏를 살해하고 읍을 근 거로 叛하였다. 왕이 將士에게 그들을 토벌하게 했는데, 幢主 逼實이 맞서 싸우다 죽었다. 그 성을 함락하여 그들을 國南 州 郡으로 옮기고, 그 땅을 金馬郡으로 삼았다.[대문은 悉伏이라 고도 한다.] (『삼국사기』권8, 신라본기8 신문왕 4년)

고구려 멸망 이후 안승이 신라에 투항하였는데, 신라는 안승을 금마 저에 안치하고 보덕국의 왕으로 봉하였다. 안승을 비롯한 고구려의 유민 집단이 안치된 보덕국은 10여 년간 유지되었다. 보덕국은 고구려의 부와 관등을 유지하였고, 일본에 고구려국의 이름으로 사신을 파견하는 등 거 의 독립국처럼 존속하였지만, 이는 신라에 의해 '만들어진' 독자성에 불 과하였다.[22] 이러한 보덕국이 신라에 통합되기 직전에 안승은 신라의 왕 경으로 불려갔고, 보덕국의 남은 세력은 신라에 반(叛)하였다.

---

22) 임기환, 2004 『고구려 정치사 연구』, 한나래, p.341.

보덕국의 '반(叛)'은 앞서 살펴본 '반(叛)'의 사례와 유사하며, 장보고의 '반(叛)'[23]과도 같은 상황으로 짐작된다. 장보고는 군사를 동원하여 왕경으로 진격하지 않고 청해진을 근거지로 중앙정부에 대하여 방어적인 입장을 취하고 있었는데, 이를 중앙정부의 입장에서는 '반(叛)'이라고 보았다.[24] 이를 고려하면, 신라가 안승을 왕경으로 이주시킨 다음 지방관이 서서히 보덕국의 지배권을 직접 장악해 나가는 조치가 있었고, 이에 대해 보덕국의 독자성을 유지하면서 기득권을 유지하고자 하였던 세력들이 반발하여 신라와의 관계를 끊고자 하였던 것이 『삼국사기』에 '반(叛)'으로 표현되었던 것으로 생각된다.[25]

이와 같은 '반(叛)'은 7세기 백제 부흥군 정벌 기사에서도 살펴볼 수 있다. 사비성 함락 이후 백제의 잔여 세력들은 나당연합군에 항복하였지만, 백제 부흥의 움직임이 일어나자 다시 부흥 세력으로 돌아섰다.[26] 백제의 세력들은 사비성 함락에 영향을 받아 항복하였기에 자신들의 기반을 유지할 수 있었고, 신라와 당은 백제의 모든 지역에 지방관과 군대를 파견할 수 없던 상황이었다. 그래서 백제의 잔여 세력은 다시 쉽게 부흥 세력에 합류하여 나당연합군에 반(叛)할 수 있었다. 특히 "남방의 여러 성들이 일시에 모두 반(叛)하여 복신에 속하였다"[27]라는 기사에서의 '반(叛)'은 나당연합군에 대한 직접적인 공격이 이루어졌던 것이 아니라 이

---

23) "春 淸海弓福 怨王不納女 據鎭叛"(『삼국사기』 권11, 신라본기11 문성왕 8년).

24) 신성재, 2003 「9세기 전반의 新羅 政治社會와 張保皐勢力」『學林』 24, p.31.

25) 河日植, 2001 「三國統一後 新羅 支配體制의 推移」『韓國古代史研究』 23, p.119 ; 2006 앞의 책, p.200 주40.

26) 『삼국사기』 권28, 백제본기6 의자왕 20년 7월 ; 권5, 신라본기5 태종무열왕 7년 ; 권7, 신라본기7 문무왕 11년 ; 권44, 열전4 흑치상지 ; 『新唐書』 권110, 열전35 흑치상지.

27) "南方諸城 一時摠叛 並屬福信"(『삼국사기』 권7, 신라본기7 문무왕 11년)

들 세력이 백제 부흥군 세력에 들어갔다는 의미로 사용되었음을 알 수 있다.

한편, 신라는 안승이 왕경으로 이주한 683년에 '고구려민'으로 황금서당(黃衿誓幢)을 편성하였다. 보덕국이 소멸한 이후 686년에 고구려인에게 경위를 수여하였고, '보덕성민'으로 구성된 백금(白衿)·적금(赤衿)의 2개 서당을 편성하였다. 신라에 반(叛)한 세력을 토벌하여 사민시켰다고 하지만, 보덕국을 구성한 핵심 세력들은 새로이 신라의 관인층이나 무력 기반으로 재편되었던 것을 알 수 있다.[28]

이러한 일련의 과정이 단기간에 진행된 것을 볼 때 신라 중앙에서 보덕국의 '반(叛)'을 예상하지 못한 채 지방관을 파견하였다고 보기 어려울 것이다. 안승을 보덕국에 안치시키고 왕경으로 불러들이는 과정은 나름대로의 독자성을 유지하고 있었던 보덕국을 흡수하려는 신라의 의도가 관철된 것이며, 보덕국을 처리하는 과정은 지난 수백 년간 신라가 주변 소국들을 통합한 경험이 집약된 최종적 형태를 보여준다고 할 수 있다.[29]

요컨대 신라가 금관국을 통합하는 방식은 4~5세기 소국을 복속·통합하던 방식을 바탕으로 하고 있으며, 그것이 이후 보덕국을 처리하는 방식까지도 연결되고 있었다. 그렇다면 보덕국의 통합 방식에는 신라가 수세기 동안 여러 경험을 거치면서 새로 추가되거나 시대 변화에 따라 사라진 방식이 있었을 것인데, 언제 무엇이 덧붙여지고 폐기되었는지는 알 수 없지만, 최종적 형태인 보덕국의 사례를 참고하여 신라의 가야 복

---

28) 河日植, 2001 앞의 논문, pp.116~120 참조 ; 임기환, 2004 앞의 책, pp.348~349.

29) 주운화, 2005 「樂을 통해서 본 신라인의 복속·통합 관념」『韓國古代史硏究』 38, p.186 ; 하일식, 2006 앞의 책, p.270.

속·통합 과정을 추정하는 것이 가능하다고 생각된다.

2) 6세기 전반 가야 지역의 복속·통합

이처럼 진한 소국으로부터 7세기의 보덕국에 이르기까지 신라의 주변국 통합 방식을 미루어 짐작해보면, 대가야를 비롯한 가야 제국(諸國)의 멸망 과정도 이러한 신라의 복속 방식과 무관하지 않았을 가능성을 염두에 두면서 분석할 필요가 있다.

6세기에 들어서면서 신라는 가야 지역으로의 진출을 활발히 하였다. 4세기 말~5세기 초에 확보한 낙동강 하류의 부산지역과 일부의 김해지역,[30] 창녕지역을 거점으로 하여[31] 낙동강 서쪽 지역을 공략하였다.

> ① 지도로왕 때에 沿邊官이 되어 居道의 權謀를 이어받아 馬戲로 가야[혹은 가라라고 한다]국을 속여서 빼앗았다. (『삼국사기』 권44, 열전4 이사부)
>
> ② 이로 인하여 신라는 다시 上臣 伊叱夫禮智干岐를 보내서[신라에서는 大臣을 상신이라 한다. 다른 기록에는 伊叱夫禮知奈末이라 한다] 군사 3천을 이끌고 와서 조칙을 듣고자 하였다. 毛野臣이 멀리서 무기를 갖춘 병사 수천 명을 보고, 熊川에서 임나의 己叱己利城에 들어갔다. 이질부례지간기는 多多羅原에 이르러 돌아가지 않고 석 달을 기다렸다. … 상신이 4촌을

---

30) 李熙濬, 1998 「김해 禮安里 유적과 新羅의 낙동강 西岸 진출」 『韓國考古學報』 39 ; 신가영, 2008 「4~5세기 전반 낙동강 하구 交易圈과 任那加羅의 변동」, 연세대 석사학위논문.

31) 李熙濬, 2005 「4~5세기 창녕 지역 정치체의 읍락 구성과 동향」 『嶺南考古學』 37.

초략하괴[金官・背伐・安多・委陀의 4촌이다. 다른 기록에는
多多羅・須那羅・和多・費知의 4촌이라고 하였다.] 사람들을
모두 데리고 본국으로 들어갔다. 어떤 이가 "다다라 등 4촌이
초략된 것은 모두 모야신의 잘못이다"라고 말하였다. (『일본
서기』권17, 계체 23년 4월)

위 기사를 보면, ①에서는 이사부가 지증왕대(500~514)[32]에 연변관
(沿邊官)이 되어 가야 지역을 공략하였다는 것을 알 수 있다. 연변관이라
는 명칭을 볼 때 이사부는 낙동강 하류 지역과 경남 해안 지역에서 활동
하고 있었던 것으로 생각되며,[33] 이사부가 공략한 가야는 남해안 일대의
가야 소국일 가능성이 높다. ②에서의 상신(上臣) 이질부례지간기(伊叱
夫禮智干岐)도 이사부로 파악된다. 이사부가 3천의 군사를 이끌고 가야
지역을 공략하였던 것을 알 수 있다. 다다라를 비롯한 4촌의 위치는 정
확하게 비정하기 쉽지 않지만, 낙동강 서쪽 지역으로 추정하는 것이 보
다 타당할 것이다.[34] 『일본서기』에서 다다라는 4촌 가운데에 가장 먼저

---

32) 법흥왕의 오기로 파악하거나(김태식, 2002 앞의 책, p.209 주17), 이사부가 가
   야의 일부 지역을 점령한 것을 과장하여 표현된 것으로 보기도 한다(金泰植・
   李益柱・全德在・姜鍾薰, 2004 『(譯註)加耶史史料集成 1』, 駕洛國史蹟開發研究
   院, p.43 주391). 하지만 '지도로'라는 이름을 볼 때 오기로 단정하기 어렵다. 지
   증왕대의 가야 공략 기사는 복속이 완료되는 시점이 아니라 본격적인 낙동강
   서쪽 지역으로의 진출 시작을 의미하는 것으로 볼 수도 있다고 생각된다.
33) 全德在, 1990 앞의 논문, pp.14~15.
34) 대체로 다다라는 부산의 다대포로 비정하여(鮎貝房之進, 1937 「日本書紀朝鮮
   地名考」『雜考 7(上)』, pp.53~55 ; 末松保和, 1956 『任那興亡史』, 吉川弘文館,
   p.138) 4촌을 금관국에 한정하기도 한다. 다대포의 '多大'가 다다라의 어원이
   남겨진 것으로 추정하지만, 당시의 지명이 '다대'였다고 단정할 근거는 없다.
   또한 이 시기의 신라는 낙동강 하구 동쪽의 부산과 양산지역을 모두 장악하고
   있었고, 낙동강 하구 서쪽의 예안리・가달지역에 거점을 확보하고 있었다(李熙

나오고 있을 뿐만 아니라 '다다라 등 4촌'으로 다다라를 특기하고 있는 것을 볼 때 중요한 지역이었음을 알 수 있다. 신라군은 낙동강 하구 끝의 다대포보다는 양산지역을 거쳐 낙동강 서쪽으로 건너갔을 것이며,[35] '낙동강 서쪽에 위치한 다다라'[36]에 주둔하였을 가능성이 높다. 이러한 신라의 군사 활동으로 금관국을 비롯한 일부의 가야 지역이 신라에 점차 통합되어 갔다.

> ① 가을 9월 왕이 南境의 넓힌 지역을 돌아보았는데, 이때 가야국 왕이 찾아와서 만났다. (『삼국사기』 권4, 신라본기4 법흥왕 11년)
>
> ② 여름 6월 임신삭 갑오일 近江毛野臣이 6만의 군사를 이끌고 임나에 가서 신라에 격파된 南加羅와 㖨己吞을 다시 세워 임나에 합하고자 하였다. (『일본서기』 권17, 계체 21년)
>
> ③ 이 달 근강모야신을 安羅에 사신으로 보냈다. 신라에게 권하여 다시 남가라와 탁기탄을 세웠다. (『일본서기』 권17, 계체 23년 3월)

①에서 신라가 새롭게 남쪽 땅을 확보한 상황과 가야의 왕이 신라 법흥왕을 찾아온 상황을 고려하면, 이때의 가야국은 금관국이었을 가능성

瀋, 1998 앞의 논문, pp.145~148). 낙동강 하구 동쪽의 다대포는 이미 신라에 편입되어 있었기에 금관국과 관련이 있었다고 보기 어렵다.

35) 양산지역은 경주에서 낙동강으로 이르는 가장 짧은 거리의 통로에 해당하면서 동시에 바다로 나가는 포구를 가진 곳이라 마치 경주의 외항과 같은 기능을 가졌을 것으로 추정된다(이희준, 2007 앞의 책, pp.269~270).

36) 김해시 한림면 방면으로 추정하기도 한다(선석열, 2011 「신라의 남부가야 진출과 일본열도 왜의 대응」 『지역과 역사』 29, p.69).

이 높다.[37] 당시 신라가 공략한 지역은 금관국을 비롯한 낙동강 하류의 소국들이었을 것이다. ②와 ③에서는 남가라(금관국)와 탁기탄이 이르면 527년 이전에 혹은 늦어도 529년 이전에 멸망한 것으로 기록되었다. 멸망 시점이 정확하다고 볼 수 없지만, 신라의 가야 복속이 이른 시기부터 진행되고 있던 것을 보여준다고 생각된다.[38] 금관국과 탁기탄이 일시에 소멸하지 않았고, 그 소멸 과정은 점진적으로 이루어졌던 것이다.

당시의 금관국은 신라와 대등한 국력을 갖추지 못한 상태였다.[39] 금관국 주변에 있었던 다른 가야 소국들도 비슷한 상황에 처해 있었다. 이와 달리 신라는 경제적·군사적으로 우위에 있었기에 금관국과 탁기탄, 낙동강 하류에 위치한 가야 소국들은 신라의 영향력 아래에 있었을 가능성이 높다.[40] 그리고 6세기에 들어서면서 신라는 군사적 압박을 가하면서 정복을 본격화하였기에 금관국을 비롯한 일부의 가야 소국은 신라에 저항하기 어려웠다. 신라에 완전히 통합된 것은 아니었지만, 신라의 입장에서는 이들 소국이 신라에 복속하였다고 생각될 만큼 영향력 아래에

---

37) 平野邦雄, 1978 「繼體·欽明期の對外關係記事」『古代東アジア史論集 (下)』, 吉川弘文館, p.131 ; 朱甫暾, 1982 앞의 논문, pp.10~11. 이와는 달리 522년 대가야와 신라의 국혼 기사와 관련하여 대가야의 왕으로 파악하기도 한다(鬼頭淸明, 1974 「加耶諸國の史的發展について」『朝鮮史研究會論文集』 11, p.202 ; 千寬宇, 1991 『加耶史研究』, 一潮閣, p.45 ; 金泰植, 1993 앞의 책, p.191).

38) 524년 신라의 '南境拓地' 때 금관국이 정치적 독자성을 상실한 것으로 이해하는 견해가 주목된다(白承忠, 1996 「加羅·新羅 '결혼동맹'의 결렬과 그 추이」『釜大史學』 20, p.30).

39) 백제의 인식이 강하게 반영되었지만, "남가라는 작고 협소하여 갑자기 준비하지 못하고 의탁할 곳을 몰랐기 때문에 멸망했다"(『일본서기』 권19, 흠명 2년 4월)라고 한 것을 볼 때 금관국의 세력이 미약하였던 것을 추측할 수 있다.

40) 『梁職貢圖』의 백제의 '旁小國' 가운데 금관국이 나타나지 않는 것도 주목해 볼 수 있다. 이는 백제가 금관국을 신라에 복속되었다고 인식하였을 가능성을 보여주기 때문이다(백승충, 1995 앞의 논문, pp.215~216).

있었던 것이다. 또한 멸망한 것과 다름없는 상태였기에 이를 왜와 백제 측에서도 낙동강 하구의 가야 소국들이 멸망하였다고 인식하였던 것으로 생각된다.

이러한 신라의 가야 통합 방식을 주목해 볼 필요가 있다. 이들 소국을 곧바로 해체하여 신라로 편입시키지 않았기 때문이다. 금관국의 경우, 신라는 금관국의 지배세력을 김해지역에 온존시켜 놓은 상태에서 금관국을 통제하였다. 이후 점차 영향력을 강화해 나가면서 532년 최상위 지배층을 신라 왕경으로 이주시키면서 직접지배 방식으로 전환하였다.

탁순과 탁기탄도 이와 유사한 과정으로 신라에 통합되었다. 『일본서기』를 살펴보면, 백제 성왕은 가야 제국이 신라를 따르면서 이들이 함께 책략을 꾸미는 것을 우려하였다.[41] 신라를 믿지 말고 경계하라는 것을 볼 때 백제는 가야 제국과 신라가 긴밀한 관계를 맺는 것을 원치 않았던 것을 알 수 있다. 백제의 입장에서 신라가 가야 소국들을 복속하는 방식이 '책략'으로 표현되었던 것이 아닌가 생각된다.

또한 성왕이 가야 제국의 한기들에게 금관국·탁기탄·탁순의 멸망을 예로 언급하면서 더 이상 신라에 내응하지 말라고 주장하고 있는 것을 살펴볼 수 있다.[42] 성왕의 발언에서 주목되는 것은 금관국·탁기탄·탁순

---

41) "夫新羅甘言希誑 天下之所知也 汝等妄信 旣墮人權 方今任那境接新羅 宜常設備 豈能弛柝 爰恐 陷權誣欺網弇 喪國亡家 爲人繫虜 寡人念玆 勞想而不能自安矣 竊聞 任那與新羅運ези席際 現蜂蛇怪 亦衆所知 且夫妖祥 所以戒行"(『일본서기』 권19, 흠명 2년 7월).

42) "其喙己吞 居加羅與新羅境際 而被連年攻敗 任那無能救援 由是見亡 其南加羅蕞爾狹小 不能卒備 不知所託 由是見亡 其卓淳 上下携貳 主欲自附 內應新羅 由是見亡"(『일본서기』 권19, 흠명 2년 4월) ; "夫喙國之滅 匪由他也 喙國之函跛旱岐 貳心加羅國 而內應新羅 加羅自外合戰 由是滅焉 若使函跛旱岐 不爲內應 喙國雖少 未必亡也 至於卓淳 亦復然之 假使卓淳國主 不爲內應新羅招寇 豈至滅乎 歷觀諸國敗亡之禍 皆由內應貳心人者"(흠명 5년 3월).

의 최상위 지배층이 신라에 내응하였다는 점이다. 스스로 항복하였던 금관국처럼 신라에 적극 협력한 탁기탄과 탁순의 지배세력은 온존될 수 있었고, 최상위 지배층은 신라로 이주되었을 가능성이 높다.[43] 신라는 탁기탄과 탁순의 지배세력도 온존시킨 상태에서 느슨한 복속 관계를 유지하면서 점진적으로 통합하였던 것이다.

이처럼 신라는 점진적으로 가야 지역을 통합하였기에 신라의 주변국 통합 방식과 더불어 그 과정도 주목된다. 느슨한 관계에서는 가야 제국이 언제든지 신라로부터 돌아설 수 있었기 때문에 신라는 복속 관계를 유지하거나 신라로 복속시키기 위해서 다각도로 압박·회유하였을 것이다. 그중 군사적 우위를 차지하고자 경작을 방해하였던 사례를 살펴볼 수 있다. 7세기 후반 신라는 백제군과 전투하기 전에 백제 땅의 벼를 짓밟았는데,[44] 주변국을 공격할 때 해당국의 경작을 방해하는 것을 하나의 군사전술로 활용하였던 것을 알 수 있다. 그런데 가야 제국에 대한 경작 방해는 군사전술이었을 뿐만이 아니라 가야 제국을 압박하고 복속시키는 방법이기도 하였다.

신라가 탁순과 구례산(久禮山)을 점령한 이후 안라에 가까운 곳은 안라가 경작하고 구례산에 가까운 곳은 신라가 경작하였는데, 신라는 곧 안라의 경작도 방해하였다. 이를 볼 때 신라와 안라가 서로 '접경'하고 있

---

43) 이외에도 『일본서기』에서 신라에 가 있던 任那執事(『일본서기』 권19, 흠명 2년 7월)와 신라의 관등을 하사 받고 신라의 옷을 입고 신라에 왕래하는 麻都(흠명 5년 3월) 등을 볼 때 신라에 머물고 있었던 가야인이 있었음을 알 수 있다. 신라옷을 입고 왕래하였다는 것을 볼 때 신라의 왕경에서도 머물렀을 가능성이 있다.

44) "六月 遣將軍竹旨等 領兵踐百濟加林城禾"(『삼국사기』 권7, 신라본기7 문무왕 11년) ; "後咸亨二年辛未 文武大王發兵 使踐百濟邊地之禾 遂與百濟人 戰於熊津之南"(『삼국사기』 권47, 열전7 취도).

었던 지역에서는 신라로 인하여 경작에 어려움을 겪었다는 것을 알 수 있다.[45] 신라의 경작 방해를 막기 위해서 적신·이나사·마도 등이 신라에 왕래하였는데, 백제는 자신들이 군사를 파견하였기에 경작이 가능하였다고 주장하였다. 또한 백제는 안라와 신라 사이의 강에 6성을 쌓은 다음 백제군을 파견하고 왜군을 동원하여 신라의 경작을 방해하려고 모색하기도 하였다.[46] 이러한 신라의 경작 방해로 식량 확보에 어려움이 있었을 것이며, 어쩔 수 없이 신라를 따를 수밖에 없는 상황에 놓이게 되었을 것이다.

백제는 자신들이 가야 제국을 구해주었다고 하였지만, 백제가 신라의 경작 방해를 막는 것은 쉽지 않았을 것이다.[47] 오히려 적신·이나사·마도 등이 신라에 왕래하면서 경작할 수 있었다는 것이 사실에 가까울 것이라 생각된다. 또한 백제와 왜의 군사가 구례산 부근의 경작을 방해하면 구례산의 5성이 다시 가야 제국으로 돌아온다고 한 것은, 신라의 경작 방해로 인하여 구례산의 5성이 신라로 돌아섰다는 것을 보여준다. 특히 신라에 왕래하면서 경계를 넘어 경작하였다는 이나사·마도의 예를 볼 때 신라와 가야 경계의 세력들이 스스로 신라와 복속 관계를 유지하고자 하였던 것을 알 수 있다. 신라의 이러한 침략 방식은 가야 제국이 신라로 복속하게 된 중요한 요인이 되었으며, 신라와의 복속 관계를 유지하게끔 하였다.

한편 신라는 주변국에 대해 압박 정책만을 시행하지 않았고, 위세품

---

45) 이러한 경작 문제를 안라와 신라의 접경지역에서의 안라 '임나일본부'의 친신라 활동이라는 측면에서 파악하기도 한다(백승충, 2010「安羅·新羅의 '接境'과 '耕種' 문제」『지역과 역사』 27).

46) 『일본서기』권19, 흠명 5년 3월 ; 흠명 5년 11월.

47) 신라의 침입 때 적시에 구원하였기 때문에 안라는 경작할 수 있었다는 백제의 주장은 신빙성이 떨어진 것으로 본다(백승충, 2010 앞의 논문, p.137).

을 수여하는 등의 회유책도 실시하였다. 신라 지배세력은 4세기 전반의 어느 시점부터 낙동강 이동 지역의 주요 지배세력에게 위세품을 하사하였다.[48] 가야 지역에서도 이러한 신라의 위세품이 발견된다. 합천 옥전 고분군에서는 대가야계 문물과 더불어 신라양식 토기와 위세품이 나타난다.[49] 신라계 문물이 나타나는 이유에 대해서는 5세기대의 경우 신라와의 밀접한 교류의 결과로[50] 6세기대의 경우는 대가야와 신라의 국혼 관계로 인하여 옥전고분군에도 그 영향이 미쳤던 것으로 파악되지만,[51] 이와 달리 신라가 옥전지역의 세력을 회유하기 위한 것으로 이해되기도 한다.[52]

특히 옥전 M1호의 로만글라스와 M6호의 출자형금동관은 낙동강 서쪽의 다른 지역에서는 나타나지 않는다.[53] 옥전지역의 지배세력이 신라와 특별한 관계에 있었음을 알 수 있다. 신라의 위세품은 신라에서 각 지

---

48) 李漢祥, 1995 「5~6世紀 新羅의 邊境支配方式−裝身具 分析을 중심으로」 『韓國 史論』 33, 서울대 국사학과 ; 이희준, 2007 앞의 책.

49) 조영제, 2007 『옥전고분군과 다라국』, 혜안 ; 이희준, 2007 「6세기 신라의 가야 복속」 앞의 책. 5세기대 고분에서는 창녕계 토기와 신라 양식의 위세품이 부장 되는데, 5세기 후반에 들어서면 창녕계 토기는 사라지고 고령양식 토기와 대가 야 양식의 위세품이 증가한다. 하지만 6세기대에도 신라 양식의 위세품이 혼재 하여 나타난다.

50) 조영제, 2007 앞의 책, p.148.

51) 조영제, 2007 앞의 책, pp.70~71. 대가야와 신라의 국혼관계로 인하여 신라문 물이 대가야 문화권에 유입되었고, 그 결과 대가야연맹체의 일원이었던 다라 국에도 그 영향이 파급되었다고 한다. 하지만 정작 대가야와 그 외 다른 가야 소국에서는 출자형금동관이 나타나지 않는다.

52) 이희준, 2007 앞의 책, pp.344~345.

53) 2013년 대성동 91호분에서도 로만글라스가 출토되었는데, 고구려−신라−임나 가라의 루트를 통해 김해지역으로 이입된 것으로 추정된다(박천수, 2016 「가야 사 연구 서설−소국에서 영역국가로」 『가야고고학개론』, 진인진, p.14).

역의 지배세력의 구성을 감안하여 하사된 것이었다.[54] 따라서 대등한 관계에서 이루어진 교류의 결과로만 이해하기 어려울 것이다.

출자형금동관을 하사받았던 옥전지역의 지배세력은 적극적으로 신라에 신속 의사를 표시하였을 것으로 생각된다. 아직 신라에 편입된 것은 아니었지만, 금동관을 받았을 무렵에는 신라와 복속 관계에 있었던 것이다. 하지만 이러한 관계가 강고한 것은 아니었다. 이들도 6세기 이전의 실직국과 압독국처럼 신라에 반발·저항할 수 있었다.[55] 당시 백제도 가야 지역으로 진출하고 있었고, 가야 지배세력들에게 위세품을 주면서 백제의 영향력 아래에 두고자 하였기에[56] 신라는 더 효과적이고 안정적인 회유책이 필요하였다.

> 신이 매우 우려하는 것은, 佐魯麻都가 비록 韓腹이지만 그 지위가 大連에 있다는 것이다. 일본 집사의 사이에 끼어 영예롭고 귀한 반열에 들어갔으나, 지금은 신라 奈麻禮冠을 쓰고 있다. … 지금도 여전히 다른 옷을 입고 날마다 신라의 경역으로 가며, 公私로 왕래하면서 도무지 꺼리는 바가 없다. … 지금 마도 등은 신라에 매우 충실하여, 결국 그 옷을 입고 아침 저녁으로 왕래하며 남몰래 간계를 꾸미고 있다. (『일본서기』 권19, 흠명 5년 3월)

---

54) 하사된 위세품은 착장자와 경주지역 세력 사이의 연계를 나타내고 지역 사회에서의 지위를 보장하는 징표였을 뿐만 아니라 실제로 그 하사와 함께 신라 정부의 정치적 지원이 있었을 것으로 이해된다(이희준, 2007 앞의 책, p.315).

55) 대략 5세기 중반까지는 신라의 접근이 일정한 성과를 거두고 있었으나 5세기 중엽 대가야 세력의 본격적 개입으로 상황이 반전되었다(이희준, 2007 앞의 책, p.345).

56) 가야 제국의 한기들에게 財·物을 하사하고 있는 것을 살펴볼 수 있다(『일본서기』 권19, 흠명 2년 4월 ; 흠명 6년 9월). 고고자료에서 나타나는 백제의 영향도 이와 관련된 것으로 볼 수 있다.

540년대 안라를 중심으로 활동하였던 마도(麻都)는 신라의 관등인 나마(奈麻)를 가지고 있었다. 당시 안라를 비롯한 인근의 가야 제국은 아직 신라에 통합되지 않았다. 이러한 상황에서 한복(韓腹)이었던 마도에게 나마를 수여한 것은 신라의 적극적인 포섭 의도를 잘 보여준다. 마도는 안라를 비롯한 가야 제국에 어느 정도 영향력을 미칠 수 있었던 인물이 었다고 생각된다.[57] 신라는 마도에게 경위(京位)를 하사하는 파격적인 대우를 하여 회유하였고, 그 결과 마도는 신라 의관을 착용하고 신라를 왕래하면서 가야 제국이 신라에 복속하도록 영향을 미쳤을 것으로 추정된다.

이처럼 가야 제국은 신라의 영향력 아래에 있었지만,[58] 어느 정도의 독립성을 가졌던 것으로 생각된다. 이는 보덕국의 통합 과정에서 드러나듯이, 신라가 의도한 제한된 독립성으로도 이해될 수 있다. 가야 제국의 지배세력은 신라에 복속하였지만, 때로는 신라의 지배를 벗어나고자 백제의 지원을 요청하였던 것이다. 하지만 결국 가야 제국은 신라의 다각도의 압박·회유책으로 인하여 점진적으로 신라에 통합되어 갔다.

3. 대가야 멸망 과정과 지배세력의 동향

지금까지 살펴본 신라의 통합 방식을 고려한다면, 대가야는 일시에 멸망하지 않았을 가능성이 높으며, 『삼국사기』 진흥왕 23년 기사의 '가야

---

57) 河內直·移那·麻都 등이 안라에 머물고 있어서 임나를 세우기 어렵기에 그들을 本處로 옮겨야 한다는 백제 성왕과 신하들의 언급이 주목된다(『일본서기』 권19, 흠명 4년 11월).

58) 물론 백제도 가야 제국에 영향력을 행사하고자 노력하였지만, 여러 조치들은 모두 성공하지 못하였던 것으로 생각된다.

반'은 이러한 역사적 배경에 따른 기록이라고 생각된다. 즉, '가야반'은 대가야가 신라에 복속·통합되는 과정에서 나타난 것으로 볼 수 있는 것이다. 대가야가 신라에 반(叛)하게 되는 과정을 이해하기 위해 먼저 562년 이전의 대가야와 신라의 관계를 살펴보고자 한다.

6세기에 들어서면서 신라가 낙동강 서쪽 지역으로 진출하고 있었는데, 이때 대가야는 신라에 국혼을 요청하였다.

> 가야의 국왕이 사신을 보내서 신라에 혼인을 청하였으므로, 왕이 伊湌 比助夫의 누이를 보냈다.[59] (『삼국사기』권4, 신라본기4 법흥왕 9년 3월)
>
> 『釋順應傳』에 이르기를, 대가야국 月光太子는 正見의 10세손이다. 아버지는 異腦王이고, 求婚하여 夷粲 比枝輩의 딸을 맞아 태자를 낳았다.[60] (『신증동국여지승람』권29, 고령현 건치연혁)

국혼 관계를 통해 대가야와 신라가 우호 관계에 있었던 것을 짐작할 수 있다. 그런데 기존 연구에서는 529년의 사건을 계기로 대가야와 신라의 우호 관계가 지속되지 못하였으며, 529년 이후 대가야는 대체로 친백제·반신라의 입장을 견지하였다고 파악한다.

> ① 이 달에 物部伊勢連父根과 吉士老 등을 보내 津를 백제왕에게 주었다. 이에 가라왕이 칙사에게 이르기를 "이 나루는 官家를 둔 이래로 신이 조공하는 나루였는데 어찌 갑자기 바꾸어서

---

59) "加耶國王遣使請婚 王以伊湌比助夫之妹送之"
60) "又釋順應傳 大伽倻國月光太子 乃正見之十世孫 父曰異腦王 求婚于新羅 迎夷粲比枝輩之女 而生太子"

이웃나라에 줄 수 있는가. 원래 봉해진 限地에 어긋난다"라고
하였다. 칙사 父根 등이 이로 인하여 면전에서 주기 어려워서
大嶋로 물러났다. 따로 錄史를 보내 결국 扶余에 주었다. 이로
말미암아 가라는 신라와 結儻하여 일본에 원한을 가지게 되었
다.

② 가라왕이 신라 왕녀를 아내로 맞아들여 드디어 아이를 가졌
   다. 신라가 처음 왕녀를 보낼 때 100인을 아울러 보내어 왕녀
   의 從으로 삼았다. 받아들여서 여러 縣에 散置하고 신라 의관
   을 입도록 하였다.

③ 阿利斯等은 그 變服에 노하여 使를 보내 돌아가게 하였다.

④ 신라는 크게 부끄러워하여 왕녀를 돌아오게 하려고 "이전에
   그대의 요청을 받아들여 나는 즉시 혼인을 허락하였으나, 지
   금 이미 이처럼 되었으니 왕녀를 돌려주기 바란다"라고 하였
   다. 가라의 己富利知伽[미상]가 "부부가 되었는데 어찌 다시
   헤어질 수 있겠는가. 또한 아이가 있으니 버리고 어찌 가겠는
   가"라고 답하였다.

⑤ 마침내 지나가는 길에 刀伽·古跛·布那牟羅의 3성을 공략하
   고, 또한 북쪽 경계의 5성을 공략하였다. (『일본서기』권17, 계
   체 23년 3월)

위 기사는 510년대부터의 대가야와 백제의 기문·대사 분쟁 사건을
전제하고 529년에 이르기까지의 일련의 사건이 종합하여 정리된 것이
다.[61] 전체적으로는 대가야와 신라의 국혼 관계가 성립되고 결렬되는 과
정이지만, 각 사건을 면밀히 분석해 볼 필요가 있다.

61) 金泰植, 1993 앞의 책, p.134.

우선 ①의 백제의 다사진 진출이 대가야를 압박하는 데에는 효과적이었다고 할 수 있지만, 다사진 분쟁을 계기로 대가야와 신라가 결당(結黨)[62]하였다는 것은 왜의 인식을 보여주는 것이다.[63] 위의 기사는 왜 혹은 백제의 입장에서 압축 서술되어 있기에 대가야가 국혼을 요청한 목적이 드러나 있다고 보기 어렵다. 대가야에게는 다사진을 차지하여 점차 가야 지역으로 영향력을 확대하고자 하는 백제도 문제였지만, 낙동강 중·하류를 장악하여 낙동강 서쪽으로 진출하는 신라도 우려할 만한 대상이었다. 백제를 견제하기 위한 목적만이 아니라 신라의 진출을 저지하고자 국혼을 요청하였을 가능성도 생각해 볼 필요가 있다.[64]

③, ④, ⑤는 양국의 우호 관계가 오래 지속되지 못하였던 근거로 활용되었다. 하지만 신라에 반발한 자는 대가야의 왕(기부리지가)이 아닌 아리사등이었고,[65] 대가야왕은 신라의 왕녀 소환 요구를 받아들이지 않

---

62) '儻'은 '黨'의 『일본서기』의 이체자이거나 후대의 필사과정에서 바뀐 것으로 추정된다(이영식, 2013 「대가야와 신라, 혼인동맹의 전개와 성격」 『역사와 세계』 44, p. 39).

63) 白承忠, 1995 앞의 논문, pp.196~197 참조. 한편 계체 23년 3월 기사는 대가야 측 또는 그에 동조적인 왜인의 입장에서 왜의 당시 세력가에 대하여 개탄·변명하듯이 回顧調로 술회된 것으로 이해하고, 이를 대가야인의 역사의식을 보여주는 것으로 추정하지만(金泰植, 1993 앞의 책, p.135), 대가야의 인식이 그대로 반영되어 기록된 것으로 보기 어렵다.

64) 李明植, 1997 「6세기 新羅의 洛東江流域進出考」 『啓明史學』 8, p.71. 이 시기에 신라도 백제와 우호관계를 유지하고 있다는 점을 염두에 둘 필요가 있다. 대가야의 혼인 요청은 국제적 고립 상태를 벗어나기 위한 것으로 이해되었지만(金泰植, 1993 앞의 책, p.136), 대가야가 백제·왜와의 관계를 모두 끊고 정치적·경제적으로 고립된 것으로 상정하거나 백제와 신라 중 반드시 한쪽을 선택하였다고 단정할 필요는 없다고 생각된다.

65) 아리사등과 기부리지가를 동일 인물로 추정하는 견해가 있지만(今西龍, 1970 『朝鮮古事の研究』, 國書刊行會, p.350), 대체로 다른 인물로 파악된다(池内宏, 1947 『日本上代史の一研究』, 近藤書店, pp.253~254 ; 三品彰英, 1966 「繼體紀

앗다. 대가야왕은 아리사등과 서로 다른 입장에 있었고, 신라와의 관계를 유지하고자 하였을 것으로 추정된다. 그리고 아리사등이 신라인을 돌려보내고자 할 때 모든 신라인을 보낼 수 있었던 것은 아니었기 때문에 대가야에 여전히 머물고 있었던 신라인의 존재를 상정해 볼 수 있다. 대가야에 대한 신라의 영향력이 여전히 미치고 있었다고 짐작된다.

⑤도 공격 주체가 모호하며, 이 성들이 대가야의 성이었는지는 알 수 없다.[66] 포나모라(布那牟羅)의 경우 계체 24년 기사에서도 함락된 성으로 나타나는데, 이 기사는 대가야와 관련이 없다고 여겨진다. 따라서 이를 근거로 대가야와 신라의 관계가 변화하였다고 생각하기 어렵기에 대가야가 신라에 적대적 관계로 돌아섰다고 단정할 수 없을 것이다.

변복(變服) 사건은 신라가 가야 제국을 복속·통합하기 위한 조치 중의 하나로도 볼 수 있다. 신라가 대가야의 혼인 요청을 받아들이면서 보낸 100인의 종(從)은 신라의 의관을 입고 있었다는 점[67]과 분산·배치되

の諸問題」『日本書紀研究』 2, pp.39~40).

66) ⑤는 탁기탄 멸망과 관련된 사건으로 파악하거나(金泰植, 1993 앞의 책, pp. 195~196), 탁순 인근의 3성·안라 북부의 5성으로 추정하기도 한다(白承忠, 1996 앞의 논문, p.12).

67) 신라옷에서 가야옷으로 변복하였다는 견해(末松保和, 1956 앞의 책, p.132), 신라옷을 고수하였다는 견해(池内宏, 1947 앞의 책, pp.253~254 ; 三品彰英, 1966 앞의 논문, p.39), 가야옷에서 신라옷으로 변복하였다는 견해(武田幸男, 1974 「新羅法興王代の律令と衣冠制」『古代朝鮮と日本』, 龍溪書舍, p.99 ; 金泰植, 1993 앞의 책, p.193)가 있다. 한편 법흥왕대 공복제정과 관련하여 변복시킨 것으로 추정되지만(武田幸男, 1974 앞의 논문, pp.99~102), 비공식적인 방법을 통해 신라 의관을 입게 하는 것이 정치적 억압 효과가 있었다고 보기 어렵다. 의관제는 外臣化·신속 관계를 나타내는 것으로서 공식성을 가지기 때문이다(平野邦雄, 1978 앞의 논문, p.137 ; 白承忠, 1995 앞의 논문, p.198). 파견 당시부터 신라 의관을 입고 있었고, 대가야의 왕도 이를 받아들였던 것으로 이해하는 것이 타당할 것이다.

었던 점을 볼 때 왕녀의 종으로만 이해하기 어렵다. 파견된 신라인들의 구체적인 활동에 관해서는 파악하기 어려우나, 이미 지적되었듯이 이들이 신라의 가야 진출과 관련된 역할을 맡고 있었을 것이란 추정은 가능하다고 생각된다. 그리고 아리사등이 처음부터 변복에 반발하지 않았다는 것을 염두에 두면, 아리사등 역시 처음에는 신라 의관을 입은 자들을 받아들였던 것으로 볼 수 있다. 이후 아리사등이 문제시한 것은 변복 그 자체가 아니라 가야 지역에서 신라 의관을 입고 활동하는 신라인이었다고 추정된다.[68] 어쩌면 그들로 인한 '가야인의 변복'도 문제가 되었을 가능성도 생각해 볼 수 있다.[69]

변복 사건 이후 530년대 대가야의 상황은 기록이 없어 추정하기 어려우나, 540년대 백제 사비에서 이루어진 회의[70]를 통해 대략의 정황을 가늠해 볼 수 있다. 당시 가야 제국이 회의에 참여한 것은 이미 멸망한 금관국·탁기탄·탁순을 다시 세우는 것이 아니라 신라에 소멸·통합되지 않기 위해서였다. 이 때 회의에 참석했던 가야 제국 한기들의 발언에 주목할 필요가 있다.

---

68) 가야를 두고 경쟁하고 있었던 신라와 백제의 정치적 역학관계 속에서 아리사등의 문제제기를 분석한 견해가 있다. 기록 속에서 백제가 직접 개입한 흔적은 보이지 않지만, 친백제 성향을 지녔던 안라, 탁순이 대가야와 신라의 결혼동맹 관계에 반대하였다고 이해된다(白承忠, 1996 앞의 논문, p.11).

69) 대가야에서 구체적인 사례를 살펴볼 수 없지만, 신라 관등인 나마를 가지고 있었던 마도와 신라의 출자형금동관을 소유했던 옥전 M6호 피장자의 경우 신라 의관을 착용하였을 가능성이 높다. 대가야에서도 유사한 사례가 있었을 것으로 생각된다.

70) 사비회의에 대해서는 延敏洙, 1990 「六世紀前半 加耶諸國을 둘러싼 百濟·新羅의 動向」『新羅文化』7과 金泰植, 1993 「백제·신라의 압박과 加耶聯盟의 自救노력」 앞의 책과 白承忠, 1993 「「任那復興會議」의 전개와 그 성격」『釜大史學』17 참조.

"이전에 두세 차례 신라와 의논하였으나 답보(答報)가 없습니다. 의도한 바를 다시 신라에 알려도 아직 보고된 것이 없습니다"[71]라는 발언을 통해 회의가 개최되기 이전에 가야 제국에서는 신라에 사신을 보냈던 것을 알 수 있다.[72] 금관국·탁기탄·탁순이 멸망한 상황에서 가야 제국이 사신을 파견해 신라와 논의하고자 했던 것은 신라의 진출 저지와 관련된 사항일 가능성이 높다. 대가야를 비롯한 가야 제국은 540년대에도 여전히 신라와의 관계를 단절하지 않고 유지하고 있었던 것으로 보이며, 가야 제국의 존립에 있어서는 신라의 영향력이 백제보다도 우선하고 있다는 것을 추정할 수 있다.

한편 백제의 지원은 그리 큰 도움이 되지 못하였다. 회의 이후 가야 제국의 한기들이 기쁘게 물건을 받고 돌아갔다고 하지만, 이는 가야 제국의 입장이 아니라 백제의 주장일 뿐이다. 백제가 이후 다시 회의를 개최하고자 하였지만, 가야 제국에서는 기일을 연기하거나 집사(執事)를 보내지 않고 '미자(微者)'를 보냈다.[73] 이러한 태도로 보아 백제의 지원을 더 이상 기대하지 않았던 것으로 짐작된다. 따라서 540년대 가야 제국과 백제의 관계가 일방적이었다고 볼 수 없으며, 백제의 가야 제국에 대한 영향력에 대해서는 다시 고려해 볼 필요가 있다.

이처럼 530~40년대 대가야와 신라가 늘 우호 관계였던 것은 아니지만, 529년 이후 대가야가 백제에 의지하여 신라와의 관계를 단절하였다고 파악하기 어려울 것이다. 신라와 백제가 모두 가야 지역으로 진출하고 있는 상황에서 대가야는 하나의 세력만을 택하려고 하지 않았을 것이며, 양국의 관계를 가능한 한 모두 유지하면서 자구책을 마련하고자 하

---

71) 『일본서기』 권19, 흠명 2년 4월.
72) 신라에서도 유사한 회의가 개최되었을 가능성이 있다고 생각된다.
73) 『일본서기』 권19, 흠명 4년 12월 ; 흠명 5년 정월 ; 흠명 5년 2월 ; 흠명 5년 3월.

였다고 이해하는 것이 자연스럽다.

　이러한 상황에서 신라의 대가야 진출이 본격화되었다. 신라의 군사
활동과 이에 대한 대가야의 대응에 관한 기록은 살펴볼 수 없지만, 신라
의 대가야 지배층에 대한 회유에 관해서는 살펴볼 수 있다. 551년 지방
을 순수하던 진흥왕은 대가야 출신의 우륵을 만나는데,[74] 이를 통해 551
년 이전에 우륵이 신라로 왔던 것을 알 수 있다. 우륵은 나라가 어지러워
지려 하자 신라에 의탁하였다고 한다.[75] 우륵이 신라를 '선택'하고 신라
에 내투할 수 있었던 배경은 기록된 바와 같이 대가야의 '국란(國亂)'이
주요 원인이었지만, 신라의 가야 지배세력에 대한 적극적인 포섭 정책에
도 영향을 받았던 것으로 볼 수 있다.[76]

　우륵의 내투 이전에 가야 제국은 신라의 진출을 저지하기 위해서 때
로는 백제의 지원을 원했지만, 그렇다고 해서 '반신라'를 내세우고 있었
던 것은 아니었다고 생각된다. 신라는 낙동강 하구의 소국들을 소멸시키
고 주변의 가야 제국을 압박해 나갔지만, 한편으로는 경제적 · 정치적으

---

74) 『삼국사기』 권4, 신라본기4 진흥왕 12년 3월.

75) 『삼국사기』 권32, 잡지1 악 가야금.

76) 우륵의 來投는 대가야의 내부가 분열되었음을 보여주는 사례로 여겨졌다. 친
　　백제파와 친신라파의 분열 속에서 친백제파가 정권을 장악하자, 친신라파였던
　　우륵이 신라로 망명한 것으로 추정한다(白承忠, 1997 앞의 논문, p.156 ; 이영
　　호, 2006 「우륵 12곡을 통하여 본 대가야의 정치체제」『악성 우륵의 생애와 대
　　가야의 문화』, 고령군 대가야박물관 · 계명대 한국문화연구원, pp.105~106). 당
　　시 대가야의 지배세력이 분열되어 있었다고 볼 수는 있지만, 신라에 내투했다
　　고 하여 우륵이 '백제에 반대하는 친신라 세력'임을 증명하는 것은 아니며, 우
　　륵의 내투 이후 대가야가 백제의 부용국이 되었다는 근거도 될 수 없다고 생각
　　한다. 한편 우륵이 대가야에서 禮樂을 통한 이상정치의 실현이 불가능해졌고,
　　대가야 음악 자체가 변질되었기 때문에 신라로 망명하였다고 추정하는 견해도
　　있다(朱甫暾, 2006 「于勒의 삶과 가야금」『악성 우륵의 생애와 대가야의 문화』,
　　고령군 대가야박물관 · 계명대 한국문화연구원, pp.78~81).

로 지원하면서 회유하기도 했다. 신라의 압박과 회유로 인하여 금관국·
탁순·탁기탄 등이 결국 신라에 복속하는 것을 선택하였던 상황에서 대
가야만 신라에 저항하였다고 보기 어렵다. 우륵이 신라를 선택할 수 있
었던 것도 신라의 회유책이 있었기 때문이다.

대가야 지배세력에 대한 신라의 포섭책은 우륵의 안치 과정에서도
엿볼 수 있다. 진흥왕은 551년 3월에 낭성에 이르러서야 대가야 악사였
던 우륵과 그 일행에 대해 알게 되었다. 진흥왕이 우륵을 알지 못하였던
것은[77] 우륵 이외에도 내투한 대가야인이 많았고,[78] 우륵이 내투한 일행
의 대표자의 위치에 있지 않았기 때문일 것이다. 그리고 우륵 일행이 신
라에 의탁하기 전에도 여러 차례 대가야인이 신라에 내투한 적이 있었기
에 우륵의 존재를 바로 알지 못하였던 것으로도 볼 수 있다. 어느 경우이
든 562년 대가야가 멸망하기 이전부터 다수의 대가야인이 신라로 내투
하였음을 짐작할 수 있다. 이처럼 562년 이전에 대가야의 지배세력 일부
가 국원(國原)에 옮겨가 있었다는 것은, 562년 단 한 번의 공격으로 대가
야가 멸망한 것이 아니라는 것을 보여준다.

한편 국원에 안치된 것을 근거로 대가야인이 신라로부터 우대받지
못했다고 보기도 하지만,[79] 가야 지역을 두고 백제와 각축을 벌이던 상
황에서 신라가 대가야인만 차별하지는 않았을 것이다.[80] 대가야인도 다

---

77) 梁起錫, 2006 앞의 논문, p.11.

78) 朱甫暾, 2006 앞의 논문, p.81.

79) 梁起錫, 2006 앞의 논문, pp.21~23 ; 朱甫暾, 2006 앞의 논문, p.82. 우륵의 경
　우 대가야의 최상위 지배세력이 아니었기에 왕경에 안치되지 못한 것으로 파
　악하기도 한다(田中俊明, 1996 「新羅中原小京の成立」『中原文化 國際學術會議
　結果報告書』, p.14).

80) 『삼국사기』와 『삼국유사』에서 '安置'의 용례는 대체로 거주가 제한되는 속에서
　우대책의 일환으로 시행되었다고 한다(백승충, 2007 「于勒의 망명과 신라 大樂
　의 성립」『韓國民族文化』 29, p.22).

른 복속국의 지배층과 마찬가지로 신라에 편입되는 과정을 밟았으리라 생각된다. 이는 강수를 통해서도 살펴볼 수 있다. 강수는 임나가량(任那加良=대가야) 출신으로[81] 중원경(中原京) 사량인(沙梁人)이라고 기록되어 있다. 사량인은 소경의 6부의 하나로 보거나[82] 왕경 6부의 하나로 보는데,[83] 사량인이란 기록은 강수가 왕경의 사량부 소속임을 뜻한다고 생각된다.[84] 강수의 아버지가 나마 관등을 지녔고, 강수가 중앙에서 관직

---

81) 강수를 금관국 출신으로 이해하는 입장에서는 강수의 선조가 532년 김해지역에서 경주지역으로 사민되었다가 558년 국원지역으로 이주되었다고 이해한다 (金泰植, 1994 「廣開土王陵碑文의 任那加羅와 '安羅人戌兵'」『韓國古代史論叢』 6, pp.65~66 ; 李熙眞, 2000 「任那加羅의 위치에 관한 고찰」『충북사학』 11·12, pp.100~101). 하지만 금관국은 최상위 지배층만 경주지역으로 사민되었기에 대부분의 지배세력은 김해지역에 남아있었다고 생각된다. 加羅라는 명칭을 김해와 고령지역의 세력이 모두 사용하였듯이(白承玉, 2003 『加耶 各國史 研究』, 혜안, pp.70~75) 국내 사료에서의 任那, 任那加羅(加良)도 두 지역을 모두 가리킬 수 있다고 생각된다. 강수의 임나가량은 대가야 출신이었던 우륵과 국원지역의 가야 문화 등을 고려하면 고령지역을 가리킬 가능성이 높다.

82) 藤田亮策, 1953 「新羅九州五小京攷」『朝鮮學報』 5, p.106 ; 양기석, 2001 「신라 5소경의 설치와 서원소경」『新羅 西原小京 研究』, 서경, p.105 ; 余昊奎, 2002 「한국 고대의 지방도시-신라 5小京을 중심으로」『강좌 한국고대사 7』, p.135 ; 全德在, 2002 「新羅 소경의 설치와 그 기능」『진단학보』 93, p.45.

83) 李文基, 1980 「新羅 中古의 六部에 관한 一考察」『歷史敎育論集』 1, pp.83~84 ; 李仁哲, 1993 「新羅 中古期의 地方統治體系」『新羅政治制度史研究』, 一志社, pp.188~189 ; 하일식, 2011 「신라 왕경인의 지방 이주와 編籍地」『新羅文化』 38, pp.190~195.

84) '서원경-촌'으로만 기록된 「신라촌락문서」와 소경의 범위를 벗어난 곳과 소경이 아닌 곳에서도 부명이 찍힌 기와가 출토되는 것을 통해 볼 때 소경에 행정구역으로서 6부가 존재하였다고 이해되기는 어렵다. 또한 6세기 이후의 6부는 왕경의 공간을 구획한 행정구역을 포함하여, 그에 소속된 인간들을 編籍하여 臺帳을 관리하는 행정단위로 파악하는 견해가 참고된다(하일식, 2011 앞의 논문 pp.190~195와 p.198).

을 가지고 활동했던 것을 보면, 선조대에 두품을 받고 신라 지배층에 편입되었음을 알 수 있다.[85]

즉, 강수의 선조는 왕경의 사량부에 편적되고 두품을 받은 뒤 왕경에 머물렀다가 국원으로 이주되었거나[86] 실거주지를 국원으로 배정받았던 것으로 추정된다.[87] 결과적으로 왕경이 아닌 국원에 안치되었지만, 대가야 지배세력도 골벌국·금관국·보덕국의 예와 마찬가지로 신라의 부에 편적되고 골품과 관등을 부여받아 지배세력에 편입되는 일반적인 조치가 이루어졌다고 볼 수 있다.

진흥왕이 우륵과 대가야의 악(樂)을 받아들이고자 한 것도 이러한 상황이었기에 가능하였다. 552년 진흥왕은 계고(階古)·법지(法知)·만덕(萬德) 3인을 우륵에게 보내 가야의 악을 배우게 하고, 이를 왕 앞에서 연주하게 하였다.[88] 고대의 악이 복속·통합의 상징물로서의 의미를 지녔던 것을 볼 때 진흥왕이 가야악을 수용하려고 한 것은 가야 세력의 병합을 가속하려는 의도를 내포하는 것이며, 대가야에 대한 신라의 패권의식을 상징적으로 표현하는 것이다.[89] 3인이 552년부터 가야악을 전수받았다는 점에서 신라는 이르면 552년을 전후한 시기에 대가야를 복속국으로 인식하고 있었을 것으로 생각된다.[90] 이렇게 인식할 수 있었던 것

---

85) 강수 선조가 신라에 편입된 시기는 ① 우륵 일행과 비슷한 무렵, ② 대가야 멸망 이전, ③ 대가야 멸망 이후로 나누어 생각해 볼 수 있는데, 정확한 시점은 단언하기 어렵다. 분명한 것은 강수의 선조가 어느 시기에 신라의 복속국 지배세력에 대한 조치로 국원에 정착하였다는 것이다.

86) 진흥왕 19년(558) 국원으로 사민시켰던 왕경의 貴戚子弟 및 6부의 豪民에 강수의 선조도 포함되었을 가능성이 있다(『삼국사기』 권4, 신라본기4 진흥왕 19년 2월).

87) 하일식, 2011 앞의 논문, p.208.

88) 『삼국사기』 권4, 신라본기4 진흥왕 13년 ; 『삼국사기』 권32, 잡지1 악 가야금.

89) 주운화, 2005 앞의 논문, pp.178~184 참조.

은 550년대의 대가야를 비롯한 가야 제국이 이미 신라에 복속되거나 강한 영향력을 미치고 있었기 때문이었다.[91] 이 무렵 대가야의 최상위 지배층이 신라에 복속 의사를 밝혔을 가능성도 있을 것이다. 가야악의 연주에서 보여주는 신라의 지배관념이 현실과 괴리되었던 것은 아니었다고 생각된다.

백제와 신라 사이에서 독자성을 유지하던 대가야는 이 무렵 신라에

---

90) 3인이 연주한 시점에 대해서는 552년으로부터 10년 이상의 시간이 흐른 뒤, 즉 대가야가 멸망한 이후에 이루어졌을 것으로 추정되었다(이정숙, 2003 「진흥왕 대 우륵 망명의 사회 정치적 의미」 『梨花史學硏究』 30, p.42). 하지만 562년의 叛을 인정하여 대가야가 562년 이전에 신라에 복속되어 있었다고 본다면, 연주가 이루어진 시기도 562년 이전에 이루어졌을 것으로 생각된다.

91) 한편 대가야가 관산성 전투에 상당히 큰 규모의 군사를 동원하였다고 추정되기에(金泰植, 1993 앞의 책, pp.301~303) 신라에 복속된 상황이 아니었다고 볼 수도 있다. 하지만 앞서 신라의 주변국 통합 방식에서 살펴보았듯이 복속 그 자체가 곧 직접지배로의 편입을 의미하지 않는다. 따라서 대가야가 신라에 복속된 상황에서 신라에 叛하는 행동을 할 수 없었던 것은 아니었다.

또한 백제 성왕이 군사 1만 명을 보내 임나를 돕겠다고 한 것은 관산성 전투에 백제군을 1만 명을 파견하겠다는 것이 아니라 왜가 백제를 도와준다면 가야 재건에 군사 1만을 기꺼이 지원하겠다는 의지를 표명한 것이므로 실제 전투에서는 백제의 군사가 압도적인 다수를 차지하고 있다고 보는 것이 타당하다(全德在, 2009 「관산성전투에 관한 새로운 고찰」 『新羅文化』 34, p.59).

섬진강 하구까지 진출했을 정도로 발전하였던 대가야였지만, 기문·대사 사건 이후 대가야의 주변 세력에 대한 영향력을 줄어들었기에 관산성 전투를 전후한 시기에 대가야를 비롯한 가야 제국이 백제와 어떠한 관계에 있었는지에 대해서 조금 더 검토가 필요하다고 생각된다. 그리고 관산성 전투 이후 신라의 州의 치폐, 창녕지역의 순수 등 일련의 조치가 대가야를 염두에 둔 것으로 이해되었지만(김태식, 1993 앞의 책, pp.303~308 ; 이형기, 2009 앞의 책, p.125), 550년대 이후의 대가야가 주변국에 어느 정도의 영향력을 가지고 있었는지 어떠한 상태였는지는 분석이 더 필요하다고 생각된다. 이에 대해서는 별도의 논고에서 검토하고자 한다.

복속되어 있었고, 또한 이러한 상황에서 대가야의 지배세력은 점차 신라인으로 편입되었다. 신라의 통합 방식을 고려할 때 대가야 지배세력도 대규모로 사민되어 일시에 해체되기보다는 온존되었을 가능성이 높다. 일부 대가야인이 신라로 끌려 왔다는 기록이 있지만,[92] 이들은 전쟁포로였다. 한편 동해시 추암동 B지구 고분군에서 출토된 대가야계통 토기를 통해 멸망 이후 대가야 지배세력이 사민된 것으로 추정되기도 하는데,[93] 추암동 현지에서 만들어진 토기는 대가야 토기 공인의 존재를 증명할 수 있지만 이들이 대가야 지배세력과 함께 이주되었다는 근거가 될 수 없다. 또한 출토된 토기가 사민 집단을 상정할 만큼 많다고 볼 수 없으며 단발적 현상에 그치고 있다. 토기만을 가지고 지배세력의 사민 여부를 추정하기는 어렵다고 생각된다.[94]

그리고 고령지역의 고분 축조 양상에서 연속성을 일부 살펴볼 수 있다. 지산동고분군의 능선 말단부에 위치한 대가야왕릉전시관 부지 내 횡혈식석실은 부장품이 신라화되었지만,[95] 묘제에 있어서 벽의 축조 기법

---

92) 『삼국사기』권4, 신라본기4 진흥왕 23년 9월 ; 『삼국사기』권44, 열전4 사다함.

93) 李炯基, 2002 앞의 논문. 그런데 가42호분과 43호분은 6세기 중엽으로 비정된다(李相洙, 1995「嶺東地方 新羅古墳에 대한 一考察」『韓國上古史學報』18, pp.227~228). 그렇다면 대가야계통 토기는 대가야가 멸망한 562년보다 이전에 제작된 것으로 볼 수 있기에 멸망 이후에 대가야 지배층이 사민되었던 근거로 단정하기 어려울 것이다.

94) 동해안 지역에서는 의성양식 토기, 창녕양식 토기도 소량 발견된다. 이러한 토기는 동해안으로 전출한 군관(군단)이 갖고 온 것으로 추정된다(심현용, 2009「고고자료로 본 5-6세기 신라의 강릉지역 지배방식」『文化財』42-3, pp.12~13).

95) 고령지역에서 신라 토기로의 급격한 교체 현상이 나타나는 것은 대가야의 복속 기간이 다른 지역보다 상대적으로 짧기 때문에 나타난 것이 아닌가 한다. 그리고 이러한 변화는 562년부터가 아니라 그 이전부터 이루어진 것으로 보아야 한다고 생각된다.

은 기존 수혈식 석곽과 큰 차이가 없다.[96] 6세기 후반으로 비정되는 석실분도 이전의 전통이 이어진 것으로 이해되며, 수혈식 석곽묘에서도 신라 토기가 출토되고 있으므로[97] 일부의 대가야 지배세력이 온존되고 있음을 알 수 있다.

신라의 대가야 지배세력에 대한 편입 과정은 크게 두 가지 경우를 생각해 볼 수 있는데, 골벌국과 금관국의 예처럼 멸망과 동시에 최상위 지배세력을 신라로 이주시키면서 편입하거나 보덕국의 예처럼 멸망 이전부터 최상위 지배세력을 옮기는 등의 단계별 조치가 이루어졌을 것이다. 대가야의 최상위 지배층에 대한 기록은 확인할 수 없지만, 일부의 대가야 지배세력이 562년 이전에 이미 신라에 정착하고 있었던 점과 562년에 '반(叛)'이 있었던 점을 고려하면, 후자의 가능성이 더 크다.

'반(叛)'이 토벌되면서 대가야가 완전히 신라에 통합되었음에도 최상위 지배층이 어떻게 되었는지가 기록에 남아 있지 않는 것은 보덕국의 안승의 경우처럼 '반(叛)'이 일어나기 이전에 이미 신라로 옮긴 조치가 이루어졌기 때문일 것이다. 아마도 신라가 대가야의 악을 받아들이며 대가야에 대한 패권의식을 드러냈을 때 그러한 조치가 이루어졌을 것으로 생각된다. 또한 강수를 통해 볼 때 대가야 최상위 지배층도 신라의 부에 편적되고 골품과 관등을 받았을 가능성이 높다. 최소한 고위급 두품 신분층에 편입되었을 것으로 추정된다.

구체적인 과정은 알 수 없으나 대가야의 멸망 과정은 지금으로서는

---

96) 慶尙北道文化財硏究院, 2000 『大伽倻 歷史館 新築敷地內 高靈池山洞古墳群－
本文Ⅱ:橫穴(口)式石室墓』, p.229. 대가야역사관부지내의 고분군 축조세력은 멸
망 이전부터 내부적으로 존재해 왔던 친신라계 세력으로 이해된다(이문기,
2008 「통일신라와 고려시대의 고령」 『고령문화사대계 1』, 역락, p.156 참조).

97) 嶺南文化財硏究院, 2006 『高靈 池山洞古墳群 Ⅴ』, pp.319~320, pp.325~327 참조.

보덕국의 상황과 가장 유사하였을 것으로 추정된다. 대가야는 신라에 복속된 상황에서 어느 시기엔가 대가야의 최상위 지배층은 신라로 옮겨졌고, 그 이후 대가야에 대한 신라의 직접 통치력이 강화되었을 것이다. 안승이 신라의 왕경으로 옮겨진 이후 보덕국의 일부 세력이 반(叛)하였듯이, 대가야에 남아있던 일부의 세력이 대가야의 독자성과 기득권을 유지하고자 신라에 통합되는 것에 반발하여 저항하였던 것이다. 바로 이러한 움직임이 562년의 '반(叛)'으로 기록되었다. 즉, 대가야는 562년 9월 '반(叛)'이 일어나기 이전에 대가야의 주요 지배세력이 신라로 흡수되었고, '반(叛)'을 계기로 신라에 완전히 편입되어 멸망하였던 것을 알 수 있다.

4. 맺음말

이상으로 대가야의 멸망 과정을 살펴보았다. 『삼국사기』 진흥왕 23년 '가야반' 기사를 주목하여 562년 이전의 대가야가 신라와 어떤 관계가 있었는지를 검토해 보았다. 562년이라는 시점은 대가야의 최종 소멸을 의미하지만, 종래 연구에서 말하는 바와 같이 대가야가 신라에 대비를 하지 않다가 기습 공격에 의해 일시에 멸망한 것은 아님을 알 수 있다. 이는 신라의 주변 소국 통합 방식을 통해서 유추해볼 수 있다.

진한 소국으로부터 7세기의 보덕국에 이르기까지 신라는 주변국을 군사를 동원하여 단번에 소멸시키기보다는 점진적인 복속 과정을 거쳐 통합하였다. 이러한 신라의 복속·통합 과정에서 가장 주목되는 바는 주변국의 지배세력을 얼마간 존속시킨 채 영향력을 점차 확대해 나가다 종국에는 최상위 지배층의 왕경 안치를 끝으로 통합을 마무리하였다는 점이다. 금관국을 비롯한 가야의 다른 소국들도 제각각의 과정을 거치면서 신라에 통합되었는데, 신라의 고유한 통합 과정과 크게 벗어난 것은 아니었다. 따라서 대가야 역시 이와 비슷한 과정으로 신라에 멸망하였다고 생각된다.

대가야는 신라와 백제가 모두 가야 제국을 압박해 오는 상황에서 오직 백제에만 의지하여 신라와의 관계를 완전히 단절하지는 않았다. 신라와 백제 사이에서 자립하기 위해 대가야는 여러 노력을 하였다. 신라에 국혼을 요청하거나 백제와의 공조를 통해 신라의 진출을 저지하고자 한 것이 그것이다.

하지만 신라의 적극적인 압박과 회유책으로 인해 대가야의 지배세력 중에는 신라의 영향력 하에 자신들의 세력기반을 유지하고자 했던 이들이 점차 늘어갔던 것으로 생각된다. 이 무렵 일부 지배세력은 대가야를 떠나 신라로 내투하기도 하였다. 551년 이전부터 국원에 안치된 대가야인의 대부분은 대가야 소멸 이전부터 신라에 내투한 이들이라 이해하는 것이 자연스럽다.

멸망 직전 대가야 최상위 지배층의 구체적인 동향에 대해서는 자세히 알 수 없지만, 보덕국의 예와 유사하지 않았을까 한다. 신라에 의해 일시에 사민되어 해체되었다기보다는 일정 기간 대가야에서 머물며 그대로 존속하다 신라 왕경으로 안치되었을 가능성이 높다. 562년 이전에 우륵을 비롯한 강수의 선조 등 일부 대가야 지배세력이 신라에 옮겨가 살고 있었던 것은 신라의 점진적인 대가야 복속·통합 과정에 따른 현상이라고 생각된다. 결국 대가야 지배세력은 골벌국·금관국·보덕국의 예와 마찬가지로 부에 편적되고 골품과 관등을 받는 일련의 조치에 따라 신라에 완전히 편입되었을 것이다.

신라의 주변국 복속 과정에서 나타나는 '반(叛)'은 신라와의 복속 관계를 벗어나고자 하였던 의미에서 사용되었다. 562년 '가야반'도 대가야의 최상위 지배층이 신라로 옮겨진 이후, 고령지역에 대한 신라의 직접적인 통치력이 강화되자 이에 남은 일부의 세력이 저항한 것이었다. 즉,

'가야반' 기사는 대가야의 멸망 시기만이 아니라 그 과정을 알려주는 하나의 실마리임을 알 수 있다. 대가야가 최종 멸망한 것은 562년이지만 이미 그 이전부터 신라의 복속·통합 방식에 따라 이미 독자성을 상실하였다고 이해하는 것이 자연스럽다고 생각된다.

이 글에서는 남은 자료의 소략함에 따라 신라의 주변국 통합 방식을 통해 대가야의 멸망 과정을 살펴보았다. 따라서 대가야의 입장이 구체적으로 드러나지 않았다고 생각된다. 이에 대해서는 앞으로 대가야와 백제와의 관계에 대한 검토를 통해 보완해 나가고자 한다.

참고문헌

千寬宇, 1991 『加耶史硏究』, 一潮閣

金泰植, 1993 『加耶聯盟史』, 一潮閣

白承忠, 1995 『加耶의 地域聯盟史 硏究』, 부산대 박사학위논문

慶尙北道文化財硏究院, 2000 『大伽倻 歷史館 新築敷地內 高靈池山洞古墳群－本文
　　　　Ⅱ:橫穴(口)式石室墓』

김태식, 2002 『미완의 문명 7백년 가야사 1』, 푸른역사

白承玉, 2003 『加耶 各國史 硏究』, 혜안

임기환, 2004 『고구려 정치사 연구』, 한나래

嶺南文化財硏究院, 2006 『高靈 池山洞古墳群 Ⅴ』

하일식, 2006 『신라 집권 관료제 연구』, 혜안

이희준, 2007 『신라고고학연구』, 사회평론

조영제, 2007 『옥전고분군과 다라국』, 혜안

李炯基, 2009 『大加耶의 形成과 發展 硏究』, 景仁文化社

金泰植, 1988 「6세기 전반 加耶南部諸國의 소멸과정 고찰」『韓國古代史硏究』 1

朱甫暾, 1982 「加耶滅亡問題에 대한 一考察－新羅의 膨脹과 關聯하여」『慶北史學』 4

延敏洙, 1990 「六世紀前半 加耶諸國을 둘러싼 百濟·新羅의 動向」『新羅文化』 7

全德在, 1990 「新羅 州郡制의 成立背景硏究」『韓國史論』 22

하일식, 1991 「6세기 新羅의 地方支配와 外位制」『學林』 12·13

金泰植, 1994 「廣開土王陵碑文의 任那加羅와 '安羅人戍兵'」『韓國古代史論叢 6』

李熙眞, 1994 「加耶의 消滅過程을 통해 본 加耶－百濟－新羅關係」『歷史學報』 141

李相洙, 1995 「嶺東地方 新羅古墳에 대한 一考察」『韓國上古史學報』 18

李漢祥, 1995 「5~6世紀 新羅의 邊境支配方式－裝身具 分析을 중심으로」『韓國史論』
　　　　33, 서울대 국사학과

李熙濬, 1995 「토기로 본 大伽耶의 圈域과 그 변천」『加耶史硏究－대가야의 政治와
　　　　文化』, 慶尙北道

白承忠, 1996 「加羅·新羅 '결혼동맹'의 결렬과 그 추이」『釜大史學』 20

田中俊明, 1996 「新羅中原小京の成立」『中原文化 國際學術會議 結果報告書』

朱甫暾, 1996 「麻立干時代 新羅의 地方統治」『嶺南考古學』 19

白承忠, 1997 「安羅·加羅의 멸망과정에 대한 검토」『지역과 역사』 4

李明植, 1997 「6세기 新羅의 洛東江流域進出考」『啓明史學』 8

李熙濬, 1998 「김해 禮安里 유적과 新羅의 낙동강 西岸 진출」『韓國考古學報』 39

李熙眞, 2000 「任那加羅의 위치에 관한 고찰」『충북사학』 11·12

河日植, 2001 「三國統一後 新羅 支配體制의 推移」『韓國古代史研究』 23

신성재, 2003 「9세기 전반의 新羅 政治社會와 張保皐勢力」『學林』 24

이정숙, 2003 「진흥왕대 우륵 망명의 사회 정치적 의미」『梨花史學研究』 30

李熙濬, 2005 「4~5세기 창녕 지역 정치체의 읍락 구성과 동향」『嶺南考古學』 37

주운화, 2005 「樂을 통해서 본 신라인의 복속·통합 관념」『韓國古代史研究』 38

한영화, 2006 「7~8세기 신라의 형율과 그 운용」『韓國古代史研究』 44

朱甫暾, 2006 「于勒의 삶과 가야금」『악성 우륵의 생애와 대가야의 문화』, 고령군 대
　　　　　가야박물관·계명대 한국문화연구원

梁起錫, 2006 「國原小京과 于勒」『忠北史學』 16

이영호, 2006 「우륵 12곡을 통하여 본 대가야의 정치체제」『악성 우륵의 생애와 대
　　　　　가야의 문화』, 고령군 대가야박물관·계명대 한국문화연구원

백승충, 2007 「于勒의 망명과 신라 大樂의 성립」『韓國民族文化』 29

신가영, 2008 「4~5세기 전반 낙동강 하구 交易圈과 任那加羅의 변동」, 연세대 석사
　　　　　학위논문

李泳鎬, 2008 「大加耶 멸망과 高靈地域의 변화」『退溪學과 韓國文化』 42

이문기, 2008 「통일신라와 고려시대의 고령」『고령문화사대계 1』, 역락

심현용, 2009 「고고자료로 본 5-6세기 신라의 강릉지역 지배방식」『文化財』 42-3

全德在, 2009 「관산성전투에 관한 새로운 고찰」『新羅文化』 34

백승충, 2010 「安羅·新羅의 '接境'과 '耕種' 문제」『지역과 역사』 27

이문기, 2010 「新羅의 大加耶 故地 支配에 대하여」『歷史敎育論集』 45

선석열, 2011 「신라의 남부가야 진출과 일본열도 왜의 대응」『지역과 역사』 29

하일식, 2011 「신라 왕경인의 지방 이주와 編籍地」『新羅文化』 38

이영식, 2013 「대가야와 신라, 혼인동맹의 전개와 성격」『역사와 세계』 44

鄭炳俊, 2017 「『구당서』·『신당서』 등에 보이는 '反' 용례 비교 검토−신라사의 반란
　　　　　용례와도 관련하여」『中國古中世史研究』 46

일본의
가야사 연구
-임나일본부설을 중심으로-

· 야마사키 마사토시 ·
山崎雅稔

1. 들어가며 - 문제의 소재 -

이 글에 주어진 과제는 일본의 가야에 대해서 논하는 것이다. 일본에서 가야사 연구의 역사는 오래되었다. 1세기 이상에 달하는 연구를 정리하는 것은 능력범위를 넘어서고 있다. 여기에서는 근대 임나사(任那史) 연구의 사학사상의 위상을 중심으로 정리하는 것으로 하고자 한다.

주지하듯이 일본에서는 가야 지역을 '임나'라고 부르며, 4세기 후반에 야마토 정권이 진출해 임나일본부(任那日本府)를 설치하고, 6세기 중반까지 한반도 남부를 통치했다는 근대에 구축된 역사인식이 있었다. 이 한반도남부경영설은 『일본서기』, 『고사기』에 보이는 신공황후(神功皇后)의 삼한정벌전설과 겹쳐져 임나뿐만 아니라 신라·백제를 복속시켰다는 설이다. 그것은 중국사료나 금석문 등의 고증으로 뒷받침되어 흔들리지 않는 사실(史實)로 여겨져 19세기 후반부터 20세기 전반 조선의 권익과 자주권을 빼앗고, 식민지 지배로 진행된 일본의 침략주의 속에서 오랜 기간 동안 일본사의 상식으로서 자리잡아 왔다. 이 상식에 본격적인 비판이 가해져 인식의 전환이 요구되게 된 것은 조선민주주의인민공화국

의 역사연구자 김석형의 '분국론(分國論)'이 일본에 소개된 1964년 이후
의 일이다.

　그 후 한국의 문헌사학·고고학적 조사의 성과가 공유되기도 하여,
독자의 역사를 가졌던 가야 제국의 실상에 다가갈 수 있게 되었다. 동시
에 고대 일본열도와 가야지역의 다양한 역사적 관계, 교류사상(交流史
像)이 명확해져 왔다. 이러한 가운데 임나일본부설·한반도남부경영설을
취한 연구는 거의 없어졌다. 그에 따라 일찍이 '임나'로 불렸던 지역은
'가야'라고 불리게 되었다.

　그런데 근년에 들어서도 전쟁 전에 주창된 이들 구설(舊說)을 재평가
하려는 움직임은 뿌리 깊게 남아 있다. 예를 들면, 역사교과서·부교재
중에는 『일본서기』의 지배 관념을 그대로 답습하고 임나로 표기하는 경
우, 가야·가라(加羅)의 뒤에 괄호를 달아 '임나'라고 보충하는 것도 있
다. 혹은 일본에서 검색수가 많은 웹 백과사전의 임나일본부 항목[1]에는
다음과 같이 기재되어 있다.

　　임나일본부는 『일본서기』의 웅략기와 흠명기 등에 보이는 고대
　　한반도 남부인 가야의 일부를 포함한 임나에 있던 왜국의 파견기관
　　이다. 『송서』 왜국전의 기술에도 임나라는 기술이 보이며 왜왕 제와
　　왜왕 무가 송(남조)에서 任那라는 말을 포함한 호를 수여받고 있다.
　　왜(고대일본)가 한반도 남부에 설치한 통치기구로서 일본서기에
　　언급되고 있는 것이다. (중략) 왜국과 관련을 가진 어떤 집단(왜국에
　　서 파견된 관리와 군인, 야마토 왕권에 臣從한 재지호족, 혹은 왜계

---

1) 일본판 Wikipedia에 기재된 내용이다. 또한 1970년대부터 90년대에 편찬된 『國
　史大辭典』(전 17권, 吉川弘文館)에서는 '任那' 항목은 있으나, '加耶' 항목은 따로
　지정되지 않았다.

백제관료 등)이 일정한 군사적·경제적 영향력을 가지고 있었던 것으로 보인다.

왜의 한반도 진출을 나타내는 근거로 일본·한국·중국의 사서, 광개토왕비문의 존재, 『송서』 왜국전에 보이는 왜 5왕의 군호, 한국에서 일본산 비취제 경옥이 출토된 것이나 전방후원분의 발견이 들어지고 있다. 선행 연구에 대한 오해와 안이한 사료해석을 포함하면서도, 최근 역사연구의 성과를 원용하여 왜 시대의 일본이 한반도를 통치했다는 환상이 유지되고 있다.

임나일본부설을 주장하는 일반서로는 오오히라 히로시(大平裕) 『임나'로 풀어주는 고대사─조선반도의 야마토 정권─』(2017)이 있다.[2] 오오히라는 『일본서기』를 비롯한 관계 사료를 열거하고 한국의 전방후원분과 죽막동 제사유적의 답사를 통하여 임나일본부를 통한 왜국의 조선으로의 영향을 논한다. 스에마츠 야스카즈(末松保和) 『임나흥망사(任那興亡史)』(1949)에 이르는 전쟁 이전의 연구를 높이 평가하는 것도 이 책의 특징이다.

오오히라(大平)의 연구는 최근 연구와 고고학적 성과의 경시하고, 사료비판을 철저히 하지 않아, 학문적이라고는 말하기 어렵다. 그러나 『일본서기』의 기술이 옳다는 '신앙'에 근거하여 한국에서 확인된 왜계 유물과 왜계 고분 등의 유적, 혹은 광개토왕비문의 기술 등을 관련지어 간다면 하나의 설로 임나일본부설이 쉽게 설 수 있는 것을 시사하고 있다. 한국사에 대한 역사왜곡이 진행되는 일본에서, 향후 이러한 이해가 침투될 여지는 충분하다.

---

2) 이 책은 『知っていますか, 任那日本府─韓国がけっして教えない歴史─』(PHP研究所, 2013)를 문고본으로 발매한 것이다.

김석형과 그의 문제제기에 반응한 하타다 타카시(旗田巍)·나카츠카 아키라(中塚明)가 지적하고 있는 것처럼, 임나일본부설은 고대사의 한 학설로 머무르지 않고 고대에서 근현대사에 이르는 역사상의 근간에 있는 일본인의 역사관을 형성했다. 동시에 일본인의 모멸적·차별적인 조선관, 아시아관을 내포하는 것이라고 봐야 한다. 오늘날 임나라는 표기나 임나일본부설의 무엇이 문제인가 그 사학사 상의 문제가 거의 고려되지 않게 되어왔다. 여기에는 상기와 같은 주장이 이루어진 하나의 요인이 있다고 생각한다.

이 글에서는 이러한 문제의식을 염두에 두고 선학 제씨의 연구를 근거로, 메이지 시대에 시작된 일본인이 독점하던 임나사 연구에 대해 고찰하고 싶다.

2. 에도시대, 메이지 초기의 임나에 관한 담론

1) 전쟁 이전의 한반도남부경영설

임나는 고구려 광개토대왕비의 영락 10년(400)조에 '임나가라(任那加羅, 임나라 불리는 가라라는 의미)'로서 나타난 것이 처음 보이는 것으로, 금관국(금관가야)의 별칭이다.[3] 그러나 『고사기』와 『일본서기』는 독자적인 인식에서 가야 제국의 총칭으로 임나의 용어를 쓰고 있다. 문제는 야마토 정권이 임나를 지배했다는 인식 하에 서술되어, 임나를 통치하는 기구 또는 왜의 거점으로서 임나일본부가 있었음을 전하고 있다는 점이며 이것을 확고한 사실로 여겼던 시대가 일본에 있었다는 것이다.

---

3) 田中俊明, 2009 『古代の日本と加耶』(日本史リブレット70), 山川出版社.

전쟁 이전의 역사 연구에서는 고대 일본과 조선 제국과의 관계는 다음과 같이 이해되어 왔다.

즉, 4세기 후반 일본은 신공황후의 삼한정벌로 야마토 정권=일본은 백제와 신라를 복속시키고 임나를 직할지로 하여, 이를 계기로 금관(경상남도 김해)에 임나일본부를 두고 임나=가야 제국을 직접 지배하고 백제·신라를 간접 지배하여 한반도 남부를 세력권으로 두었다. 그러나 6세기에 들어와 자립화의 경향을 강화한 백제·신라는 일본부의 통제를 벗어나 임나의 땅을 잠식하게 되었다.

그 후 임나 서부는 512년·513년에 백제로의 할양을 피하지 못하고, 금관을 포함한 임나 동부도 538년에 신라에 점령되었다. 이에 따라 일본부는 안라로 옮겨졌으나 562년에는 그 안라도 신라에 멸망당해, 일본의 임나(任那)지배는 종료되었다. 그러나 일본은 그 후에도 신라왕에게 명하여 임나의 조(調, 임나 명의의 조공물)를 공진(貢進)시키고 임나의 권익을 유지했다. 660년 백제가 멸망하자 일본은 백제 부흥을 위해서 구원군을 파견했지만, 백촌강의 전쟁에서 신라·당 연합군에 패했다. 이에 따라 일본은 한반도의 권익을 완전히 상실했다.

임나 지배를 전제로 한 이러한 역사인식은 일본열도의 형성·전개에 대한 이해를 규정했다. 조선 진출 이전의 3세기에서 4세기 중반에는 야마토 왕권의 열도 내의 사회 통합이 진행된 것으로 생각했다. 임나 지배는 철자원과 선진문화·기술자의 획득을 가능하게 하고, 이로 인한 야마토 정권은 경제력·군사력을 높여 전제국가로서 확립을 보았다며 이 시기에 출현하는 거대 전방후원분은 그 상징물로 간주되었던 것이다. 또 왕인을 비롯한 지식인·기술자도 왜와 조선 제국과의 지배-피지배관계를 전제로 왜에 도래했다고 설명되고 있었다.

여기에서 분명한 것처럼, 임나는 과거 일본이 지배한 공간으로 인식되면서, 임나의 역사는 일본사의 문맥과 깊이 관련된 것으로 이해되고 있었던 것이다.

현재 임나일본부에 대해서는 그 존재 여부와 존재 형태를 놓고 여러 설이 있는데, 부정설이 유력하지만 현재에도 정설로는 보지 않는다. 『일본서기』에는 흠명천황 2년(541) 3월조에서 동 13년(552)조에 걸치는 기사에 '임나일본부길비신(吉備臣)'·'일본부(日本府)'·'안라일본부(安羅日本府)'·'일본부신(日本府臣)'·'일본부집사(日本府執事)' 등이 보인다. 흠명천황 15년(554)조의 '재안라제왜신(在安羅諸倭臣)'이라는 것도 '일본부'와 관련된 왜인 집단을 가리키는 표기이다.[4]

결국 '일본부'는 흠명천왕 2년~15년조에서 보인다는 것이다. 그 점에서 극히 한정적인 존재이며, 4세기에서 6세기에 계속적으로 두어졌다는 것을 증명할 수 없다. 게다가 그 대부분이 '임나부흥회의(任那復興會議)'에 관한 기사로 보인다. 이 회의는 신라의 가야 침공이라는 사태에서, 안라(安羅) 등 여러 나라의 간지층(干岐層)과 일본부신(日本府臣)이 백제 성명왕(聖明王)의 요청에 응하여 개최되었으나, 일본부신은 반드시 야마토 정권의 외교권을 대표하는 것은 아니었다.[5]

「흠명기」에 따르면 부(府)는 경(卿)의 적신(的臣), 신(臣)의 길비제군신(吉備弟君臣), 집사의 하내직(河內直)·아현이나사(阿賢移那斯)·좌로마도(佐魯麻都) 등에 의해 구성되어 있으며, 왜국으로 파견되었던 인물 외에 현지 출신자가 있어 안라국과 밀접한 관계를 가지고 있었던 사실도 알 수 있다. 신라와 안라에 유리한 정책을 취하고 백제 쪽도 있었던 점에서 가야 제국의 수장층과 야마토 정권의 대표에 의한 합의체라는 설 등도 있지만, 기본적으로는 왜에서 파견되었던 사신을 중심으로 한 집단이

---

4) 李鎔賢, 2002 「任那と日本府の問題」 『東アジアの古代文化』 110.

5) 請田正幸, 1990 「任那日本府は存在したのか」(白石太一郎·吉村武彦編 『争点日本の歴史』 第2卷·古代1, 新人物往来社).

었다고 보인다.[6]

2) 국학자의 임나 인식

임나 지배에 관한 담론의 연원은 에도시대에 발전한 국학의 고전연구에 구해진다. 국학자의 연구를 통해 고사기와 일본서기의 서술은 의심을 받으면서도 신공황후의 삼한정벌과 동시에 사실로 간주되었다.

예를 들면, 에도 시대 전기에 편찬이 시작된『대일본사(大日本史)』는 권239에「임나열전(任那列傳)」을 싣고 있다. 거기에서는『동국통감』·『동국여지승람』·『삼국사기』를 참고하여『일본서기』에 보이는 임나의 위치와 역사를 언급하며, 흠명천황 23년조의 신라에 의한 임나 멸망기사가 대가야의 멸망을 나타낸다는 것을 명확히 하는 한편, 탁순국(卓淳國) 등에 대해서는 "상세히 고찰하는 것은 불가능하다(不可詳考)"라 하며 신중한 태도를 취하고 있다.[7]

또한 아라이 하쿠세키(新井白石, 1657~1725)는 임나일본부에 대해서 "日本府建治 史無明文 今不可考 私記引草本日本紀日 日本府旧作倭宰 日本紀註云 凡王人奉命 爲使三韓者 自称日宰 言其宰于韓 如今言使也 又彼称宰日吉 是崇神之末年也 其治謂之府 其官謂之宰 猶後之筑紫大宰府帥 魏志云 置一大率 檢察諸国 是也"라고 논하고 있다.[8]

즉 일본부에 의한 통치는 사료적으로 밝힐 수 없다는 조심스러운 태

---

6) 拙稿, 2001「古代日韓関係史に関する研究」『日韓歴史教科書を読む視点』, 梨の木舎.
7)『古事類苑洋』第1巻·外交部5·任那条所引.
8) 본 사료는 李萬烈 2005「近現代韓日関係史－日本人の韓国史研究を中心に－」(財団法人日韓文化交流基金『第一回日韓歴史共同研究報告書』)에서 인용한 것이다.

도를 취한다. 일본부가 본래 '왜재(倭宰)'였다는 『석일본기(釋日本記)』의 설명을 인용하여 '재(宰)'는 '사(使)'와 통하는 점에서 '왕(王)'이 삼한에 보냈던 사자를 '왜재', 즉 '일본부'라고 말하고 있는 것은 아닌가 한다. 대재부와 『위지』 왜인전에 보이는 일대솔(一大率)의 사례에서 제국(諸國)을 검찰하는 기관이 있었다고도 예측하고 있다.

아라이(新井)의 사료 접근방법은 『고사기』와 『일본서기』에 적힌 내용을 비판적으로 검증해도, 그것이 곧바로 임나 지배로 이어지지 않음을 시사한다. 오히려 이러한 태도가 점차 사라지는 것에 근대 고증사학의 심각한 문제가 있다.

이밖에도 에도시대 후기에 하나와 호키이치(塙保己一, 1746~1821)가 조선사료를 정리한 『계림습엽(鷄林拾葉)』에는 필자의 좁은 식견으로는 임나 지배에 관한 정보가 없다. 이는 일본 사료의 임나 관계 기사를 취하지 않은 것으로 생각된다. 백제·신라에 대한 기사도 마찬가지다. 국학의 고전연구에서는 고대 조선역사를 일본의 역사와 분리해서 고찰할 여지도 있었던 것이다.

한편, 같은 무렵에 반 노부토모(伴信友, 1773~1846)는 『중외경위전(中外経緯伝)』을 편찬하고 있다. 본서는 일본의 고대부터 근세 초기에 이르는 인접국과의 교류관계를 정리한 것이다. 반(伴)은 임나를 가야의 총칭이라 하면서 "가라국은 본래 한 나라의 이름이면서, 그 10국을 다스리는 왕이 있는 본국이기 때문에 10국의 총칭까지도 가라라고 전하며, 황조(皇朝)보다는 대가라(大加羅)라고 합쳐져 불렸으며, 『동국통감』에 대가락국(大駕洛國)이라 쓴 것은 그를 받들어 부른 것이 남은 것이다." "숭신천황(崇神天皇)의 이름에 미마키(御間城)라고 말한 것은, 그가 나라의 대명을 받들어 미마나(彌麻那)로 개사(改賜)한 것이다. 이를 미마나(任那)라고 쓰는 것은, 황조(皇朝)가 그 나라에 두었던 재(宰)를 묘사하는 것으로서…(하략)"라고 논하고 있다.

요컨대『일본서기』의 서술을 신용하고 '황조(皇朝, 일본)'의 임나 지배를 전제로 '대가라(大加羅, 大駕洛)', '임나'의 명칭 유래를 설명하고, 그 기원을 숭신천황의 치세로 구하고 있다. 아라이(新井)와는 대조적인데, 후술하는 것처럼 이러한 자세는 근대의 연구·저작에도 계승되고 있었다.

3) 메이지 신정부의 조선관

『일본서기』를 바탕으로 고대 조선과 일본의 관계를 논하겠다는 태도는 막부 말기부터 메이지 초기에 걸친 조선관에 큰 그림자를 드리우고 있다. 서구 열강의 개국 압력이 높아지면서 막부의 조선에 대한 우호적 외교정책은 비판에 노출되게 되고, 국학자나 미토학파(水戶學派)의 사람들에 의해 대조선강경론이 제창되고 있다. 그 현실성은 어쨌든 요시다 쇼인(吉田松陰)의 "조선·중국·만주를 베어 거느리자"라는 주장을 상징하는 것과 같은 조선 침략론이 나타난다.

『고사기』와『일본서기』에 보이는 조선과의 관계는 왕정복고를 공론했던 메이지정부 하에서는 하나의 이상으로 되었다. 임나일본부설은 정한론과 군사적 압력에 따라 조선개국론을 정당화하는 대의명분으로 작용한다.

1868년(메이지 원년), 메이지의 신정부는 천황을 중심으로 하는 정치체제의 수립을 조선에 통보했지만, 대마도주를 통한 조선과의 교섭이 정체되면서 군사적 압력을 가하고 조선을 거느린다는 정한론이 정부관계자 내외에서 제창되었다.

예를 들면, 대마번사(對馬藩士) 오오시마 토모노죠(大島友之允)는 "조선의 일은 예로부터 일본부를 두었던 흔적이 있다. 공연히 외국시해서는 안된다. 은혜와 위엄을 나란히 행하여 규모를 세우고, 통어의 술로 그 적절함을 얻으면 수년 후에는 우리의 외부 막부처럼 될 것이다"(조선에 관해서는 예로부터 일본부가 설치되었다는 지난 역사가 있다. 함부로 외국시해서는 안된다)라는 의견서를 제출하고 있다.(1968년 4월)

이와쿠라 토모미(岩倉具視)는 조선에 파견되었던 직후 "그들(조선-필자)의 무례함을 물어 만약 불복할 때는 죄를 울리고 그 땅을 공격하여 크게 신주(神州, 일본-필자)의 위엄을 신장하리라"(조선의 무례를 물어 만약 조선이 불복하는 경우는 그 죄를 주고 그 영토를 공격하고 일본의 권위를 신장해야한다)고 건의하고 있다.(동년 12월 14일)

또는 외교권 대록으로서 교섭을 위해 조선으로 건너갔던 사다 하쿠보(佐田白茅)는 "조선은 응신(應神)천황 삼한정벌 이래 우리 부속국이다. 마땅히 우리가 상고의 역사를 거울삼아 유신 중흥의 세력을 이용하여 조선의 무례를 정벌하고, 이로써 우리가 판도로 회복해야 한다"고 건의하고 있다.(1870년 1월)

의견서나 건의문에 알려진 조선을 일본의 '부속국'·'판도'로 회복한다는 주장은 메이지 정부의 기반이 되는 왕정복고의 이상에 기인한 황국이데올로기의 산물인 동시에,『고사기』와『일본서기』서술에 근간한 역사인식의 반영에 불과하다. 거기에 내포된 조선에 대한 우월의식의 이면에 뚜렷한 배외주의가 있는 것을 깨닫는다.

3. 근대의 침략주의와 임나 연구

근대 일본인의 조선사에 대한 관심은 한국·중국 침략의 정당성을 역사에 요구한 것이다. 4세기 후반부터 7세기 중반까지 한반도 남부에 있어서의 권익을 보유했다는 주장은 야마토정권의 문제에 그치지 않고 조선의 권익을 따내는 현재적·장래적인 계획과 일치하는 것이었다. 이러한 역사인식은 청일·러일전쟁에서 한국병합, 식민지 지배로 돌진한 대외정책과 함께 걸음을 진행한 근대 역사학에 따르고 학문적으로 체계화되고 역사의 사실로 신공황후의 신라정벌전설과 함께 국사교육을 통해 널리 일본인의 상식으로서의 조선관을 형성했다. 그것은『일본서기』의 분석과 함께 고구려 광개토왕비문, 이소노카미 신궁(石上神宮) 소장 칠지도 등의 금석문, 중국사료의 고증에 따라 근대 역사학의 합리주의의 산물이었다.

일본의 근대 역사학은 1877년 도쿄대학(후의 도쿄제국대학) 문학부 제1과에 사학과가 설립되면서 시작되었다. 그러나 나카츠카(中塚)·사에키 아리키요(佐伯有清)의 연구[9]가 있는 것처럼, 병행한 육군참모본부가 역사연구를 담당했던 것이 명확해지고 있다. 참모본부는 1870년대 말에는 대륙에서의 현지 조사, 정보 수집을 개시하고 1884년(메이지 17)에는 장교 사쿠 카케아키(酒匂景信)가 중국 집안에서 발견한 광개토왕비문의 탁본을 가지고 귀국하고 있다.

탁본은 계속 참모본부를 중심으로 해독·석독 작업이 진행되고 그 뒤 1890년(메이지 23)에는 『사학잡지(史学雑誌)』제22호~25호에 비문에 관한 칸 마사토모(菅政友)의 논문 「고려호태왕비명고(高麗好太王碑銘考)」가 발표되었다.[10] 논문은 사학회(史学会) 회원인 육군대학에서 강의하던 요코이 타다나오(横井忠直)의 고증을 참고로 하여 쓰인 것이었다. 당시 요코이(横井) 타다나오는 육군참모본부에 봉사하여, 직접 비문의 연구에 임하고 있었다.[11]

9) 中塚明, 1971「近代日本史學における朝鮮問題 ―とくに『広開土王陵碑』をめぐって」『思想』561 ; 李進熙, 1976『好太王碑と任那日本府』, 学生社 ; 佐伯有清, 1976『広開土王碑と参謀本部』, 吉川弘文館.
10)『菅政友全集』전1권(国書刊行会, 1907) 수록.
11) 요코이 타다나오 자신에 의한 논문은 1889년 6월에「高句麗碑出土記」라는 제목

칸(菅)은 이 논문에서 신묘년이 영락 원년(391)에 해당하는 것, '파백잔(破百殘)'은 『일본서기』 응신천황 3년 시년(是年)조의 간지를 두 번 거슬러 올라가면, 같은 기사에 보이는 왜의 사절 파견과 백제 진사왕 살해, 아화왕(阿花王) 옹립기사의 내용에 합치하는 것을 지적하고 있다. 이 시점에서 비문에 보이는 '왜'의 내실은 거의 의심하지 않고 '일본'(야마토 정권)으로 간주하고 있다. 광개토대왕비의 발견과 탁본의 입수는 고구려사 이해가 아니라, 야마토 정권의 한반도남부경영설의 증명에 기여하는 것으로 크게 기대되며 비문은 4세기말에 야마토 정권이 한반도남부를 예속시킨 것을 나타내는 제1급의 사료로서 논증이 시도된 것이다.[12]

칸(菅)은 비문 연구의 성과를 근거로 1893년(메이지 26)에 『임나고(任那考)』를 저술하였다. 이는 임나 문제에 대해 계통적으로 서술한 최초의 논문이었다. 하지만 그 서문에 "대저 황국의 한국에 관련된 일들은 장래를 생각해서, 끊어두지 않는다면 낡은 시대의 꼬락서니를 보게 될 것인데, 후세에 베풀 수단으로서 그렇게 한다면, 이 글도 역시 보람 없는 노파의 옛날이야기 보다는 나으리라"라고 나와 있듯이 '후세'(미래)의 '수단[たづき]'이어야 하는 과거를 밝히기 위해 집필의 의도가 있다고 하였다. 여기서 말하는 '후세'는 대조선 정책의 미래임이 분명하다. 그 다음해 조선에서 일어난 갑오농민전쟁(동학농민운동)을 기회로 삼아 일본은 청에 선전포고하였고, 그 이듬해에는 일본인에 의해 민비살해사건(을미사변)

으로 발표되었다(亞細亞協会編 『会余録』 第5集). 「日本人某」(酒匂景信)가 집안에서 탁본을 입수했던 것이 기록되어있다.

12) 같은 논문의 실증 논문으로의 문제점에 대해서는 李萬烈 「근현대 한일관계사—일본인의 한국사 연구를 중심으로—」(재단법인 일한문화교류기금 『제1회 일한 역사공동연구보고서』 2005년)을 참조. 李萬烈씨는 '자료를 번잡하게 늘어놓았을 뿐'인 논문으로 평가하고, 사료비판을 누락시킨 광개토왕비문의 해석이 오히려 神功皇后와 任那日本府설을 보다 확고한 것으로 만들었다고 지적한다.

이 일어났다.

같은 해인 1893년에는 요시다 토고(吉田東伍)의 『일한고사단(日韓古史斷)』(冨山房書房)이 간행되었다. 요시다(吉田)는 당시 요미우리 신문의 기자로 2년 정도 이 책을 집필했다. 그 글 중에는 다음과 같은 글을 볼 수 있다.

그리하여 지금으로부터 이천여 년 전에, 반도 제국의 布置는 크게 나누어 남북의 두 종이라 할 수 있는데, 그 남쪽에는 辰(之利) 또는 韓이라고 불리는 신라 가라 제국이 있어 築紫, 出雲과 서로 교통하여, 이를 嶋種으로 명명하겠다. 그 북방에는 燕과 齊와 접하였던 조선 왕국과 숙신으로 이어지는 예맥이 있었으며 예맥은 부여, 고구려는 옥저와 같은 종으로, 同種은 모두 숙신에서 나왔으니 이를 陸種으로 이름 붙여, 이 남북 두 종의 흥망을 이 책의 시작과 끝으로 삼는다 (중략) 그 사이에 세월이 흘러 7백여 년 嶋種의 존립을 보인다. 이는 어떠한 현상인가?

이후 1,200~1,300년, 반도 전체를 다스린[掩有] 자, 그 언어는 우리나라(일본)와 양식이 같고, 글자를 씀은 우리나라와 원류를 같이 하니, 몸가짐과 풍속과 범절[體相風儀] 역시 거의 같은 모습을 잃지 않았다. 이는 우리나라와 동종인 嶋種이 진취승리의 기력을 표출한 것이 아니라면 무엇이란 말인가? 이리하여 일찍이 天智 때의 韓을 원조하는 군사는 소용이 없었고 諸將이 西征하는 목적, 공을 아뢰지 않은 것을 애석해하였다고 하더라도, 천년의 흥망을 살펴보면 그 신라·가라인이 우리의 소제(少弟)로서 우뚝 일어서 반도의 독립과 국민의 단결을 건설하였던 것을 기뻐해야만 할 것이다. 만약 이에 반하여 북방의 陸種이 반대로 신라를 복멸하고 嶋種이 끊겼다고 생각해 볼 때, 이는 엄청난 불상사이며, 동포이자 동생을 잃어버린 것과 비견할 수 있

을 것이다.[13]

　한반도의 민족을 북방의 '육종(陸種)'과 남쪽의 '도종(嶋種)'으로 나눠 신라·가야의 것을 일본과 '동종인 도종(嶋種)', 일본의 '동포소제(同胞少弟)'로 간주하고 있다. 이 '일한동종론(日韓同種論)'의 주안점은 일본인이 고래부터 일본열도뿐 아니라 한반도에서도 활동하였다는 것을 논하는 것이다. 또 신대(神代)부터 소잔명존(素戔鳴尊)·천일창(天日槍)·탈해(脫解) 등 서로 왕래한 인물이 있다는 점, 고대 일본인이 한반도에 출병해 지배했다는 것이 그 전제에 깔려 있다. '소제(小弟)'라는 표현에는 일본을 상위에 두는 관념이 있으며, 이는 신공황후의 삼한정벌 전설이나 '임나일본부'설을 근거로 하는 인식으로 청일전쟁 전야의 한일관계를 반영하고 있는 인식이었음이 분명하다.

　이 책의 제 3편 제 2절 「임나」에서는 '임나관가(任那官家)'·'일본부(日本府)' 설치의 연원에 대해 논하고 있다. 즉, '대가야'가 일본에 귀속되어 '임나'라는 호칭을 하사받아 관가가 된 것은 수인(垂仁)천황 원년(기원전 69년) 무렵으로, 선대 천황인 숭신천황의 이름 '미마키(御間城＝彌麻岐)'에서 유래한 것이라고 하고 있다. 여기에서는 '일본부'의 건치 시기는 알 수 없다고 주장한 아라이(新井)와 같은 신중한 태도는 조금도 보이지 않고 있다. 이만열이 지적한 것과 같이 요시다(吉田)는 『일본서기』를 그대로 받아들여 사실로 보고 조선의 역사를 서술하고 있다. 여기에는 문헌 고증·비판이 빠져있다.

　또한 이 책에서는 처음으로 광개토왕비 탁본의 일부가 실렸다. 비면의 제 1면 9행의 신묘년(391)조의 '倭以辛卯年渡海破百殘□□□羅以爲臣民' 부분만을 잘라 쌍구진묵(雙鉤塡墨)으로 실은 '고구려광개토왕비편영

---

13) 中塚明, 주9의 논문에서 舊字를 新字로 바꿔 재인용

(高句麗廣開土王碑片影)'이다(여기에서 3번째 결자의 旁은 '斤'으로 판독하고 있다). 여기에서 결제에 대해서는 "가라신(加羅新)임이 분명하다"고 하고 있다. 비문이 가지고 있는 방대한 정보는 왜가 백제·가야·신라에 진출하였다는 문맥만을 잘라 그를 전달하는 자료만으로 활용되고 있다.

이와 같은 자료제시 방법은 그 후의 일본인의 역사인식을 규정하였다.[14] 동시에 다른 관점에서 본다면, 결자 부분에 '가라(加羅)', '신(新)'을 넣은 사실은 판독이나 추론의 가능성을 넘어 당시의 연구자가 필사적으로 이끌어내고자 한 것은 무엇이었나 하는 점에서 곧잘 거론되고 있다. 가라=임나 지배와 신라=신공황후 신라정벌 전설의 사실성이었다.

1890년 전후부터 『사학잡지』를 중심으로 한국 고대 관련 논문·서적이 연달아 발표되었다. 이에 대해서는 이만렬의 정확하고 적절한 정리가 있다.[15] 여기에서는 모두를 언급할 수는 없지만, 가야사에 관련된 연구 중에는 하야시 타이스케(林泰輔)의 「조선고대 제난생(諸卵生)의 전설」(『인류학잡지』 第8卷 第85号)·「가라(加羅)의 기원」(『사학잡지』 25)·「가라의 기원속고(続考)」(『동』 第5編 第3号)가 있으며, 인도인이 가라국을 건국했다는 하야시(林)의 주장을 엄정히 비판한 시라토리 쿠라키치(白鳥庫吉)의 「조선의 고전설고(古伝説考)」(『동』 第5編 第12号)를 시작으로 하는 논문, 나카 미치요(那珂通世)의 『조선고사고(가라편)[朝鮮古史考(加羅編)]』(『동』 第7編 第5号) 등이 있다.

이만렬은 시라토리의 고증 방법을 높이 평가하며 학술 전문지인 『사

---

14) 辛卯年 조를 일본사의 문맥에 맞춰 읽는 방법은 최근의 역사 교과서 및 부교재에서도 취하고 있다. 역사 교과서에 서술된 고대 한일관계사의 문제성에 대해 논한 저서로는 加藤章, 2013 『戦後歴史教育論-日本から韓国へ-』, 明石書店이 있다.

15) 李萬烈, 각주 8의 논문.

학잡지』에 게재된 논문에 대해 삼한·삼국 등 고대사 연구, 그것도 문헌 고증에 의한 연구가 집중되고 있다는 점에 대해 "고대 일본의 한반도진출설이 이렇다 하는 합리적인 논증 없이 발표되고 그것이 정설과 같이 인용되고 있다"[16]고 강하게 비판하였다. 하타다(旗田)도 "일찍이 한국사 연구의 결함은 단순히 연구자가 잘못된 정치적 목적에 맹종·영합해 그에 맞는 한국사를 만들었다는 것만 있는 것이 아니다. (중략) 비학문적인 것도 상당히 있다"고 서술하였다.[17]

사료비판에 관해서 사에키(佐伯)·이누마루 기이치(犬丸義一)[18]는 '고사(古史)의 오류를 지적하는' 것은 '국체(國體)를 무시하는 것'이라고 비난을 받았던 미야케 요네기치(三宅米吉)가 "애국의 정신은 사학의 연구에서 일어난다"고 반론했다는 일화를 통해 당시 역사 연구자의 제국주의적 역사관에 대해 논하였다. 여기서 말하는 '고사((古史)'는 『고사기』와 『일본서기』 등에 적혀 있는 역사로, 당시의 연구는 고증사학의 체재를 받아들이면서도 근본 사료에 대한 비판적 태도를 가지지는 못했다는 것이다.

이 점은 『일본서기』 신공기(神功紀)·응신기(應神紀)의 연대가 2갑주(120년) 거슬러 올라가고 있는 것을 「백제기(百濟記)」의 간지와 비교를 통해 밝혀낸 나카(那珂)와 같은 모습이었다. 『상대년기고(上世年紀考)』 제4장 「신공·응신의 치세(神功·應神의 御代)」에는 "대대 여러 임금(천황)의 연대에 몇 년의 연장이 있었는가 하는 점은 지금 살펴보아야 한다. 신공·응신기에 기록된 백제왕의 세전(世傳)을 『삼국사기』 및 『동국통감』

---

16) 李萬烈, 각주 8의 논문. 인용하면서 일부 표현을 수정하였다.

17) 旗田巍, 『日本人の朝鮮観』(勁草書房, 1969).

18) 佐伯有清, 각주 8의 논문 ; 犬丸義一, 1976 「近代史家のみた古代史論争」 『季刊 三千里』 7 ; 李進熙 『好太王碑と任那日本府』 수록). 이하 본 보고에서는 犬丸의 논문을 기본으로 정리하였다.

등 한국사서와 비교했을 때 신공황후·응신천황의 재위 시기는 대략 추정할 수 있을 것이다"[19]라고 서술하고 있듯이, 나카(那珂)는 『고사기』와 『일본서기』를 비판하면서도 신공황후의 존재나 신라정벌의 허구성을 의구심을 제기한 것은 아니었다.

서적으로서 간행된 것에는 외무성기록국 편 『외교지고(外交之稿)』 (1884), 하야시(林), 『조선사(朝鮮史)』(吉川半七, 1892) 등이 있다. 『외교지고』는 다섯 지역과의 외교사를 다룬 책으로 외교활동에 참고하고자 1877년에 편찬되기 시작했다. 한국과의 관계에 대해서는 삼국시대부터 조선시대까지, 임나·탐라와의 교섭을 포함해 다뤄지고 있다. 교빙편(交聘篇-朝鮮)에서는 숭신기의 임나에 의한 소나갈질지(蘇那曷叱知)의 사절 파견 및 조공, 중애기(仲哀紀)의 신라정벌 등을 사실로 보고 고대 한반도 제국과의 통교를 정리하였다. 또한 전쟁편(戰爭篇-朝鮮)에서는 확실한 사실로서 신공황후의 삼한정벌, '임나부'의 설치 및 '임나국사(任那國使)'의 파견에 대해 서술하고 있다. 관찬의 성격을 가진 이 책은 당연하게도 『일본서기』의 내용이 고증되지 않고 사실을 전하고 있는 것으로 생각하여 이를 반영하고 있다는 사실이 확인된다.

한학자(漢學者)였던 하야시(林)의 『조선사』는 경제·문화에 관심이나 그 서술방법에서 후세에 영향을 주었다. 가야의 인도 기원설, 한반도의 중국 종속설, 임나일본부설 등 조선의 타율성에 관한 논조가 보인다. 고대사에 관해서는 야마토 정권에 의한 임나 지배를 전제로 일본에의 문화 전파를 조공행위라고 서술하는 외에도 신라·백제가 일본에 복속되어 있었다고 논하고 있다. 다른 연구와 다른 연과와 같이 『고사기』와 『일본서

---

19) 那珂通世, 1878 「上古年代考」 『洋々社談』 38. 那珂는 이 논문에서 神功皇后 이후는 연대를 추정 가능하다고 지적하였다. 이와 같은 紀年論은 1897 「上世年紀考」 『史学雑誌』 8·9·12号에서 완성되었다.

기』를 비판하는 것에 대해서는 거의 관심을 기울이지 않고 있다.[20]

4. 전후 임나일본부설의 전환

이상에서 살펴봤듯이 한반도남부경영설·임나일본부설은 에도시대 후기 국학의 고사기와 일본서기 연구에서 배태되어 메이지 신정부의 황국이데올로기의 근간으로 선양되어, 한국·중국에 대한 침략주의 속에서 역사적 사실로서 만들어졌다. 그 연구는 참모본부가 탁본을 입수한 광개토왕비문을 확실한 증거로 칠지도 명문이나 『송서』 왜국전의 연구를 통해 고사기와 일본서기의 서술을 뒷받침하였고, 고대 일본과 한국의 역사적 관계를 체계화 시켰다. 한반도남부경영설은 고사기와 일본선기가 전하는 임나 지배 그 자체를 의심하지 않고 정합성을 가진 것 같은 금석문이나 중국 사료를 채용해 도출한 것이었다.

20세기에 들어 이와 같은 연구의 성과는 만선사(滿鮮史) 연구로 이어지게 되었다. 또 국민교육의 현장에서도 받아들여졌다. 카토 아키라(加藤章)에 의하면[21] 일본 소학교 교과서가 통일되었던 1903년(메이지 36)부터 1943년(쇼와 18)에 이르는 6기 동안의 교과서에는 일본과 한국의 관계는 모두 '신공황후' 항목부터 서술되기 시작하였다고 한다. 신공황후의 신라정벌전설은 전쟁 전 시기의 츠다 소키치(津田左右吉)에 의해 '구사(旧辞)'가 편찬된 6세기 단계에 야마토 정권과 한반도 제국과의 관계의 기원을 전하기 위해 창작된 이야기라는 설이 나오게 되었다.

원래 『일본서기』는 7세기 후반부터 8세기 초에 걸쳐 성립된 일본 율령

---

20) 李萬烈, 각주 8의 논문.
21) 加藤章, 1993 「古代日朝関係史を見直す」 『じっきょう』.

국가의 기원담으로서의 성격을 가지고 있다. 율령국가는 한반도를 통일한 신라를 번병국(藩屛國)·조공국(朝貢國)으로 보는 대외 이데올로기를 가지고 성립된 것이다. 이것이 일방적인 것이었다는 것은 8세기 이후 대신라 관계가 악화된 사실이 말해준다. 그러나 그 관념을 투영해 신라(백제·가야제국)과의 교류가 서술되었던 것이다. 이를 전제하지 않고서는 고대 한일관계사는 그 실태를 파악하는 것이 불가능하다.

전후, 신공황후의 확실치 않은 전설은 교과서에서 그 모습을 감췄다. 하지만 그를 대신해 임나(任那)를 지배했다는 역사가 광개토왕비와 함께 교과서에 실리게 되었다. 전후 일본의 역사학은 황국사관의 주박에서 풀려나 새로운 연구 방법과 역사상의 구축을 지향했다고 생각된다. 하지만 그럼에도 불구하고 한반도남부경영설의 허구성이 의심받은 것은 아니었다.

1949년에는 스에마츠(末松)가 『임나흥망사』(吉川弘文館)을 저술했다. 이 책은 그때까지의 연구가 야마토 와권의 지배라는 관점에서 '임나'를 취급한 것에 대해 '임나'의 성립·발전·쇠퇴라는 역사의 전모를 서술하였다. 그를 위해 『일본서기』에 보이는 '임나일본부' 관련 기사에 대해 비판적인 분석을 했다는 점이 중요하다. 하지만 야마토 정권에 의한 지배를 사실로 규정하고 광개토왕비문에 보이는 왜의 활동을 통해 이를 뒷받침하는 등 종전의 연구와 바뀌지 않은 부분이 있었다.

예를 들면 임나 지배의 성립에 관계된 것이라고 여겨진 신공황후 49년조에 대해 그 모순·작위성을 논할 때, 황전별(荒田別) 이야기와 천웅장언(千熊長彦) 이야기를 합쳐 기술하면, 설화적 요소를 가진 전자의 신빙성을 의심하고, 백제 사료에 이름이 보이는 천웅장언(千熊長彦) 이야기를 사실에 근거한 기술로 보았다. 거기에 비문과의 정합성에서 369년에 대규모 출병이 있었고, 370년 초에 임나 지배가 성립되었다고 하였다. 결국, 야마토 정권의 한반도 진출이라고 하는 메이지 이래의 인식이 크게 변하지 않은 채로 고사기와 일본서기를 비판해 고대 한일관계를 설명하는 방법은 학계에 널리 받아들여졌다.[22]

이 상황이 변하게 된 것은 조선민주주의인민공화국 연구자 김석형이 1963년 제기한 '분국론'에 의해서였다.[23] 이듬해 1964년에는 일본어로 번역되어 소개되었고, 큰 반향을 일으켰다. 또 1951년(쇼와 26), 후의 조선대학교의 교수가 된 역사학자 박경식이『역사평론(歷史論評)』잡지에「한국고대사연구노트(朝鮮古代史研究ノート)」를 발표하였다. 박경식은 '일본제국주의의 침략을 합리화하기 위해 강제된 이른바 신라정벌과 임나일본부에 대해서 재검토해 볼 필요가 있다', '4세기 말부터 5세기에 걸쳐 신라, 백제, 가라 등 한반도 남부 일대가 왜의 세력범위에 들어가, 종속관계를 맺고 그 경영의 기지가 김해가라(임나)였다는 것은 도저히 역사적으로는 사실로 받아들이기 어렵다'고 하며 그 논증을 펼쳤다. 스에마츠(末松)의 연구에 대해서도『일본서기』의 기술을 과신하고 있다는 사실을 지적하였으나, 학계의 주목을 끌지는 못했다.[24]

'분국론'은 삼한·삼국을 본국으로 하는 사람들이 일본에 건너가 일본열도의 원주민과 함께 소국을 형성해 얼마 지나지 않아 통일국가를 세웠다는 학설이다. 이는 야마토 정권의 한반도 지배라고 하는 일본인이 그

---

22) 鬼頭淸明,「近年の古代日朝関係史研究の諸問題」(『史学雑誌』第84篇 4号, 1975 ; 李進熙,『好太王碑と任那日本府』수록)에서 인용한 것. 이하 본 보고에서의 김석형의 문제제기에 대한 일본인 연구자의 반응, 그 뒤의 연구동향에 대한 기술은 鬼頭의 논문을 대체로 참고하였다.

23) 金錫亨「三韓三国の日本列島内分国について」(『歷史科学』1963年1月号). 日本에는 旗田巍의 번역에 의해『歷史学研究』284(1964)에 게재되었다. 후에 朝鮮史研究会訳,『古代朝日関係史－大和政権と任那－』(勁草書房, 1969)으로 간행되었다.

24) 犬丸義一, 1976「近代史家のみた古代史論争」『季刊三千里』7(李進熙,『好太王碑と任那日本府』수록에서 인용하였다).

린 역사상을 정면에서 비판한 것이었다.[25]

김석형은 『송서』 왜국전에 기술된 왜왕의 군호에 보이는 한반도 지명에 대해 그것이 실제로는 일본에 있었다고 하였으나, 진한(秦韓)·모한(慕韓)은 5세기 단계에는 이미 존재하지 않았다고 하며 사료와 사실이 합치되지 않는다는 문제도 지적했다. 에다후나야마고분태도명(江田船山古墳太刀銘)에 보이는 '대왕(大王)'을 백제 개로왕으로 보고 큐슈에 백제의 분국이 있었다고 하였다. 또는 칠지도를 백제가 왜왕에게 헌상한 것이라는 옛 설에 대해 백제왕이 왜왕에게 하사한 것이었다는 이설을 주창했다. 칠지도의 이해에 대해서는 일본의 연구자 사이에 재검토 되어 왜왕에 대해 백제왕이 우위성을 가지고 있었다는 사실을 지적하게 되었다.[26]

키토 키요아키(鬼頭清明)는 김석형의 연구가 가지는 의의에 대해 지금까지 천황을 중심으로 열도 내외의 지배를 정당화하는 『일본서기』의 이야기를 무비판적으로 받아들였던 일본인의 연구태도를 비판하는 것이었다고 지적하였으며, 그 비판이 임나일본부설·한반도남부경영설의 근거가 되었던 여러 사료에 대한 연구의 심화, 『일본서기』가 내포한 이데올로기에 대한 비판에 이어졌다고 지적하였다.

또한 이 학설을 받아들여 이노우에 히데오(井上秀雄)는 「임나일본부의 행정조직」(1966)[27]에서 『일본서기』에 인용된 백제사서의 사료 비판을

---

25) 鬼頭清明, 1975「近年の古代日朝関係史研究の諸問題」『史学雑誌』第84篇 4号(李進熙, 『好太王碑と任那日本府』수록에서 인용한 것). 이하 본 보고에서의 김석형의 문제제기에 대한 일본인 연구자의 반응, 그 뒤의 연구동향에 대한 기술은 鬼頭의 논문을 대체로 참고하였다.

26) 坂元義種,「古代東アジアの日本と朝鮮―大王の成立をめぐって―」『史林』514 ; 上田正昭,「石上神宮と七支刀」『日本の中の朝鮮文化』; 藤間生大,「現代における思想状況の課題」『歴史学研究』361 등.

통해 '임나일본부'가 백제본기에서 밖에 보이지 않는 용어라는 점, 6세기 말 이후 백제의 고립을 배경으로 왜에 구원을 요청할 필요가 있는 상황 속에서 등장한 것이라는 점, 야마토 정권의 한반도에 대한 지배거점이라 할 만한 것은 아니고, 재지세력의 주체성 하에 행동한 것이라는 점을 지적하였다. '임나일본부'를 큐슈왕조와 관련된 것이라고 한 후루타 타케히코(古田武彦)의 연구나 그 존재를 한정적인 것으로 보는 연구자도 계속해서 나왔다. 이들의 연구는 애초에 『일본서기』가 말하는 '일본'과 다른 사료에 보이는 '왜(倭)'를 쉽게 동일시해도 되는가 하는 구설에 대한 비판이 전제된 것이다.

종래의 고대사상(古代史像)을 전환하고자 하는 움직임이 생겨났다는 점도 중요하지만, 김석형의 주장은 사실을 해명하는 레벨에서 멈출 것이 아니라, '근대 일본 사학사·학문연구의 방법론' '한편으로는 천황제 숭배, 다른 한 편으로는 조선 멸시 관념'을 그 근원으로 거슬러 올라가 비판적으로 검토해야만 한다는 본질적인 문제를 제기하는 것으로서 받아들여졌다.[28] 교과서에 실린 광개토왕비의 해석·탁본사진이 가진 작위성을 포함해 고대사의 상식은 메이지 20년대부터 어느 것 하나 진보하지 않은 것으로 여겨져 제국 일본이 행한 모든 학문, 고대부터 일본에 이르는 한일관계사상(韓日關係史像)을 재검토할 필요성이 주장되었다.[29]

1972년에는 이진희가 그의 저서 『광개토왕비의 연구』(吉川弘文館)에서 광개토왕비문의 '개찬설'을 주장하였다. 이진희는 비문의 해석에 참모본부가 관여하였다는 것을 밝힌 나카츠카(中塚)·사에키(佐伯)의 연구를

---

27) 井上秀雄, 1973 『任那日本府と倭』, 東出版에 수록. 처음에는 『日本書紀研究』 第 2卷에 수록되었다.

28) 中塚明, 각주 9의 논문.

29) 中塚明, 각주 9의 논문.

근거로 비문의 탁본·사진의 검토를 통해 1899년 무렵에는 참모본부에 의해 비면에 석회가 발라져 비문이 개찬되었던 것은 아닐까 주장하였다. 이 설은 탁본의 편년 연구, 원비문 추구와 내용분석의 진전을 불러왔으나, 석회를 바르기 이전의 탁본이나 참모본부가 입수하기 이전의 탁본이 발견되어, 석회를 바른 것은 탁공이었다는 사실이 밝혀져 개찬설 자체는 부정되었다.[30]

하지만 야마토 정권의 한반도남부 진출·지배의 근거사료로 여겨진 광개토왕비문 그 자체에 대한 의구심은 임나일본부설뿐만 아니라 그를 전제해 설명되었던 일본 고대국가사상(古代國家史像)을 뒤흔들게 되었다. 종래에는 일본열도에서의 고대국가 성립을 야마토 정권에 의한 임나 지배 이전, 3세기부터 4세기 전반이라고 여겨졌다. 그런데 임나지배가 없었던 것이 된다면 고대국가의 형성을 어느 정도로 설명해야 하는가 하는 큰 문제가 떠오르게 되었다.

5. 마치며

'임나'는 『고사기』와 『일본서기』에 보이는 사료용어이기도 하지만, '신

---

30) 개찬설에 대해서는 일찍이 古田武彦이 의문을 제시하였다. 古田은 東京國立博物館 소장 「酒勾双鉤本」(1883)의 쌍구에 대해 달아놓은 부호의 필적과 酒勾景信이 참모본부의 상관에게 제출한 내부문서(宮內庁図書寮藏, 「碑文之由来記」)의 필적이 다른 것, 由来記에 현지인을 통해 입수했다고 나와 있는 사실에서 쌍구는 탁공에 의해 이뤄졌고, 탁본을 바꿔치지 않았다고 하였다(古田武彦, 「好太王碑文『改削』說の批判─李進熙氏『広開土王陵碑の研究』について─」, 『史学雜誌』 第82編 第8号). 이 후의 연구에 의해 1980년대에는 논쟁이 끝난 상태이다(山尾幸久, 『古代の日朝関係』, 塙書房, 1989).

공황후'와 함께 한국에 대한 일본의 우위성을 보여주고 있는 것으로 기대되었으며, 근대 일본의 한반도에 대한 인식을 상징하는 단어이기도 했다. 그리고 임나 연구는 일찍이 일본이 한반도를 지배해 그 권익을 지켰다는 것을 증명하는 학문이었다. 임나사상(任那史像)이나 그를 축으로 하여 서술된 고대 일본사, 한일관계사상(韓日關係史像)은 근대 일본의 침략주의에 대한 현실적인 유효성을 계속해서 가졌기 때문에 오랫동안 그 힘을 이어나갔다. 동시에 그 연구에 관련된 역사가들에게 임나일본부는 선험적인 존재로 애초부터 역사학적 고증은 그 허실을 묻는 것은 아니었다.

이와 같은 임나 연구가 가진 근대성 및 그 왜곡성은 김석형의 문제제기에 의해 처음으로 일본인에게 자각되게 되었으나, 그것이 황국사관에 대한 반성에서 생겨난 것이 아니라, 전후 역사학도 일단은 온존되었다는 사실에서 일본의 역사학이 안고 있는 병폐를 인정하지 않으면 안된다.

엄밀한 사료비판을 필요로 하지만, 고사기와 일본서기는 가야의 역사에 대한 풍부한 내용을 전달하는 귀중한 사료이기도 하다.[31] 동시에 4세기부터 6세기에 걸친 일본열도사는 가야 제국과의 교류사를 그려내지 않으면 논할 수 없다. 본 보고에서는 최근 일본의 가야사 연구의 동향에 대해서는 다루지 못했다. 완성된 원고에서는 1970년대 이후 쟁점이 되는 개개의 사료문제, 사실을 둘러싼 평가에 대해서도 언급하고자 한다.

---

31) 田中俊明, 2009 『古代の日本と加耶』(日本史リブレット70), 山川出版社.

필자 소개

■ **김세기** : 대구한의대 명예교수

　『고분 자료로 본 대가야 연구』(2003, 학연문화사), 「대가야 문화재를 활용한 지역관광 활성화 방안」『신라문화』 41(2013) 외 다수의 논문이 있음.

■ **문창로** : 국민대 교수

　「문헌자료를 통해 본 삼한의 소도와 제의」『백제학보』 22(2017), 「성호 이익(1861~1763)의 삼한 인식」『한국고대사연구』 74(2014) 외 다수의 논문이 있음.

■ **신가영** : 연세대 박사과정 수료

　「가야사 연구와 '연맹'이라는 용어」『학림』 40(2017), 「광개토왕비문의 '안라인수병'에 대한 재해석」『동방학지』 178(2017) 등의 논문이 있음.

■ **야마사키 마사토시(山崎雅稔)** : 일본 國學院大學文学部KU Leuven 韓国学研究所

　「古代日韓関係史に関する研究」『日韓歴史教科書を読む視点』(2001, 梨の木舎)을 비롯 다수의 논문이 있음.

■ **이동희** : 인제대 교수

　『안라(아라가야)의 위상과 국제관계』(2018, 공저, 학연문화사), 「영산강유역 마한 초현기의 분묘와 정치체의 형성」『호남고고학보』 57((2017) 등 다수의 논문이 있음.

■ **이영식** : 인제대 교수

　『가야제국사연구』(2016, 생각과 종이), 『이야기로 떠나는 가야 역사 여행』(2009, 지식산업사) 등 다수의 저서와 논문이 있음.

■ **주보돈** : 경북대 명예교수

　『한국 고대사의 기본 사료』(2018, 주류성), 『가야사 새로읽기』(2017, 한울), 『금석문과 신라사』(2002, 지식산업사) 등 다수의 저서와 논문이 있음.

■ **홍보식** : 공주대 교수

　「영남지역 장방형 수혈식석곽과 봉분 구축 공법」『고고학』 16-1(2017), 「영남지역 세장방형 석개수혈식석곽의 석재와 축조 기술」『한국고고학보』 99(2016) 등 다수의 논문이 있음.